▶ 国家自然科学基金青年项目"公众差异化感知和业务场景交织的外卖平台风险演化与管控机制研究"（项目编号：72001111）
▶ 考虑客户体验的汽车"再智造"供应链风险演化与管控机制研究（项目编号：72101069）

基于双重云模型信息的决策方法研究及应用

宋　文◎著

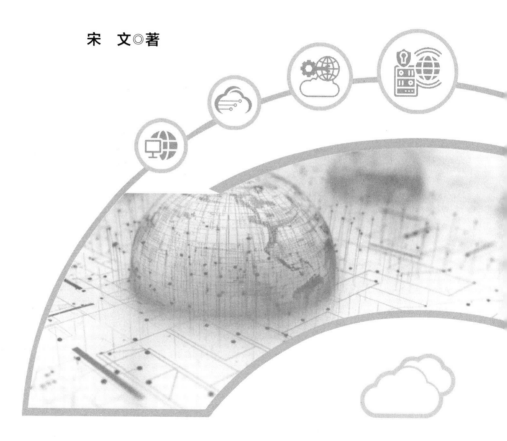

Research and Application of
Decision Making Method Based on
Dual Cloud Model Information

经济管理出版社
ECONOMY & MANAGEMENT PUBLISHING HOUSE

图书在版编目（CIP）数据

基于双重云模型信息的决策方法研究及应用 / 宋文
著. -- 北京：经济管理出版社，2024. -- ISBN 978-7
-5096-9786-3

Ⅰ．C934-39

中国国家版本馆 CIP 数据核字第 2024R9J068 号

组稿编辑：曹　靖
责任编辑：郭　飞
责任印制：许　艳
责任校对：陈　颖

出版发行：经济管理出版社
　　　　　（北京市海淀区北蜂窝 8 号中雅大厦 A 座 11 层　100038）
网　　址：www.E-mp.com.cn
电　　话：(010) 51915602
印　　刷：唐山玺诚印务有限公司
经　　销：新华书店
开　　本：720mm×1000mm/16
印　　张：14.75
字　　数：227 千字
版　　次：2024 年 10 月第 1 版　　2024 年 10 月第 1 次印刷
书　　号：ISBN 978-7-5096-9786-3
定　　价：88.00 元

前　言

　　复杂决策问题往往面临多源不确定决策信息、多专家参与、多个自然状态及多阶段评估等诸多困难，依靠简单的决策信息和方法不能得出科学的决策结果。复杂问题中的决策信息往往分为两类：一类信息反映决策背景和客观特征，称为依据信息；另一类信息反映决策专家对被评价对象的偏好、排序或参考点信息，称为偏好信息。在信息形式和质量等方面，双重信息之间存在差异；在信息内容和决策对象等方面，双重信息之间存在联系；由于双重信息的相互影响，双重信息之间存在一定的因果关系。云模型信息不仅能够实现语言信息的定量转化，还能够表达决策信息的模糊性和随机性，被广泛应用于多属性群决策领域。

　　基于双重云模型信息的决策方法是以云模型理论为基础知识，综合运用统计学、运筹学、行为科学和信息科学等诸多领域的知识，对具有多阶段、多参考点、独立及关联特征的管理决策问题进行综合探讨，以指导管理实践问题取得科学决策结果。本书考虑从简单到复杂的多种决策情境，按照从单阶段到多阶段、从单参考点到多参考点、从独立特征到关联特征、从理论到实践的研究思路，由浅入深、层层递进地展开双重云模型信息的决策方法及应用研究。随着理论的不断深入研究，基于双重云模型信息的决策方法在实践中的应用也将日趋广泛。

　　本书得到国家自然科学基金青年项目的资助。为了使本书条理清晰且可读性强，我在写作过程中努力以专业性强又通俗易懂的语言介绍基于双重云模型信息的决策理论与方法。在内容安排上，我在提出每部分的决策模型和方法后，选用了多个案例，从不同角度验证理论方法在实践中的应用。这样使读者在学习本书理论方法时，能够思考并联系实际，最终留下深刻的印象。

在写作本书时，得到我的博士生导师朱建军教授的细致帮助，特此致谢！我要郑重地感谢曾经拜读过的所有文章的作者及相关科研机构的工作人员。有了这些前辈们铺就的科研道路，我的学术生涯才能迈出坚实的步伐。你们的成果，指引我在本研究领域中不断探索。在本书的审稿过程中，由衷地感谢所有老师的辛苦付出。你们能够抽出宝贵的时间仔细阅读本书的内容，并提出卓有见地的意见和建议，对于进一步完善本书的工作提供了极大的帮助。衷心感谢各位学术前辈不计回报的付出。

由于笔者水平有限，书中难免有不妥之处，敬请批评指正。

宋文

2024 年 5 月 7 日

目　录

第1章　双重云模型信息决策方法概述

1.1　双重云模型信息决策的研究背景

诺贝尔经济学奖获得者 Simon 认为"人类做出理性选择的行为和认知过程，即决策"，并提出"管理就是决策"（Simon 和 March，1976）。因此，决策活动广泛存在于人类生产和生活中，大到奥运会主办国家的选择、小到居民出行方式的选择，都离不开科学决策。随着互联网技术的发展，人们的生活范围日益扩大，决策过程涉及的利益群体、信息来源和决策环境也日趋复杂。简单的决策方式已经不能满足现代社会的需求，复杂的科学决策越来越得到社会的重视：如美国马萨诸塞州综合医院开发 DX-plain 诊断支持系统（Barnett 等，1987），根据患者的症状、检查数据及其他相关因素给出可能的诊断，用于辅助医生得到正确诊断；淘宝、京东、亚马逊等知名在线购物网站都会搜集用户的购物习惯和倾向，推理并预测用户的意向商品，动态定制用户体验页面，从而达到促进购买的目的（Kim 等，2008）。科学决策在社会中发挥着越来越重要的作用，决定着管理活动的成败。因此，在决策系统日益庞大、决策活动频率加速、决策信息量猛增和决策主体构成多变的现代决策环境中，对科学决策的研究刻不容缓。

不同于自然社会中的客观辨识分析，决策问题往往涉及多变的客观环境和多利益群体。按照性质和来源不同，决策问题中的决策信息往往分为两类（见图1-1）：一类信息反映决策评价的背景和客观特征，称为依据信息；另一类信息反映决策者在主观上对被评价对象的优劣做出的评价、排序或参考点信息，称为偏好信息。比如：在医疗诊断过程中，病人的年龄、性别、X光片和血液检查报告等信息反映了病人的客观特征，属于依据信息；根据经验和知识，医生对病情做出的轻微、中等、严重等综合诊断反映了医生的主观认知和判断，属于偏好信息。在线购物过程中，商品的尺寸、颜色、重量、性能等信息属于依据信息；根据使用经历和体验，消费者对商品质量及服务的评价信息属于偏好信息。从信息的来源、结构、质量和内容等方面来看，双重决策信息之间存在差异和联系。

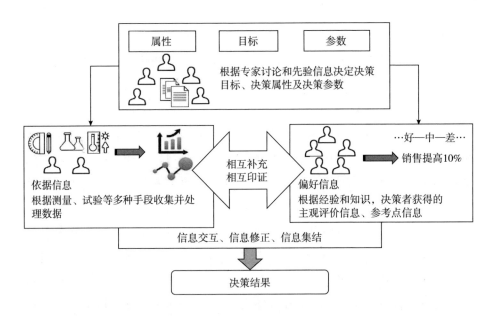

图1-1　考虑双重信息的决策过程

第一，依据信息和偏好信息的来源不同，但决策背景相互联系。依据信息往往是通过统计、测量和试验等手段获得，而偏好信息往往是通过决策者的主观判断来获得。由于信息测度手段的不同，双重信息之间存在一定程度的差异。在同一个决策问题中，由于共同的决策目标、决策环境等决策背景的影响，依据信息和偏好信息之间存在共同点和联系。

第二，依据信息和偏好信息的结构不同，但被评估对象相互关系。由于信息来源的不同，双重信息的结构存在本质差异性。依据信息以数据表、图像、文字等多种形式来表达，偏好信息以区间数、模糊数、语言值和云模型等多种偏好结构来表达。但是，双重信息面对的被评估对象是相同的，因此依据信息和偏好信息的评价结果存在一定的联系。

第三，依据信息和偏好信息的质量和可靠性不同，但存在内在因果联系。依据信息从不同的角度反映事物的内在特征，偏好信息综合了决策专家的经验和知识，双重信息均具有一定的不确定性和随机性。由于内外部环境的作用和专家评价随机性的影响，双重信息的可靠性程度也不一致。但是，依据信息的获取需要依靠决策者的选择和判断，偏好信息的获取也需要分析事物本身的特征及专家推理。因此，双重信息之间相互印证，并存在一定的因果关联。

第四，依据信息和偏好信息的内容不同，但彼此之间相互影响。依据信息的内容往往是被评价问题的特征信息，偏好信息的内容往往是关于被评价对象的结论性信息。因此，双重信息的内容存在较大的差异。但是，双重信息都需要由决策者决定信息的内容、范围和收集手段，因此双重信息在内容上存在着相互影响、互补和复杂的推理关系。

在很多复杂的决策问题中，往往涉及双重决策信息。双重信息各具特点但又密切关联，前者具有一定的客观性但具有数据采集的随机性，后者具有一定的主观性但兼顾了决策者的经验知识。如果在决策过程中仅靠一类信息，不能够全面利用和挖掘信息，可能导致决策偏差乃至决策失误。因此，需要深入挖掘双重信息之间的内在联系，通过双重信息的联动分析，实施信息之间的可靠性推证，从而集结双重信息才能获得合理可靠的决策结果。

随着社会、经济和科技的迅速发展，决策环境瞬息万变，人们获得信息的途径也在不断增多，决策问题变得错综复杂。在专家评价领域，语言信息更加符合人们的表达习惯，因此基于语言信息的决策问题得到了众多学者的普遍关注，如基金项目的评审、临床医学的诊断等问题。由于知识不完全性和人类思维模糊性的影响，不同结构的语言偏好并不能准确描绘决策信息的模糊性和随机性。语言偏好信息是一种定性概念，在将定性概念转化为定量数据的过程中，也会忽略评价信息的随机性。在统计学和模糊数学的基础上，李德毅院士提出云模型的概念，不仅能够实现定性概念和定量数据之间的相互转化，还能够体现决策信息的模糊性和随机性并存的特征（李德毅和杜鹢，2014）。因此，双重云模型信息决策方法研究很有必要，具有实际应用价值和研究意义。

面对具有双重云模型信息的复杂决策问题，决策过程所呈现的以下特点值得关注：

第一，在具有双重云模型信息的复杂决策环境下，依据信息反映决策对象的基本属性和客观特征，偏好信息反映专家的经验知识和主观偏好，仅使用单一信息无法保证科学的决策效果。

随着技术手段的发展，信息来源途径不断扩大，信息数量也日益庞大。依据信息是经过决策者的筛选、从大量的信息中提炼出来的，与决策目标关联性强的客观特征。依据信息是专家评价的基础和依据，直接影响专家的主观评价过程。随着决策问题的发展和感知途径的增多，专家获取信息的深度和广度都存在一定程度的扩大。因此，偏好信息比依据信息涉及的知识面更广，同时具有随机性和不确定性的特征。在决策压力、信息缺失和有限理性的多重影响下，偏好信息也可能存在一定的冲突性或片面性。在具有双重云模型信息的复杂决策问题中，如果仅依靠单一信息进行决策，难以保证得到科学满意的决策结果。

第二，在具有双重云模型信息的复杂决策环境下，由于决策问题的内在关联性和双重信息之间的因果关系，不考虑双重信息之间的交互推证无法保证决策信息的可靠性。

由于决策背景和决策目标等方面的共同点,依据信息和偏好信息之间存在关联关系。在搜集双重信息的过程中,依据信息的获取离不开决策者的筛选和提炼,偏好信息的获取离不开依据信息的参考和专家的主观判断。由于获取途径上的部分重合,双重信息之间必然存在因果关系。由于内部关联、因果关系及外部扰动因素的影响,依据信息和偏好信息的关系更加复杂,决策信息的可靠性难以得到保证。如果只是简单集结双重信息,不研究双重信息之间的差异性和关联性,那么难以保证决策信息的可靠性,双重信息的决策结果也难以达成共识,从而难以实现可靠且一致的决策结果。

第三,在具有双重云模型信息的复杂决策环境下,决策专家的知识和认知能力是有限的,如果忽视了群体决策效用和决策者行为特征,可能导致决策偏差。

在复杂的决策问题中,决策群体的构成尤为复杂,包含决策者、评估专家、信息提供者等多个群体。这些决策群体之间可能存在一定的层次关系和复杂的利益关系。在复杂的决策环境中,决策群体的知识背景各不相同,评价能力存在差异。因此,不同的评估专家给出的偏好信息存在较大的差异,甚至可能与依据信息的评价结果形成冲突。由于受决策问题风险性和不确定性的影响,决策者往往呈现出有限理性、风险偏好、参照依赖等行为特征。面对上述诸多困难,简单的群体信息集结方法无法解决群体利益冲突、双重信息的不一致性等问题,不考虑决策者行为特征进行盲目决策也会造成决策偏差过大,甚至得出错误的决策结果。

第四,在具有双重云模型信息的复杂决策环境下,决策问题的动态演化性导致了依据信息和偏好信息变化多端,双重信息的时序特征使决策问题变得更加复杂。

复杂决策不是静止的过程,而是在不断变化的。随着时间的推移,决策者对客观事物的认识逐步加深,决策问题也会出现新的特征和障碍。随着决策问题的动态发展,依据信息和偏好信息的内容和形式必然会发生变化,从而影响决策结果。在内外部决策环境的共同作用下,不同阶段获得的决策信息有复杂的对应关系，双重信息之间必然存在动态联系。在多阶段决策环境中，只考虑单个时刻的决策信息，不考虑双重信息联动分析和决策问题的时序特征，难以获得关于决策问题的全面认识。

综上所述，针对复杂环境下的双重云模型信息决策问题，如何进行双重决策信息之间的联动分析、挖掘双重信息之间的关联性、快速识别双重信息之间的冲突和分歧、有效提高双重信息决策效率并兼顾决策者的行为特征和决策问题的时序特征，从而提升决策的科学性和可靠性，是亟待解决的科学问题。

1.2 研究目的及意义

在传统多属性决策问题和群决策问题中，往往涉及双重决策信息，相关理论和方法得到了学者们的普遍关注。由于受决策环境不确定性的影响，双重云模型信息在决策方法研究中还存在诸多难题。①在复杂的决策问题中，依据信息和偏好信息既各有特点又相互关联。决策者既要关注依据信息和偏好信息自身的特征，又要深入挖掘双重信息之间的内在联系。②随着科技的发展，决策环境变得错综复杂，依据信息和偏好信息具有模糊性和随机性的特点。③由于信息不完全性和专家利益关系的影响，双重信息之间可能存在不一致甚至冲突。在决策环境风险性和决策问题不确定性的影响下，决策者的行为特征对决策问题产生较大的影响。④随着时间的推移，决策问题的风险性和动态性也增加了决策的难度。所以，针对双重云模型信息的决策问题，深入挖掘双重信息之间的内在关系，实现双重信息的相互推证，提高双重信息的可靠性；考虑到群体决策特点和决策者行为特征，针对双重云模型信息构造合理有效的多阶段决策模型和方法，能够提高决策效率和决策质量。

针对复杂环境下的决策问题，本书将提出若干基于双重云模型信息的决策新方法，以弥补现有决策方法的不足，不断充实和丰富不确定性决策理论与方法。双重云模型信息的决策方法同时考虑了依据信息和偏好信息，是一种定性和定量相结合的评价方法，能够在很多实际问题中得到应用，如重大科技项目评估、应急事件决策及风险评估等问题中。双重云模型信息的决策方法既能够避免决策的片面性，又能够充分利用双重信息的特征和联系，成为辅助复杂决策、改进决策效果的有效途径。因此，本书既有理论意义又有实际应用价值，研究意义主要体现在以下几个方面：

第一，在单阶段双重云模型信息决策问题中，根据偏好信息与双重信息之间的差异来测度专家偏好信息的有效性，并设置距离阈值识别专家的弱偏好信息，根据双重信息之间的相互推证来修正弱偏好信息，根据修正后的信息进行决策能够有效提高双重信息决策的可靠性。

第二，在单阶段双重云模型信息决策问题中，根据偏好信息的相似性设置专家初始权重，根据依据信息的差异性设置属性权重的初始范围，并考虑双重信息的差异最小化进一步修正专家权重和属性权重，既能够利用单一信息的特征，又能够充分挖掘双重信息的联系。

第三，在单阶段双重云模型信息决策问题中，考虑决策者的行为特征，通过依据信息和偏好信息（多参考点）之间的距离来测度目标参考点的难度范围，提出难度等级划分模型，根据给定的难度等级建立专家权重优化模型来设置目标参考点，能够充分利用双重信息的联系设置目标参考点，考虑多参考点优化能够提高目标参考点设置的科学性和合理性。

第四，在多阶段双重云模型信息决策问题中，面对自然状态概率未知的多阶段决策环境，依据信息和偏好信息分别以方案属性值和参考点的形式展示，根据方案属性值提出设置发展参考点来辅助决策，考虑多状态下的排序一致性最大化来设置属性权重，并考虑决策损失最小化来设置阶段权重，有利用于进一步完善概率未知情境下的双重信息决策方法，降低决策偏差和决策损失。

第五，在多阶段双重云模型信息决策问题中，依据信息和偏好信息分别以方案属性值和参考点的形式展示，根据依据信息和实际需求设置三个参考点，同时考虑到属性（阶段）独立和属性（阶段）关联两种权重特征，根据最小—最大参照点优化的思想建立优化模型求解权重信息，不仅能够模拟真实决策环境中的多种参照效用，还能够适应独立特征和关联特征下的两种决策环境，提高决策方法的适用范围。

第六，在外卖平台的多阶段风险评估问题中，依据信息和偏好信息表现为风险可能性和风险严重性。根据专家访谈和文献分析，建立风险指标评估体系，采用风险严重性和风险可能性测度风险水平；针对外卖平台，提出多阶段云模型风险评估方法；根据实际案例，采用本书提出的方法评估方案、环节和风险指标的风险水平，根据分析结果提出有针对性的风险管理改进措施，能够将本书的方法用于解决实际问题，说明了本书研究对象的实用性和可行性。

1.3　双重云模型信息决策的相关理论综述

1.3.1　多属性决策方法研究

在关于多属性决策方法的研究方面，学者的研究重点主要划分为三个方面：基于结构关系的方法、基于权重分析的方法和基于信息集结的方法。基于结构关系的方法主要包含 DEMATEL（Decision Making Trial and Evaluation Laboratory）、解释结构模型（Interpretative Structural Model，ISM）以及模糊认知图（Fuzzy Cognitive Map）等方法。如 Liu T 等（2018）提出采用 DEMATEL 方法和博弈论来评估供应商绩效；Movahedipour 等（2017）采用 ISM 方法分析可持续性供应链管理中的主要障碍，调查障碍之间的交互作用并进行分类讨论。基于权重分析的方法主要包含层次分析法 AHP（Analytic Hierarchy Process）、ANP（Analytic Network Process）及熵测度等。如 Ho 和 Ma（2018）总结了过去 20 年层次分析法的应用情况，指出模糊层次分析法使用最为广泛，主要用于制造业及供应商选择领域；Liao 等（2018a）提出了基于直觉模糊数的 ANP 方法；Li 等（2019）提出基于极大熵和熵权法的改进 TOPSIS（Technique for Order Preference by Similarity to an Ideal Solution），用于农业水资源管理；Rezaei（2015）针对 AHP 一致性差的缺陷，提出了一种 BWM（Best-Worst）来确定属性权重。基于信息集结的方法主要包含 TOPSIS、VIKOR、ELECTRE、SAW（Simple Additive Weight）、非可加模糊积分等。如 Ameri 等（2018）等分别采用 SAW、VIKOR 和 TOPSIS 来集结多属性决策信息，并对不同方法的结果进行比较分析；Corrente 等（2013）将 ELECTRE 和 PROMETHEE（Preference Ranking Organization Method for Enrichment Evaluation）扩展到属性之间具有层次结构的问题中；Yager（1988）提出采用加权平均算子来集结多属性信息。在很多决策问题中，往往假设决策属性之间是彼此独立的。但在实际问题中，这种独立性假设往往很难得到验证。因此，考虑指标之间关联性的研究也得到部分学者的关注。Grabisch（1995）提出使用模糊积分作为集结算子，用来解决属性之间关联的多属性决策问题；Lourenzutti 等（2017）提出基于 TOPSIS 和 TODIM，采用 Choquet 积分来解决属性交互、异构信息的动态决策问题；Angilella 等（2016）针对具有层次结构的属性交互问题，提出采用 Choquet 积分作为偏好模型讨论鲁棒序数回归和随机多目标分析等问题。

1.3.2 群决策方法研究

在关于群体决策方法的研究方面，学者的研究重点主要侧重在三个方面：群体共识方法、复杂大群体决策方法及偏好信息集结方法。群体共识方法的研究主要集中在群体共识模型和非共识意见的修正。在群体共识模型研究方面，Liu F 等（2018）提出采用粒子群优化法（PSO）模拟形成决策的交互过程，提出改进的群体决策共识模型；Mata 等（2009）定义了新的相似函数测度共识度，建立多粒度语言偏好信息下的自适应共识模型；Chu 等（2016）针对直觉模糊偏好信息定义一致性指标和群体共识指

数，提出达到可接受共识水平的算法。在非共识意见的修正方法方面，
Dong 等（2015）基于最小化需要调整的语言偏好数量的思想建立共识模
型，提出两阶段的方法处理犹豫模糊群决策问题；Wu 等（2018）建立最
小调整成本的优化模型产生边界反馈参数，使不一致的个体偏好能够达到
群体共识的阈值。复杂大群体决策的研究主要集中在复杂大群体偏好信息
的聚类方法（Ma 等，2019）、冲突信息的分析与协调（Xu 等，2019）等
方面。Liu X 等（2019）提出一种大群体共识决策方法，用于检查和管理
过度自信行为。偏好信息集结方法的研究主要集中在群体信息集结方法和
基于权重分析的方法等方面。群体信息集结方法的研究有：Xu（2013）通
过 UAWAO 算子集结区间决策偏好信息；Liu（2017）将 Power 平均算子与
Heronian 均值算子相结合，提出区间直觉模糊幂 Heronian 算子；Zhang S 等
（2016）提出考虑决策者后悔值的群决策方法。权重分析方法的研究有：
Xu 等（2016）提出从不完全犹豫模糊偏好关系中导出先验权重信息的群
决策方法；Wan 等（2017）基于最大化群体共识的思想建立优化模型求解
专家权重；Liu B 等（2015）提出了最小方差模型和熵权模型求解专家个
体权重和群体权重；Zhang W 等（2016）提出了灰色关联分析方法和最大
化偏差方法，分别计算专家权重和属性权重，并采用权重更新模型来推导
专家的权重；Merigó 等（2016）根据先验权重和主观权重来设置专家权
重，用于集结语言偏好信息。

1.3.3 不确定信息决策方法研究

由于决策系统日益庞大和复杂，决策信息的不确定性表现越发突出。
多种形式的不确定信息的表征和量化方法得到了学者的普遍关注，如灰
数、区间数、三角模糊数、直觉模糊集、犹豫模糊集、异构信息、语言信
息、云模型等。基于不确定信息的决策方法也引起了学者的关注：邓聚龙
（1990）首先提出灰数的概念用于不确定决策问题中；Liu S 等（2017）进
一步发展了灰数的理论和方法，用于处理小样本贫信息的问题；徐泽水和
达庆利（2001）考虑区间数上限和下限的不确定性，提出区间数比较的可

能度方法；姜艳萍和樊治平（2002）提出关于三角模糊数互补判断矩阵的
排序方法；李鹏（2012）提出了一种新的区间记分函数，用于区间直觉模
糊数决策问题中；刘小弟等（2014）定义了犹豫模糊相对熵、对称交互
熵，并基于信息论的角度提出一个犹豫模糊相似度公式，用于犹豫模糊数
决策问题；张秦等（2018）针对具有多元异构不确定性特征的聚类对象，
提出基于案例学习的广义区间灰数熵权聚类模型；Liu 和 Teng（2018）针
对概率语言集，提出 Muirhead 算子用到多属性决策问题中；李德毅
（2000）首先提出云模型的概念来表达知识表示中的不确定性，随后云模
型被用于多属性决策和群决策领域。

1.3.4 双重信息决策方法研究

在现有的决策方法研究中，分别研究依据信息和偏好信息的成果较
多，研究双重信息的成果较少。在关于双重信息决策方法的研究方面，学
者的研究重点主要侧重于双重信息集结方法、双重信息联动决策方法等方
面。在双重信息集结方法研究方面：胡明礼等（2014）提出基于贝叶斯网
络推理的双重不确定信息集结模型；Jiang 等（2018）考虑多属性决策矩
阵表示的依据信息和属性权重表示的偏好信息，提出区间随机优势的多属
性决策方法；关昕等（2017）根据专家观点和系统表现，提出改进 DS 理
论的双重模糊信息安全评估算法；Liao 和 Wu（2019）采用依据信息表达
定量指标和偏好信息表达定性指标，提出基于双归一化的集结方法。在双
重信息联动决策方法方面：江登英等（2018）基于前景理论、TOPSIS 和
灰色关联分析法，提出双重信息不完全条件下的直觉模糊群决策方法；郝
晶晶等（2014）针对双重决策信息下的群决策问题，提出基于群体意见交
互式修正的信息联动决策方法；易平涛等（2015）针对具有激励特征和双
重信息的动态综合评价问题，运用差异因子和理想贴近度修正增益值，得
到带有奖惩特征的评价结果；Zhu 等（2015）针对非格式化中文文本评估
信息，将之转化为综合得分和非完全的标准分，基于 DS 证据理论建立非
完全信息评估模型。

1.3.5　云模型量化与决策方法研究

在概率论和模糊数学的基础上，李德毅（2014）提出云模型的概念，不仅能够将定性概念转化为定量数据，还能够测度信息的模糊性和随机性。关于云模型量化方法的研究主要集中在云模型的表征和运算方法、云模型的转化方法以及云模型的测度方法等方面。在云模型的表征和运算方法研究方面：李德毅和孟海军（1995）研究了云模型的基础概念，提出云模型发生器算法生成云模型；李德毅和刘常昱（2004）提出正态云模型的概念，论证了正态云模型的普适性；Li 和 Du（2017）提出云模型的运算法则；吕辉军等（2003）提出逆向云的概念，并提出已知确定度的逆向云发生器；杨朝晖和李德毅（1998）研究二维正向正态云及其生成算法；Xu 和 Wang（2017）提出一种新的反向高斯云认知变换算法。在云模型的转化方法研究方面：Li 等（1998）提出将定性语言值转化为定量云模型的转换方法；Li 等（2000）提出用语言云模型发掘关联规则；Yang 等（2010）提出将区间数转化为云模型的算法；王洪利和冯玉强（2005）提出将语言集转化为云模型的黄金分割法，但是仅限于 5 个语言标签；Wang J Q 等（2014）提出改进的黄金分割转化法，将语言集拓展到多个语言标签；Peng 等（2017）提出将语言值转化为综合云模型和区间综合云模型；王坚强和杨恶恶（2013）定义了直觉正态云的概念和算法；杨恶恶等（2015）利用云模型的云滴生成算法，通过数值模拟方法解决犹豫语言信息的运算与比较问题；Peng 和 Wang（2018）将正态云扩展到 Z 数领域，并提出相应的运算规则。在云模型的测度方法研究方面：张光卫等（2007）提出云模型的夹角余弦相似度，并应用到协同推荐算法中；郑皎等（2017）从云滴构成的角度出发提出云距离测度算法和云相似度算法；李海林等（2011）以期望曲线和最大边界曲线的相似程度来表示正态云模型的相似度，较好地克服了云模型期望数字特征过于显著、结果不稳定和时间复杂度过高等方面的不足；金璐和覃思义（2014）基于云模型间的贴近度提出云模型相似度的表示；查翔等（2015）提出概念跃升的间接云模型相似度计算方法；龚艳冰等（2015）提出基于组合模糊贴近度的正态云相似度方法；汪军等（2017a）提出兼顾距离和形状的云模型相似度测度方法；Wang 等（2018）提出基于模糊距离和得分的云模型相似度测度方法。大部分学者都关注云模型相似度的测度方法，关于云模型距离的相关研究还比较少。在云模型距离测度方面：Peng 等（2018）在正态云模型的基础上，提出概率语言云模型信息，并给出了相应的距离公式；Peng 和 Wang（2018）在正态云模型的基础上，提出正态 Z+值信息，并给出了相应的距离公式。

由于人类思想的模糊性和客观事物的复杂性，人们很难用精确数来评估客观事物。云模型能够描述模糊性和随机性并存的特征，这种良好的表征性质使得云模型在决策及评价领域中得到广泛的研究和应用。基于云模型决策方法的研究主要集中在多属性决策方法、群决策方法、聚类及分类方法等方面。在基于云模型的多属性决策方法研究中：林松等（2017）针对云模型的指标值，提出考虑目标预期和增长预期的多属性决策方法；汪军等（2017b）针对具有指标期望的多属性云模型决策问题，提出了一种基于前景理论的决策方法；谢晖等（2018）针对属性权重部分未知的问题，提出考虑属性相关性的 DEMATEL 云模型决策方法；弓晓敏和于长锐（2018）考虑参照依赖和损失规避等行为特征，提出改进 TODIM 的交互式多属性决策方法。云模型与其他数据形式结合的研究也受到关注，如袁华等（2017）将直觉模糊数转化为云模型，提出改进的 TOPSIS 多属性云模型决策法；Wang J 等（2014）提出基于犹豫模糊语言集和云模型的多属性决策方法。在基于云模型的群决策方法研究中：Wang J Q 等（2014）在多属性群决策问题中将语言信息转化为云模型，并提出 CWAA 算子、COWA 算子和 CHA 算子等集结算子；Yang 等（2013）将 AHP 和 Delphi 相结合，提出一种基于云模型的 CDHA 方法用于多属性群决策问题；王坚强和杨恶恶（2013）通过蒙特卡罗法模拟生成方案的综合表现云，提出基于直觉正态云的多属性群决策方法。部分学者关注基于云模型的大群体决策方法，如 Wang 等（2018）针对属性值为语言变量的决策问题，提出一种基于云相似度的大群体决策方法；徐选华和吴慧迪（2018）针对权重未知的多属性大群体决策问题，基于熵权法和云模型聚类法来辅助决策；肖子涵等（2018）针对由多个小群体组成的不确定性大群体决策问题，提出采用改进的云相似度对方案排序。在基于云模型的聚类和分类方法研究中：Zhang 等（2014）提出基于云模型的模糊混合量子人工免疫聚类算法，用于解决随机问题；Dai 和 Liu（2014）提出基于云模型的跃迁方法，用于文本分类问题。

在基于云模型的应用研究方面，学者将云模型应用于决策支持问题及系统评估问题中，如 Wang D 等（2016）将基于云模型的多属性群决策方法运用到水质评价问题；Wang M 等（2016）将云模型评价方法运用到水资源分配问题；何金平等（2016）提出基于云模型的大坝安全多层次综合评价方法；Yan H 等（2017）提出混合粗糙集和云模型的方法，用于水体富营养化评估问题；Zhang T 等（2018）提出一种基于云模型的集群无线传感器网络信任评估法；Yang 等（2018）提出基于直觉模糊正态云的决策支持模型，用于医生推荐问题；Lu 等（2019）提出基于云模型的绿色供应商选择评估方法；Liu H C 等（2017）提出基于云模型的失效效果分析技术，用于医疗风险分析问题；Peng 等（2018）提出概率语言集成云的新概念，建立酒店决策支持模型，用于酒店选择问题。基于表征模糊性和随机性的良好性质，云模型也常被用于算法优化（Zang 等，2018；Wu 等，2015）、图像处理（Li 等，2018；崔丽群等，2017）、故障诊断（李少波和陈永前，2017）等多个领域。

1.3.6 多阶段决策方法研究

随着时间的推移，决策环境和决策对象总是处于动态变化中。在原有决策问题的基础上，引入时间因素，就形成了多阶段决策问题。在多阶段决策方法的研究中：陈孝国和杜红（2015）提出时间权重采用指数衰减方法进行确定，采用平均算子集结不同时刻的信息；申健民等（2016）采用指数关联度确定属性权重，并构造基于偏差和灰熵的优化模型来确定时间权重；钱吴永和董扬兵（2019）提出兼顾决策信息和决策偏好的动态多指标决策模型，构建极大熵模型以确定时间权重；陈伟等（2016）根据逼近理想解法融合主客观两类权重，获得兼顾主观偏好和样本客观信息的时序权重；郝晶晶等（2016）针对专家群体存在阶段差异的多阶段决策问题，提出多阶段灰靶决策方法集结双重决策信息；Dong 等（2017）针对具有动态意见的共识决策问题，分析形成共识的社会网络结构，以最小交互数量的原则建立共识决策策略；Sirbiladze 等（2014）针对最佳投资决策问题的三个阶段，提出多阶段模糊决策方法。由于决策环境多变和决策信息的不确定性，多阶段决策问题存在较大的风险性，决策过程可能存在不同的自然状态。在概率信息已知的问题中，根据期望值决策成为解决该类问题的主要方法（Zhu 等，2017；Qin 等，2017a）。在概率信息未知的决策问题中：Liu J 等（2015）提出采用证据推理的方法来解决风险决策问题的不确定性；Zhou 和 Xu（2017）针对概率犹豫模糊元素中的概率难以准确获得的问题，提出不确定的概率犹豫模糊元素；Liu P 等（2011）提出基于区间概率和前景理论的决策方法。

1.3.7 考虑参考点的行为决策方法研究

由于决策环境的风险性影响，异构及冲突信息、激励特征、风险偏好、决策者行为特征等研究问题受到学者的关注。Lourenzutti 和 Krohling（2016）提出了动态环境下基于异构信息的广义 TOPSIS 法；Liu B 等（2019）提出了一种基于信任关系的冲突检测和消除的模型，用于社交网络环境中的大规模群决策问题；李玲玉等（2018）在分层激励方法的基础上，提出三种改进的分层激励多阶段信息集结方法；刘健等（2016）针对风险偏好和差异性决策者共存的决策问题，提出对决策者分类决策再进行信息融合的动态决策策略；代文锋等（2018）考虑决策者的行为特征，提出基于前景理论和 MULTIMOORA 多阶段决策方法。在风险决策环境中，决策者常常具有参照依赖、损失规避或后悔等行为特征，决策者往往根据参考点测度被评估对象的损失或者收益。在传统的方法中，均值、正负理想方案及其他方案的价值常被作为参考点。如在 TOPSIS 法中（Walczak 和 Rutkowska，2017），正、负理想方案作为测度方案价值的两个参考点；在 VIKOR 方法中（Tavana 等，2018），其他方案的价值往往被用作两两比较的参考点；在群决策问题中（Wu 和 Xu，2016），专家的偏好信息常被设为群体共识问题的参考点；在前景理论的应用中（Bao 等，2017），直觉模糊数（0.5，0.5）被设为直觉模糊决策环境下的参考点。参考点的定量设置及多参考点问题受到学者的关注：Song 等（2018）将事先确定的参考点用于多阶段风险决策问题；Wang L 等（2015）提出区间动态参考点用于应急决策问题；March 和 Shapira（1992）考虑决策者的偏好，提出根据目标和底线设置两参考点；Ordóñez 等（2000）采用满意和公平的原则来测度两参考点的效用；Zhu 等（2017）针对多阶段风险决策问题，考虑动态参考点、外部参考点和内部参考点来辅助决策；Wang 和 Johnson（2012）指出目标、底线和现状等三参考点对主观价值和风险偏好具有显著影响。Heath 等（1999）研究指出明确且具有挑战性的目标参考点比模糊的目标参考点更具激励性。Locke 和 Latham（1990）提出清晰度和难度是目标设定的两个基本因素。

1.3.8 文献评述

综上分析，双重云模型信息的决策方法已经得到众多学者的重视，现有量化方法、决策模型、研究思路和方法为本书提供了基础和参考。但是从现有研究来看，还有以下问题值得进一步讨论和研究：

第一，在决策过程中，多种数据形式丰富了决策信息的表征，能够从不同的角度测度决策信息的不确定性。在单一信息的研究中，关于信息测度、权重分析和集结方法的研究成果非常丰富。关于双重决策信息的研究成果较少，特别是考虑双重信息之间的关联关系、双重信息的交互推证、双重信息的联动决策的研究较少。由于双重信息之间存在复杂的关联关系，如何深入挖掘双重信息之间的内在联系进行决策仍需要深入研究和讨论。

第二，在偏好信息的研究中，群体共识模型、非共识修正问题等方面的研究成果较为丰富，学者们普遍关注最大共识度、最小成本、最少调整量等共识原则。这些研究问题引起人们关注的原因在于：决策者评价具有随机性和不确定性，导致偏好信息具有一定程度的弱可靠性。现有研究主要考虑采用群体共识意见作为参考，对弱偏好信息进行识别和修正，基于双重信息的关系对偏好信息进行推证和修正的研究较少。由于双重信息之间存在复杂的因果关系，考虑双重信息之间的联系来识别和修正弱偏好有待进一步研究和讨论。

第三，在云模型量化方法的研究中，云模型的基本运算规则、生成算法、云模型的距离及相似度测度、其他形式云模型的研究被进一步完善。学者们提出了一些有意义的云模型测度方法，这些方法各有优缺点。云模型量化方法的丰富成果，促使云模型在多属性决策领域和群决策领域得到应用。考虑云模型的三个数字参数，设计一种简便的、易于计算的云模型距离测度方法，能够拓展云模型在决策和评估领域的进一步应用。因此，云模型的距离测度、云模型在决策领域的应用有待进一步研究和讨论。

第四，在多阶段决策方法的研究中，关于时间（阶段）权重分析、多阶段信息集结方法等方面的研究较多，学者们提出了很多有意义的多阶段决策方法。针对具有多个状态的多阶段决策问题，学者们集中研究有概率信息的决策问题，关于概率信息不完全的决策问题较少研究。由于决策环境不确定的影响，决策问题中往往存在不同的风险状态，不同自然状态的概率是很难通过定量手段得到的。因此，概率未知情境下的多阶段决策问题有待进一步研究和讨论。

第五，在考虑参考点的决策方法研究中，前景理论、后悔理论等行为决策方法的研究较多，行为决策方法被拓展到具有多种决策信息的问题中。关于参考点设置方法的研究集中在定性分析方面，关于参考点的定量设置、多参考点决策方法的研究还比较少。在多阶段决策问题中，从科学评估的角度出发，考虑到决策者的行为特征和决策信息的时序特征，设置多个参考点和考虑属性（阶段）关联性的问题有待进一步研究和讨论。

1.4 本书的研究思路及内容结构

1.4.1 本书的研究思路

在基于双重云模型信息的决策方法研究及应用中，考虑双重信息之间联系的单阶段决策方法和考虑参考点的多阶段决策方法是两个主要的研究内容。在考虑双重信息之间联系的单阶段决策问题中，依据信息主要采用云模型的形式来表达，偏好信息采用语言偏好信息来表达；在考虑参考点的多阶段决策问题中，依据信息和偏好信息都主要采用云模型的形式来表达，其中依据信息表示为方案属性值，偏好信息表示为参考点；在本书方法的案例应用中，风险指标的可能性和风险指标的严重性中均含有依据信息和偏好信息，因此没有将两者进行区分。

本书的内容分为理论研究和应用研究两部分，根据阶段特征可以划分为三个单阶段决策研究和三个多阶段决策研究，单阶段决策研究见本书的第2章至第4章，多阶段决策研究见本书的第5章至第7章。其中，第2章至第4章的部分研究内容为后续研究提供了基础。本书的研究思路如图1-2所示。

模块Ⅰ研究对应本书第2章：在单阶段决策环境下，研究弱偏好识别和修正问题，重点关注云模型环境中偏好信息与双重信息的距离测算，基于双重信息交互的弱偏好识别和修正策略，其中部分研究内容为第7章的应用研究提供基础。

模块Ⅱ研究对应本书第3章：在单阶段决策环境下，研究基于双重信息的决策问题，重点关注基于依据信息的属性权重测算，基于偏好信息的专家权重的测算，考虑双重信息距离最小的原则进行权重的优化及修正，其中部分研究内容为后续研究提供基础。

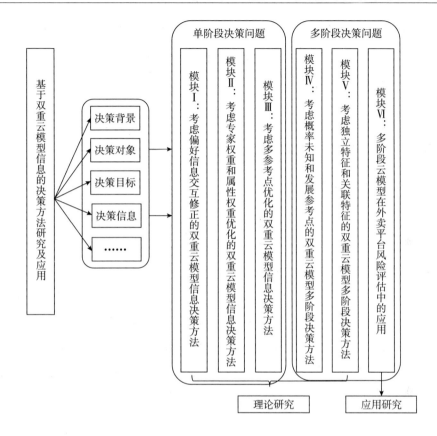

图1-2　本书的研究思路

模块Ⅲ研究对应本书第4章：在单阶段决策环境下，研究基于方案属性值和多专家参考点的目标参考点设置问题，重点关注基于相对熵的云模型距离计算公式，基于多参考点优化和难度水平的目标参考点的设置方法，其中部分研究内容为第5章和第6章的研究奠定基础。

模块Ⅳ研究对应本书第5章：在多阶段决策环境下，研究概率未知和单参考点的双重信息决策问题，重点关注基于云模型的发展参考点设置和概率未知情景下的决策策略设计，主要考虑排序一致性和决策失误导致的损失最小化原则进行决策。

模块Ⅴ研究对应本书第6章：在多阶段决策环境下，研究考虑独立特征和关联特征的双重信息决策问题，重点关注基于云模型的三参考点设置方法，考虑独立和关联两种特征的多阶段决策模型的设置。

模块Ⅵ研究对应本书第 7 章：针对外卖平台中的实际问题，提出风险评估的指标体系。在多阶段决策环境下，基于前五个模块的研究成果，提出多阶段风险评估方法，将其应用于外卖平台的实际案例中。通过风险水平的分析，提出风险管理的措施。

1.4.2　本书的内容结构

本书按照从单阶段到多阶段、从单参考点到多参考点、从独立特征到关联特征、从理论到实践的研究思路，由浅入深、层层递进开展研究。针对考虑偏好信息交互修正的双重云模型信息决策方法、考虑专家权重和属性权重优化的双重云模型信息决策方法、考虑多参考点优化的双重云模型信息决策方法、考虑概率未知和发展参考点的双重云模型多阶段决策方法、考虑独立特征和关联特征的双重云模型多阶段决策方法、多阶段云模型在外卖平台风险评估中的应用等内容展开研究，主要研究内容如下：

1.4.2.1　考虑偏好信息交互修正的双重云模型信息决策方法

在双重信息决策过程中，依据信息和偏好信息可能来自不同的信息来源。由于决策背景的相似性，依据信息和偏好信息往往相互补充、相互印证。但是由于专家可获取知识的有限性、专家能力和偏好的差异性等影响，偏好信息可能存在较大的偏差，甚至部分专家偏好与事实相差甚远（称为弱偏好）。在实际决策过程中，如果不对偏好信息加以甄别，盲目使用这些信息可能导致决策偏差或者决策失误。如何根据弱偏好信息与双重信息之间的距离来识别弱偏好，并根据双重信息的交互来修正弱偏好信息，是值得研究的问题。

本部分从考虑双重信息之间的距离和双重信息之间交互的角度，研究专家弱偏好信息的识别和修正方法。首先，根据拓展的 TOPSIS 法计算基于双重云模型信息的方案综合属性值；其次，根据先验信息建立优化模型来计算个体偏好值与综合属性值之间的距离范围；再次，考虑个体偏好值与综合属性值之间的距离范围及决策者的经验，设置偏离度经验阈值和距离阈值；又次，根据个体偏好值与综合属性值之间的交互比较，识别并修正弱偏好；最后，根据依据信息和修正后的偏好信息进行决策。

1.4.2.2　考虑专家权重和属性权重优化的双重云模型信息决策方法

在多属性决策问题中，由于决策环境的复杂性和不确定性影响，决策信息往往表现为依据信息和偏好信息。由于相同的决策背景和差异化的信息来源，双重信息之间既有区别又有联系。传统的决策方法主要考虑了单一信息的决策问题，较少考虑双重信息之间的联系。如何根据单一信息的特征和双重信息的联系进行决策，是值得研究的问题。

本部分从充分挖掘单一信息的自身特征和双重信息之间联系的角度，研究双重信息决策问题。首先，考虑偏好信息的相似性，根据云模型相似度计算专家的初始权重；其次，考虑依据信息的差异性，根据灰色关联度计算属性的相异度，设置属性权重的初始范围；再次，考虑双重信息之间的关系，根据双重信息决策结果之间距离最小化的原则建立专家权重和属性权重的修正模型；最后，基于双重信息的集结结果对方案进行排序和择优。

1.4.2.3　考虑多参考点优化的双重云模型信息决策方法

在复杂决策过程中，由于决策环境的多变性和决策信息的不确定性，决策过程往往充满风险。在风险决策环境中，决策者具有参照依赖等行为特征。因此，决策者往往通过与既定目标的比较来评价方案的效果，目标参考点被广泛用于评估问题中。目标参考点设置的合理性直接影响评估结果的有效性。如何在决策过程中设置合理的目标参考点是值得研究的现实问题。

本部分从考虑依据信息和多个专家参考点的角度出发，研究目标参考点的设置，并根据双重云模型信息进行决策。首先，考虑云模型的三个数字特征，提出基于相对熵的云模型距离计算公式，根据先验信息建立优化模型，求解方案与目标参考点的距离范围；其次，考虑属性值与难度等级距离最小化的原则，建立优化模型求解每个难度等级的距离范围；再次，根据决策者设定的难度等级，考虑平均属性值低于给定难度等级的条件下，建立极大熵优化模型求解专家权重；最后，根据专家权重和多个专家参考点设置目标参考点，根据前景理论计算方案的综合前景值进行方案排序和择优。

1.4.2.4 考虑概率未知和发展参考点的双重云模型多阶段决策方法

在多阶段决策问题中，可能存在多种自然状态，不同的自然状态对应不同的决策结果。在实际问题中，自然状态的概率很难通过估算获得，存在一定的未知性。因此，研究概率未知情境下的多阶段决策问题具有一定的现实意义。在多阶段决策环境中，决策者往往依赖参考点进行决策。考虑决策问题的时序特征，如何设置合理的参考点对解决这类问题至关重要。

本部分从考虑决策者的行为特征和多阶段决策问题的时序特征出发，研究状态概率未知情境下的多阶段决策问题。首先，从多阶段平均发展速度的角度出发，提出发展参考点的设置方法；其次，在概率未知情景下，考虑方案排序一致性最大化原则建立属性权重优化模型；再次，在概率未知情景下，考虑决策失误造成的损失最小化原则建立阶段权重优化模型；最后，考虑最大收益值和最小遗憾值两个原则计算折中排序值对方案进行排序和择优。

1.4.2.5 考虑独立特征和关联特征的双重云模型多阶段决策方法

在传统的决策方法研究中，往往假设属性之间或者阶段之间具有独立特征。在实际决策问题中，属性（阶段）之间可能存在关联关系。在多阶段决策过程中，往往存在多个参考点对决策结果产生影响。因此，根据多阶段决策问题的实际情况，考虑多参考点的设置以及独立和关联两种权重特征，对进一步提高决策质量和决策效率、改善多阶段决策过程的效果尤为重要。

本部分从考虑独立特征、关联特征和多参考点的角度出发，研究概率已知情境下的多阶段决策问题。首先，根据多阶段决策的实际情况和决策者的行为特征，设置现状参考点、底线参考点和目标参考点；其次，针对属性（阶段）之间彼此独立的决策问题，为了使每个方案实际值尽量接近最优值，根据最小—最大参照点优化的思想建立属性权重和阶段权重的优化模型，采用加权算子集结信息获得方案排序值；最后，针对属性（阶段）之间相互关联的决策问题，为了使每个方案值尽量接近最优值，根据最小—最大参照点优化的思想和 Choquet 积分建立优化模型，求解属性集合和阶段集合的模糊测度，采用 Choquet 积分算子集结信息获得方案排序值。

1.4.2.6 多阶段云模型在外卖平台风险评估中的应用

首先，分析外卖平台的特点，考虑外卖平台的四个环节，通过专家访谈和文献分析获取 23 个风险指标组成风险评估指标体系，从风险可能性和风险严重性两个方面制定语言评价列表，根据风险可能性和风险严重性计算风险水平；其次，根据外卖平台的特点，提出多阶段云模型风险评估方法；再次，通过外卖平台的实际案例，采用本部分提出的方法评估风险水平；最后，根据风险评估结果对每个方案、每个环节和每个风险指标进行分析，提出相应的管理举措。

1.4.3 创新点

根据研究内容分析，本书的主要创新点集中在以下几个方面：

第一，提出考虑偏好信息交互修正的双重云模型信息决策方法。在单阶段双重信息决策问题中，双重信息之间有交互印证的关系，偏好信息存在弱可靠性的特点。在这一部分的方法设计上，根据双重信息与偏好信息之间的距离来测度偏好信息的有效性，根据双重信息之间的交互印证关系来识别和修正弱偏好信息。这样，既能够充分利用双重信息的联系，又能够提高偏好信息的有效性和可靠性，从而提高决策结果的质量。

第二，提出考虑专家权重和属性权重优化的双重云模型信息决策方法。在单阶段双重信息决策问题中，单一信息既有自身的特点，双重信息之间又彼此关联。在这一部分的方法设计上，既考虑了偏好信息中专家评价的相似性来测度专家初始权重，又考虑了依据信息中属性之间的差异性来测度属性权重的初始范围，还考虑了双重信息决策结果之间的距离最小化原则来进一步修正初始权重信息。这样，既能够反映出单一信息的特征，又能够降低双重信息评价结果之间的差距。

第三，提出考虑多参考点优化的双重云模型信息决策方法。由于决策问题的复杂性和决策者知识的有限性，目标参考点难以通过定量方法获得。在这一部分的方法设计上，从多参考点优化的角度，计算方案属性值与目标参考点的距离范围，可以测度方案属性值实现目标参考点的难度；根据方案属性值与目标参考点的距离范围对难度等级进行划分，能够最小化方案属性值与其难度等级的距离；通过建立极大熵模型求解专家权重，能够使平均属性值满足给定难度等级，并能够充分利用专家参考点信息设置目标参考点。这种方法从难度和多参考点优化的角度出发设置目标参考点，既能够充分利用决策过程中双重信息之间的比较，又符合决策者的难度要求，可以获得科学合理的目标参考点。

第四，提出考虑概率未知和发展参考点的双重云模型多阶段决策方法。在多阶段决策问题中，可能存在概率未知的多个自然状态，决策者具有参照依赖的行为特征，方案发展速度受到决策者的关注。在这一部分方法的设计中，从发展速度的角度设置发展参考点，能够测度方案的发展速度和方向；根据 LINMAP 思想建立属性权重优化模型，能够最大化多状态下的方案排序一致性；基于相对熵的阶段权重优化模型，能够降低决策失误造成的损失。这种方法既挖掘了多阶段决策信息的时序特征和决策者的行为特征，又能够从排序一致性和决策失误损失最小化的角度来优化决策结果。

第五，提出考虑独立特征和关联特征的双重云模型多阶段决策方法。在实际问题中，属性（阶段）独立和属性（阶段）关联两个权重特征受到学术界的关注。决策者往往倾向于依靠多个参考点进行决策，以保证决策结果的科学性。因此，在这一部分方法的设计中，从底线、现状和目标的角度出发，设置三参考点来测度方案在不同层次上的表现；分别考虑属性（阶段）之间的独立特征和关联特征，建立优化模型求解权重或模糊测度。

这样不仅能够从不同的角度来测度方案的表现，从而获得更加科学合理的决策结果，还能为属性（阶段）独立和属性（阶段）关联两种特征下的决策问题提供基本框架和解决方法。

1.4.4　本书的研究方法和技术路线

在详细论述国内外研究成果的基础上，通过对现有云模型决策方法的分析，应用概率论、模糊数学、运筹学、行为决策及信息论等相关理论，结合 WA 算子、云模型、相似度、相对熵、LINMAP、TOPSIS、最小—最大参照点优化等方法，以基于双重云模型信息决策方法为突破口，针对双重云模型信息决策中的不同问题，从"单阶段双重信息修正决策→单阶段双重信息权重优化决策→单阶段多参考点优化决策→概率未知下单参考点多阶段决策（独立特征）→概率已知下多参考点多阶段决策（独立特征和关联特征）→实践应用"等不同方面展开，将理论研究和实践应用相结合。在理论研究中，从单阶段决策问题过渡到多阶段决策问题，从单参考点设置到多参考点设置，从只考虑独立特征到考虑独立和关联两种特征。在逻辑上存在从简单到复杂、从静态到动态的递进过程。通过多阶段云模型在外卖平台风险评估中的应用，进一步验证方法的合理性和有效性。本书技术路线如图 1-3 所示，显示了各部分彼此独立又相互关联的逻辑关系。

第 2 章至第 6 章的部分研究内容为后续研究提供了基础。在第 2 章中提出拓展的 TOPSIS 法来求解方案的属性价值，该部分方法传递到第 7 章中，用以计算风险水平。在第 3 章中提出专家权重初始值和属性权重初始范围的确定方法，在后续的内容中，权重先验信息可以通过这种方法来计算。在第 4 章中，提出基于相对熵的云模型距离以及基于云模型的信息决策方法，这些方法传递到第 5 章和第 6 章中，用于计算前景价值。在第 5 章中，提出的 Orness 测度可以在第 6 章和第 7 章求解阶段权重时使用。第 6 章具有独立特征的属性（阶段）权重求解方法，可以在第 7 章中得到运用。

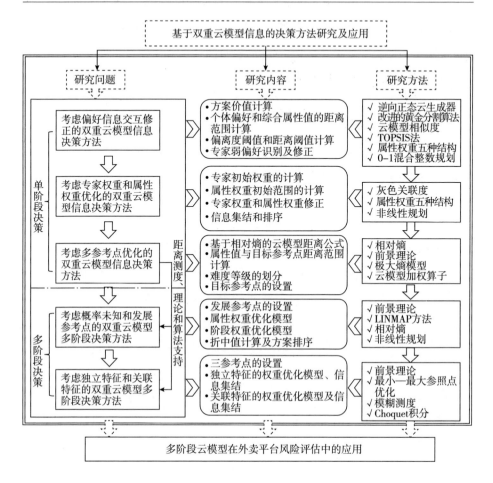

图1-3 本书的技术路线

本书各章之间存在层层递进的关系。第2章至第4章研究单阶段的双重云模型信息决策问题，第5章至第7章研究多阶段的双重云模型信息决策问题；第2章至第5章的研究属性或阶段之间具有独立特征，第6章的研究考虑属性或阶段之间具有关联特征；第2章研究偏好信息具有一定的弱可靠性；第3章研究可靠的双重信息决策方法；第4章和第5章研究单参考点决策问题；第6章研究多参考点决策问题。由此可知，各章之间存在由简单到复杂的逻辑关系。

1.5   本章小结

本章介绍双重云模型信息决策方法的研究背景，分析了在云模型环境下进行双重信息决策的重要意义；在对现有的双重信息决策、云模型决策方法、多阶段决策方法等研究现状进行分析的基础上，评述了现有研究中的不足。根据现有研究中的不足，提炼了五个理论问题和一个应用问题，按照从简单到复杂、层层递进的顺序开展研究。

第2章 考虑偏好信息交互修正的双重云模型信息决策方法

在决策过程中可以收集到多源和复杂形式的信息（Yager 和 Petry，2016；Tian 等，2018）。由于信息来源、收集方法和表达方式的差异，很难辨别信息的真实性和有效性，信息的可靠性受到质疑（Huang 等，2018；Li 等，2017）。在双重信息决策过程中，依据信息通过识别、监测和测量等手段获得，依赖客观环境和技术人员的知识；偏好信息由专家评估获得，受专家能力、经验、兴趣和行为的影响。由于在先验信息、评估目标、评估内容等方面的共同点，双重信息之间存在一定的联系；由于信息来源、收集手段、参与者之间的不同点，双重信息之间存在一些差异。

由于知识、能力和兴趣的差异，有些偏好信息可能与事实相差甚远（称为弱偏好），信息的可靠性受到质疑（Titkanloo 等，2018）。然而，这些弱偏好信息只是可用性差，并不是完全无用的信息。如果去掉弱偏好信息或者未经甄别直接使用弱偏好信息，可能导致决策偏差或错误。因此，为保证决策信息的可靠性和有效性，必须对弱偏好进行识别和修正。目前，弱偏好修正是通过反馈机制来完成的（Wu 等，2019）。反馈机制分为两步，首先基于识别规则和方向来识别弱偏好，然后根据共识方向来调整弱偏好。考虑到决策的成本，基于优化的共识规则往往要求减少需要修正的弱偏好数量（Zhang B 等，2018）。通过文献评述发现，现有的弱偏好调整方法能够适用于只有偏好信息的决策问题。在具有双重云模型信息的决策问题中，仍有两个难点值得进一步研究：第一，在具有双重云模型信息的决策环境中，根据偏好信息与双重信息之间的比较，如何设计弱偏好识别机制；第二，根据双重信息的交互印证，如何设计弱偏好修正机制，达到修正弱偏好和降低修正成本的效果。

本章通过双重信息的交互印证，对专家弱偏好信息识别和修正，解决双重信息决策中的弱偏好问题。首先，在双重云模型信息决策环境中，基于扩展的 TOPSIS 法计算依据信息和偏好信息下的方案属性值。其次，基于双重信息之间的相互比较建立优化模型，计算个体偏好值与综合属性值之间的距离范围。再次，基于个体偏好值与综合属性值之间的距离，考虑决策者的主观经验设置偏离度经验阈值和距离阈值，根据与距离阈值的比较识别弱偏好。最后，根据双重信息之间的交互比较提出弱偏好反馈及修正机制，基于最大化可接受偏好数量的原则建立优化模型来修正弱偏好，从而根据双重信息集结结果对方案进行排序和择优。

2.1　基本定义及问题描述

2.1.1　基本定义

云模型不仅能够反映语言概念中的不确定性，而且能够反映随机性和模糊性之间的关联性，构成定性和定量之间的映射。

定义 2.1：设 U 为一个用精确数值表示的定量论域，$\tilde{A}$ 为 U 上的定性概念，若定量值 $z \in U$，且 z 是定性概念 $\tilde{A}$ 的一次随机实现，z 对 $\tilde{A}$ 的确定度 $\mu(z) \in [0, 1]$ 是有稳定倾向的随机数（李德毅和杜鹢，2014）。

$$\mu: U \to [0, 1] \quad \forall z \in U \quad z \to \mu(z) \tag{2-1}$$

z 在论域 U 上的分布为云模型，每个 z 称为一个云滴。其中，z 对 $\tilde{A}$ 的随机实现是概率意义下的实现，体现了信息的随机性特征；z 对 $\tilde{A}$ 的确定度是模糊集意义下的隶属度，但又具有概率意义下的分布，因此体现了模糊性和随机性的关联性（李德毅和杜鹢，2014）。

通过期望 Ex、熵 En 和超熵 He 三个数字特征，云模型有效地整合了定性概念的随机性和模糊性（李德毅和杜鹢，2014）。期望 Ex 表示云滴在论域空间分布的期望，是最能够代表定性概念的点。熵 En 表示定性概念的不确定性度量，由概念的随机性和模糊性共同决定。一方面，En 是定性概念随机性的度量，反映了能够代表这个定性概念的云滴的离散程度；另一方面，En 是定性概念模糊性的度量，反映了论域空间中可被定性概念接受的云滴的取值范围。超熵 He 表示熵的不确定性度量，即熵的熵，由熵的随机性和模糊性共同决定。

参考 Li 和 Du（2017）的研究，设有两个云模型 $Z_1 = (Ex_1，En_1，He_1)$ 和 $Z_2 = (Ex_2，En_2，He_2)$（λ 为非负常数），两朵云之间的运算规则为：

$$Z_1 + Z_2 = (Ex_1 + Ex_2，\sqrt{En_1^2 + En_2^2}，\sqrt{He_1^2 + He_2^2}) \tag{2-2}$$

$$Z_1 - Z_2 = (Ex_1 - Ex_2，\sqrt{En_1^2 + En_2^2}，\sqrt{He_1^2 + He_2^2}) \tag{2-3}$$

$$Z_1 \times Z_2 = (Ex_1 Ex_2，\sqrt{(En_1 Ex_2)^2 + (En_2 Ex_1)^2}，\sqrt{(He_1 Ex_2)^2 + (He_2 Ex_1)^2}) \tag{2-4}$$

$$\lambda Z_1 = (\lambda Ex_1，\sqrt{\lambda} En_1，\sqrt{\lambda} He_1) \tag{2-5}$$

$$(Z_1)^\lambda = ((Ex_1)^\lambda，\sqrt{\lambda}(Ex_1)^{\lambda-1} En_1，\sqrt{\lambda}(Ex_1)^{\lambda-1} He_1) \tag{2-6}$$

考虑到使用频率和普遍性，在正态分布和钟形隶属函数的基础上发展了正态云模型。

定义 2.2：设 U 是一个用精确数表示的定量论域，$\tilde{A}$ 是 U 上的定性概念，若定量值 $z \in U$，且 z 是定性概念 $\tilde{A}$ 的一次随机实现，如 z 满足 $z \sim N(Ex，En'^2)$，$En' \sim N(En，He^2)$，那么 z 属于定性概念 $\tilde{A}$ 的确定度满足（李德毅和杜鹢，2014）。

$$\mu = e^{-\frac{(z-Ex)^2}{2(En')^2}} \tag{2-7}$$

Z 在论域 U 上的分布称为正态云。

设正态云模型 $Z = (15，3，0.2)$ 表示定性概念"大约 15 岁"，根据正向正态云发生器算法（见表 2-1）使用 MATLAB 软件可以得到 1000 个云滴形成的云模型图（见图 2-1）。其中，X 轴表示定性概念 Z 的一次随机实现值 z_i（即云滴值），Y 轴表示云滴的确定度 μ_i。

表 2-1　正向正态云发生器算法

输入：云模型的数字特征（Ex，En，He）

输出：n 个云滴

步骤 1：生成以 En 为期望值，He^2 为方差的正态随机数 $En'_i = NORM(En, He^2)$

步骤 2：生成以 Ex 为期望值，En'^2_i 为方差的正态随机数 $z_i = NORM(Ex, En'^2_i)$

步骤 3：计算 $\mu_i = e^{-\frac{(z_i - Ex)^2}{2(En')^2}}$

步骤 4：具有确定度 μ_i 的 z_i 成为数域中的一个云滴

步骤 5：重复步骤 1 到步骤 4，直到产生要求的 n 个云滴

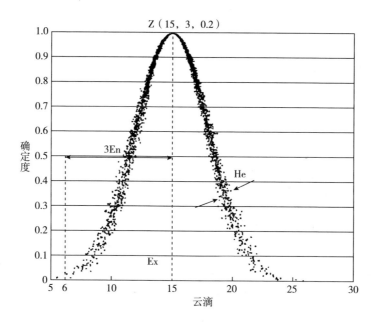

图 2-1　云模型（15，3，0.2）的云图

由图 2-1 可知，Ex = 15 表示 15 岁最能够代表定性概念"大约 15 岁"，

其确定性等于 1；En = 3 表示人们认为 6~24 岁的人都可以被认为是"大约 15 岁"。He = 0.2 表示熵的不确定性的度量，可以用云层的厚度来表示，He 越大表示云模型越不确定，云层越厚。

正向正态云发生器算法是根据云模型的数字特征（Ex，En，He）产生给定数量的云滴（李德毅和杜鹢，2014），表示为（z_i，μ_i）。其中，z_i 表示定性概念 $\tilde{A}$ 的一次随机实现值，μ_i 表示 z_i 属于定性概念 $\tilde{A}$ 的确定度。

正向正态云发生器算法（李德毅和杜鹢，2014）如表 2-1 所示。

逆向云发生器是从定量值到定性概念的转换模型，将一定数量的精确数据转换为以数字特征（Ex，En，He）表示的定性概念。逆向正态云发生器算法分为有确定度信息和无确定度信息。无须确定度信息的逆向云发生器步骤如下（李德毅和杜鹢，2014）：

第一，根据 z_i 计算样本均值 $\bar{z} = \dfrac{1}{n} \sum\limits_{i=1}^{n} z_i$，一阶样本绝对中心矩 $\dfrac{1}{n} \sum\limits_{i=1}^{n} |z_i - \bar{z}|$，样本方差 $S^2 = \dfrac{1}{n-1} \sum\limits_{i=1}^{n} (z_i - \bar{z})^2$。

第二，$Ex = \bar{z}$。

第三，$En = \sqrt{\dfrac{\pi}{2}} \times \dfrac{1}{n} \sum\limits_{i=1}^{n} |z_i - Ex|$。

第四，$He = \sqrt{S^2 - En^2}$。

改进的黄金分割转化法（Wang J Q 等，2014）用于将语言集转换为云模型，该方法打破了传统黄金分割转化法受语言标签数量的限制，可以将给定标签数量的语言集合转化为云模型。

定义 2.3：设一组语言集合为 $L = \{L_o \mid o = -g, \cdots, 0, \cdots, g; g \in N^*\}$，该语言集合中的语言标签 L_o 到其语言尺度 β_o 的映射函数表达为：

$$f: L_o \to \beta_o (o = -g, \cdots, 0, \cdots, g) \tag{2-8}$$

其中，$\beta_o = \begin{cases} \dfrac{b^g - a^{-o}}{2b^g - 2} & (-g \leqslant o \leqslant 0) \\ \dfrac{b^g + a^o - 2}{2b^g - 2} & (0 < o \leqslant g) \end{cases}$，$\beta_o \in [0, 1]$，a 一般通过实验获

得，$a \in [1.36, 1.4]$（Wang J Q 等，2014）。

设语言集合的定量论域为 $U = [X_{min}, X_{max}]$，根据定义 2.3，将语言标签 L_o 转化为云模型 $Z_o(Ex_o, En_o, He_o)$ 的步骤如表 2-2 所示（Wang J Q 等，2014）。

表 2-2　改进的黄金分割转化法

输入：语言集合 $L = \{L_o \mid o = -g, \cdots, 0, \cdots, g; \ g \in N^*\}$，语言集合的定量论域为 $U = [X_{min}, X_{max}]$，参数 a

输出：云模型 $Z_o(Ex_o, En_o, He_o)$

步骤 1：根据公式 (2-3) 计算 β_o

步骤 2：计算 $Ex_o = X_{min} + \beta_o(X_{max} - X_{min})$

步骤 3：计算 $En'_o \begin{cases} \dfrac{(1-\beta_o)(X_{max}-X_{min})}{3}, & -g \leq o \leq 0 \\[3mm] \dfrac{\beta_s(X_{max}-X_{min})}{3}, & 0 < o \leq g \end{cases}$

步骤 4：计算 $En_{-o} = En_o \begin{cases} \dfrac{(\beta_{|o-1|}+2\beta_{|o|})(X_{max}-X_{min})}{9}, & 0 < |o| \leq g-1 \\[3mm] \dfrac{(\beta_{|o-1|}+\beta_{|o|})(X_{max}-X_{min})}{6}, & |o| = g \\[3mm] \dfrac{(\beta_o+2\beta_{o+1})(X_{max}-X_{min})}{9}, & o = 0 \end{cases}$

步骤 5：计算 $He_{-o} = He_o = \dfrac{En'^+ - En_o}{3}$，$En'^+ = \max En'_o$

步骤 6：返回云模型 $Z_o(Ex_o, En_o, He_o)$

定义 2.4： 设 $(z_i, \mu_i)(i = 1, \cdots, n)$ 为云模型 $Z = (Ex, En, He)$ 的云滴，设 $s_i = z_i \mu_i$ 为云滴 (z_i, μ_i) 属于 Z 的得分（王坚强和杨恶恶，2013）。

那么云模型的总得分可以定义为：

$$s = \frac{1}{n}\sum_{i=1}^{n} s_i = \frac{1}{n}\sum_{i=1}^{n} z_i \mu_i \tag{2-9}$$

其中，z_i 为 Z 的随机实现，满足 $z_i \sim N(Ex, En'^2)$，$En' \sim N(En, He^2)$，μ_i 为 z_i 属于 Z 的确定度。总得分可用于比较同一论域下的两个云模型之间的关系。设 Z_1 和 Z_2 为同一论域下的两个云模型，总得分为 s_1 和

s_2。如果 $s_1 \geqslant s_2$，那么 $Z_1 \geqslant Z_2$，如果 $s_1 < s_2$，那么 $Z_1 < Z_2$。

根据正向云生成器生成 n 个云滴，从而计算得到总得分 s。但是，对于同一个云模型每次计算获得的总得分是不同的。因为云滴是通过正向云生成器随机生成的，云滴的分布是随机的。因此，王坚强和杨恶恶（2018）提出了一种基于蒙特卡罗的算法来获得足够的云滴，用 s_i 的数学期望可以近似得到总得分 s 的实际值，建议云滴的数量不少于 10000（Wang 等，2018）。

定义 2.5：设 Z_1 和 Z_2 为同一论域下的两个云模型，Z_1 和 Z_2 之间的相似度定义为（Wang 等，2018）：

$$Sim(Z_1, Z_2) = 1 - \frac{s(D(Z_1, Z_2))}{s(Z_1) + s(Z_2)} \tag{2-10}$$

其中，$D(Z_1, Z_2) = (|Ex_1 - Ex_2|, |En_1 - En_2|, |He_1 - He_2|)$，表示 Z_1 和 Z_2 之间的模糊距离。$s(D(Z_1, Z_2))$、$s(Z_1)$、$s(Z_2)$ 分别为云模型的得分。

在决策过程中，属性权重用于集结多个属性下的方案评估值，对决策结果具有重要影响。在很多研究中，均有属性之间独立性的假设，这样能够简化研究问题。设属性集合为 $C = \{c_1, c_2, \cdots, c_J\}$，$WC = (wc_1, wc_2, \cdots, wc_J)$ 为具有独立特征的属性权重，满足 $wc_j \in (0, 1)$，$\sum_{j=1}^{J} wc_j = 1$。由于信息的缺失和知识的有限性，决策者很难给出准确的属性权重数值。因此，属性权重通常表现出非完全性，主要表现出五种结构（Li，2011；Xu 和 Chen，2007）。其中，λ_1、λ_2、λ_3、λ_4 均为非负常数。

弱序：$wc_j \geqslant wc_{j'}$；

严格序：$wc_j - wc_{j'} \geqslant \lambda_1$；

倍序：$wc_j \geqslant \lambda_2 wc_{j'}$；

区间序：$\lambda_3 \leqslant wc_j \leqslant \lambda_3 + \lambda_4$；

差序：$wc_{j1} - wc_{j2} \geqslant wc_{j3} - wc_{j4}$。

2.1.2 问题描述

本章旨在解决双重云模型信息环境下具有弱偏好的决策问题。假设决策方案集合为 $A = \{a_1, a_2, \cdots, a_i\}$，其中 a_i 表示第 i 个方案；决策属性集合为 $C = \{c_1, c_2, \cdots, c_j\}$，其中 c_j 表示第 j 个属性；$wc = (wc_1, wc_2, \cdots, wc_j)$ 表示属性权重，满足 $wc_j \in (0, 1)$，$\sum_{j=1}^{J} wc_j = 1$。设 $X^r = (x_{ij}^r)_{I \times J}$ 为依据信息，其中 $x_{ij}^r = (Ex_{ij}, En_{ij}, He_{ij})$ 表示方案 a_i 相对于属性 c_j 的表现，由云模型来表示。设 $X_k^p = (x_{ijk}^p)_{i \times j}$ 为第 k 个专家的偏好信息，其中 $x_{ijk}^p = L_s$ $(s = -g, \cdots, 0, \cdots, g, g \in N^*)$ 表示第 k 个专家给出的方案 a_i 相对于属性 c_j 的评估值，采用语言集来表示。设 $wd = (wd_1, wd_2, \cdots, wd_k)$ 表示 k 个专家权重，满足 $wd_k \in (0, 1)$，$\sum_{k=1}^{K} wd_k = 1$。通过改进的黄金分割转化法可以将语言集转化为云模型，转换后的偏好信息表示为 $x_{ijk}^{p'} = (Ex_{ijk}, En_{ijk}, He_{ijk})$。

本章旨在通过基于双重信息之间的交互作用来识别和修正弱偏好，从而提高决策结果的可靠性。难点在于：如何根据差异化的双重信息，测度偏好信息与综合属性值的距离；如何根据双重信息之间的联系识别并反馈弱偏好信息；如何根据双重信息之间的交互印证，制定弱偏好修正机制，达到修正弱偏好、降低修正成本的效果。

2.2 主要方法与结果

2.2.1 基于拓展 TOPSIS 法的双重云模型信息方案属性值的计算

TOPSIS 法是根据方案与理想方案的贴近度来排列方案的，被广泛用于多属性决策问题中（Ameri 等，2018；袁华等，2017）。由于云模型包含三个数字参数，很难对云模型进行直接计算，或者在建立优化模型的过程中直接使用云模型。面对这个难点，采用 TOPSIS 法可以将云模型表示的属性价值转化为方案与理想方案的贴近度，消除不同属性、不同维度的影响，获得的数据可以客观地反映方案的优劣。

根据 TOPSIS 法的原理，首先要得到基于云模型的正理想方案和负理想方案。根据定义 2.4 中云模型的得分来比较方案的大小。对于效益型指标，云模型得分越大方案越好；对于成本型指标，云模型得分越大方案越差。以效益型指标为例，正理想方案和负理想方案的计算方法具体如下：

定义 2.6： 设 $x_{ij}^r = (Ex_{ij}, En_{ij}, He_{ij})$ 为方案 a_i 相对于属性 c_j 的属性值，那么属性 c_j 下的正理想方案和负理想方案被定义为：

$$\begin{cases} x_{j+}^r = \underset{i}{argmax}(s(x_{ij}^r)) \\ x_{j-}^r = \underset{i}{argmin}(s(x_{ij}^r)) \end{cases} \tag{2-11}$$

在云模型计算中，得分最大的属性值被定义为正理想方案，得分最小的属性值被定义为负理想方案。那么一个方案与正、负理想方案之间的相似度可以根据式（2-10）求解得到，表示为 $Sim(x_{ij}^r, x_{j+}^r)$、$Sim(x_{ij}^r, x_{j-}^r)$。通过计算得到每个方案与理想方案的贴近度 v_{ij}^r。

$$v_{ij}^r = \frac{Sim(x_{ij}^r, x_{j+}^r)}{Sim(x_{ij}^r, x_{j+}^r) + Sim(x_{ij}^r, x_{j-}^r)} \tag{2-12}$$

其中，$Sim(x_{ij}^r, x_{j+}^r)$ 越大，表明方案与正理想方案的相似程度越高，则 v_{ij}^r 的值越大。$Sim(x_{ij}^r, x_{j-}^r)$ 越大，表明方案与负理想方案的相似程度越高，则 v_{ij}^r 的值越小。

在偏好信息下，每个方案与理想方案的贴近度也可以根据式（2-10）至式（2-12）求解得到，表示为 v_{ijk}^p。根据 TOPSIS 法的原理可知，贴近度 v_{ij}^r 和 v_{ijk}^p 可以代替云模型形式的 x_{ij}^r 和 $x_{ijk}^{p'}$ 表示属性的价值，贴近度越大表示方案越好，贴近度越小表示方案越差。

基于双重云模型信息的综合属性值 v_{ij} 可以通过式（2-13）求解得到。

$$v_{ij} = \rho v_{ij}^r + (1 - \rho) \sum_{k=1}^{K} wd_k v_{ijk}^p \tag{2-13}$$

其中，ρ 和 $1-\rho(0 \le \rho \le 1)$ 分别表示决策者对依据信息和偏好信息的偏好系数，往往由决策者对双重信息的重视及偏好程度来决定。当 $0 \le \rho < 0.5$ 时，表示决策者更加重视偏好信息；当 $0.5 < \rho \le 1$ 时，表示决策者更加重视依据信息；当 $\rho = 0.5$ 时，表示决策者对双重信息同样看重。

根据以上分析，基于拓展的 TOPSIS 法求解属性价值的步骤如表 2-3 所示。

表 2-3　拓展的 TOPSIS 法求解云模型环境下的方案属性值

输入：依据信息 x_{ij}^r 和转换后的偏好信息 $x_{ijk}^{p'}$

输出：双重信息下每个方案的属性值 v_{ij}^r 和 v_{ijk}^p

步骤 1：在依据信息和偏好信息下，根据式（2-11）计算正理想方案和负理想方案

步骤 2：根据式（2-10）计算每个方案与正、负理想方案的相似度

步骤 3：根据式（2-12）计算每个方案与理想方案的贴近度

步骤 4：返回依据信息下的属性价值 v_{ij}^r 和偏好信息下的属性值 v_{ijk}^p

2.2.2　考虑双重信息交互的个体偏好值和综合属性值之间距离范围的测算

由于专家判断的主观性、知识差异及个人利益的冲突，偏好信息往往具有一定的随机性和模糊性。如果个体偏好值与综合属性值之间的距离太大，该个体偏好信息的有效性和可靠性则受到质疑，被称为弱偏好。综合属性值由偏好信息和依据信息共同决定，通过个体偏好值与综合属性值进行比较，可以识别个体偏好信息的有效性。在决策过程中，很难确定专家权重的准确数值，从而导致综合属性值具有一定的不确定性。那么，个体偏好值与综合属性值之间的距离也是不确定的。但是，两者之间的距离范围可以根据先验信息计算得到。

定义 2.7：设 $v_{ij} = \rho v_{ij}^r + (1 - \rho) \sum_{k=1}^{K} w d_k v_{ijk}^p$ 为方案 a_i 相对于属性 c_j 的综合属性值。那么个体偏好值 $v_{ije}^p (e = 1, 2, \cdots, K)$ 和综合属性值 v_{ij} 之间的

距离被定义为：

$$d_{ije} = \left| v_{ije}^{p} - \rho v_{ij}^{r} - (1 - \rho) \sum_{k=1}^{K} wd_k v_{ijk}^{p} \right| \qquad (2-14)$$

根据式（2-14）可知，d_{ijk} 的值随着专家权重的变化而变化。设 $d_{ijk} \in [d_{ijk}^{l}, d_{ijk}^{u}]$，$d_{ijk}^{l}$ 和 d_{ijk}^{u} 分别表示距离的下界和上界。根据先验信息，建立模型（2-15）可以求解得到距离范围。

$$\max/\min f(wd_k) = \left| v_{ije}^{p} - \rho v_{ij}^{r} - (1 - \rho) \sum_{k=1}^{K} wd_k v_{ijk}^{p} \right|$$

$$s.t. \begin{cases} wd_k \in H_1 \\ \sum_{k=1}^{K} wd_k = 1 \\ wd_k \in (0, 1) \end{cases} \qquad (2-15)$$

其中，目标函数表示求解个体偏好值与综合属性值之间距离的最大值和最小值。约束条件为：专家权重满足先验信息集合 H_1；专家权重通常表示为五种形式（Li，2011；Xu 和 Chen，2007）；专家权重之和等于1；专家权重在（0，1）区间内。

定理 2.1：模型（2-15）存在最优解。

证明：模型（2-15）的目标函数是一个绝对值函数，因此能够将模型（2-15）转化为两个线性规划模型（2-16）和模型（2-17）。根据运筹学中的单纯形法，可以求解这两个线性规划模型。

在模型（2-16）和模型（2-17）中，未知的变量为 wd_k（$k = 1$，$2, \cdots, K$）。如果在先验信息集合 H_1 中没有冲突信息，那么一定可以找到一组专家权重满足模型（2-16）和模型（2-17）的约束条件。那么，这些线性约束条件构成了线性规划的可行域。由于目标函数同样是线性的，根据线性规划的性质，最优解一定出现在可行域的边界上。从而得到，模型（2-16）和模型（2-17）存在最优解（定理2.1得证）。

$$\max/\min f_1(wd_k) = \left(v_{ije}^{p} - \rho v_{ij}^{r} - (1 - \rho) \sum_{k=1}^{K} wd_k v_{ijk}^{p} \right)$$

$$\text{s. t.}\begin{cases} v_{ije}^{p} - \rho v_{ij}^{r} - (1-\rho)\sum_{k=1}^{K} wd_{k}v_{ijk}^{p} \geqslant 0 \\[2mm] wd_{k} \in H_{1} \\[2mm] \sum_{k=1}^{K} wd_{k} = 1 \\[2mm] \mathbf{wd_{k}} \in (0,1) \end{cases} \tag{2-16}$$

$$\max/\min f_{2}(wd_{k}) = \left(v_{ije}^{p} - \rho v_{ij}^{r} - (1-\rho)\sum_{k=1}^{K} wd_{k}v_{ijk}^{p} \right)$$

$$\text{s. t.}\begin{cases} v_{ije}^{p} - \rho v_{ij}^{r} - (1-\rho)\sum_{k=1}^{K} wd_{k}v_{ijk}^{p} < 0 \\[2mm] wd_{k} \in H_{1} \\[2mm] \sum_{k=1}^{K} wd_{k} = 1 \\[2mm] \mathbf{wd_{k}} \in (0,1) \end{cases} \tag{2-17}$$

通过求解模型（2-16）和模型（2-17）可以获得，个体偏好值与综合属性值之间距离的最小值和最大值分别为 $d_{ije}^{l} = \min\left| v_{ije}^{p} - \rho v_{ij}^{r} - (1-\rho)\sum_{k=1}^{K} wd_{k}v_{ijk}^{p} \right|$、$d_{ije}^{u} = \max\left| v_{ije}^{p} - \rho v_{ij}^{r} - (1-\rho)\sum_{k=1}^{K} wd_{k}v_{ijk}^{p} \right|$，距离范围为 $d_{ijk} \in [d_{ijk}^{l}, d_{ijk}^{u}]$。$d_{ijk}^{u}$ 的值越大，个体偏好值与综合属性值之间的距离越大。d_{ije}^{l} 的值越小，个体偏好值与综合属性值之间的距离越小。为了有效识别弱偏好，应设置适当的距离阈值以控制个人偏好值与综合属性值之间的距离。

2.2.3　考虑距离范围的偏离度阈值和距离阈值的设置方法

在实际决策过程中，人们通常希望专家的判断与实际价值之间的距离尽可能小。因为，距离过大会增加该专家意见的不可靠性，从而导致决策误差或错误。因此，本部分提出根据距离范围和专家经验设置偏离度阈值和距离阈值的方法。

定义 2.8：根据个体偏好值和综合属性值之间的距离 $d_{ijk} \in \left[d_{ijk}^l, d_{ijk}^u \right]$，个体偏好值和综合属性值之间的偏离度 $\delta_{ijk} \in \left[\delta_{ijk}^l, \delta_{ijk}^u \right]$ 定义为：

$$
\begin{cases}
\delta_{ijk}^l = \dfrac{d_{ijk}^l - \min\limits_{i,k}(d_{ijk}^l)}{\max\limits_{i,k}(d_{ijk}^u) - \min\limits_{i,k}(d_{ijk}^l)} \\[4mm]
\delta_{ijk}^u = \dfrac{d_{ijk}^u - \min\limits_{i,k}(d_{ijk}^l)}{\max\limits_{i,k}(d_{ijk}^u) - \min\limits_{i,k}(d_{ijk}^l)}
\end{cases}
\tag{2-18}
$$

其中，偏离度 δ_{ijk} 表示个体偏好值和综合属性值之间的偏差程度。δ_{ijk} 的值越大，则偏差程度越大；δ_{ijk} 的值越小，则偏差程度越小。

性质 2.1：$0 \leqslant \delta_{ijk} \leqslant 1$。

证明：根据定义 2.8，可以得到 $\delta_{ijk} \geqslant \delta_{ijk}^l$。因为 $\max\limits_{i,k}(d_{ijk}^u) > \min\limits_{i,k}(d_{ijk}^l)$，并且 $d_{ijk}^l \geqslant \min\limits_{i,k}(d_{ijk}^l)$，可以得到 $\delta_{ijk}^l \geqslant 0$。根据定义 2.8，可以得到 $\delta_{ijk} \leqslant \delta_{ijk}^u$。由于 $\max\limits_{i,k}(d_{ijk}^u) > \min\limits_{i,k}(d_{ijk}^l)$，并且 $d_{ijk}^u \leqslant \max\limits_{i,k}(d_{ijk}^u)$，因此可以得到 $\delta_{ijk}^u \leqslant 1$。由此得到，$0 \leqslant \delta_{ijk} \leqslant 1$（性质 2.1 得证）。

根据定义 2.8 可知，δ_{ijk} 的值越接近 1，个体偏好值与综合属性值之间的距离越大。δ_{ijk} 的值越接近 0，个体偏好值与综合属性值之间的距离越小。如果 δ_{ijk} 的值太大，那么个体偏好值 v_{ijk}^p 将被视为弱偏好。因此，在决策过程中可以根据偏离度来识别弱偏好。

定义 2.9：设 $\delta_{ijk} \in \left[\delta_{ijk}^l, \delta_{ijk}^u \right]$ 为个体偏好值与综合属性值之间的偏离度，平均偏离度 δ 被定义为：

$$
\delta = \frac{1}{2(I \times J \times K)} \sum_{i=1}^{I} \sum_{j=1}^{J} \sum_{k=1}^{K} (\delta_{ijk}^l + \delta_{ijk}^u)
\tag{2-19}
$$

平均偏离度 δ 表示所有个体偏好值与综合属性值之间的平均偏离程度。

性质 2.2：$0 \leqslant \delta \leqslant 1$。

证明：从性质 2.1 可知，$0 \leqslant \delta_{ijk}^l \leqslant 1$ 和 $0 \leqslant \delta_{ijk}^u \leqslant 1$。因此，很容易得到 $0 \leqslant \sum_{i=1}^{I} \sum_{j=1}^{J} \sum_{k=1}^{K} (\delta_{ijk}^l + \delta_{ijk}^u) \leqslant 2(I \times J \times K)$，从而得到 $0 \leqslant \delta \leqslant 1$（性质 2.2 得证）。

平均偏离度 δ 代表偏离度的平均水平，如果只根据 δ 的值识别弱偏好，可能导致产生太多弱偏好，造成修正工作量大大增加。因此，为设置合理的偏离度阈值，还要考虑决策者的专业知识和经验。考虑决策者的经验，设置偏离度经验阈值为

$$\delta^* = \delta + \Delta\delta = \frac{1}{2(I \times J \times K)} \sum_{i=1}^{I} \sum_{j=1}^{J} \sum_{k=1}^{K} (\delta_{ijk}^l + \delta_{ijk}^u) + \Delta\delta \qquad (2-20)$$

为了不失一般性，设置 $0 \leqslant \delta^* \leqslant 1$。其中，$\Delta\delta$ 表示经验系数，一般由决策者根据实际情况决定。根据式（2-20），可以得到 $-\delta \leqslant \Delta\delta \leqslant 1-\delta$。

定义 2.10：设 δ^* 为偏离度经验阈值，个体偏好值与综合属性值之间的距离阈值 d^* 定义为：

$$d^* = \delta^* \times (\max_{i,j,k}(d_{ijk}^u) - \min_{i,j,k}(d_{ijk}^l)) + \min_{i,j,k}(d_{ijk}^l) \qquad (2-21)$$

设 $d_{ije} = \left| v_{ije}^p - \rho v_{ij}^r - (1-\rho) \sum_{k=1}^{K} wd_k v_{ijk}^p \right|$ 为个体偏好值与综合属性值之间的实际距离，弱偏好通过实际距离 d_{ije} 与距离阈值 d^* 之间的比较得到：

如果满足式（2-22），个体偏好价值 v_{ije}^p 被称为一个弱偏好价值。

$$d_{ije} > d^* \qquad (2-22)$$

如果满足式（2-23），个体偏好价值 v_{ije}^p 被称为一个可接受偏好价值。

$$d_{ije} \leqslant d^* \qquad (2-23)$$

根据式（2-22）和式（2-23），采用距离阈值来识别弱偏好的过程如图 2-2 所示。在图 2-2 中，圆的半径表示不同的距离阈值，各类符号的含义如图 2-2 右侧所示。综合属性值由来自偏好信息的个体偏好值和来自依据信息的属性值共同决定。如果个体偏好值 v_{ije}^p 与综合属性值之间的实际距离大于距离阈值，则相应的偏好是弱偏好，需要进行修正。如果个体偏好值 v_{ije}^p 与综合属性值之间距离小于距离阈值，那么 v_{ije}^p 是可接受偏好，不需要进行修正。

根据上述分析可知，随着距离阈值的增大，弱偏好的数量逐渐减少。随着距离阈值的减小，弱偏好的数量则逐渐增加。

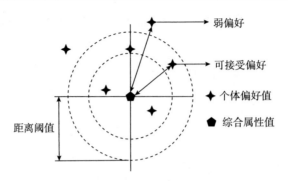

图 2-2　基于距离阈值识别弱偏好的过程

2.2.4　考虑双重信息交互的专家弱偏好修正模型

在实际的决策过程中，如果去掉弱偏好信息或者直接采用弱偏好信息，将可能导致决策偏差甚至失误。因此，有必要识别并修正偏差过大的偏好信息，从而保证偏好信息的有效性，获得更科学的决策结果。

设 v_{ije}^p 为原个体偏好值（弱偏好），$v_{ije}^{p'}$ 为修正后的个体偏好值。修正前的个体偏好值和综合属性值之间的距离大于距离阈值，修正后的个体偏好值与综合属性值之间的距离小于距离阈值。对于弱偏好来说，根据式（2-22）和式（2-23）可知，修正前的个体偏好值与综合属性值之间的距离为 $d_{ije} = \left| v_{ije}^p - \rho v_{ij}^r - (1-\rho) \sum_{k=1}^K wd_k v_{ijk}^p \right| > d^*$，修正后的个体偏好值和综合属性值之间的距离为 $d'_{ije} = \left| v_{ije}^{p'} - \rho v_{ij}^r - (1-\rho) \sum_{k=1}^K wd_k v_{ijk}^{p'} \right| \leqslant d^*$。

由于个体偏好值与综合属性值之间的距离 $d_{ije} = \left| v_{ije}^p - \rho v_{ij}^r - (1-\rho) \sum_{k=1}^K wd_k v_{ijk}^p \right| = \left| (1-(1-\rho)wd_e) v_{ije}^p - (\rho v_{ij}^r + (1-\rho) \sum_{k \neq e} wd_k v_{ijk}^p) \right|$，其中 $(1-(1-\rho)wd_e) > 0$ 且 $\rho v_{ij}^r + (1-\rho) \sum_{k \neq e} wd_k v_{ijk}^p > 0$。那么，当 $v_{ije}^p - \rho v_{ij}^r - (1-\rho) \sum_{k=1}^K wd_k v_{ijk}^p < 0$ 时，应该增加 v_{ije}^p 的值才能减小距离；当 $v_{ije}^p - \rho v_{ij}^r - (1-\rho) \sum_{k=1}^K wd_k v_{ijk}^p > 0$ 时，应该减小 v_{ije}^p 的值才能减小距离。

根据这个原理,为了使修正后的距离达到距离阈值的要求,制定弱偏好修正方法如下:

定义 2.11:设 v_{ije}^p 为弱偏好,修正后的偏好 $v_{ije}^{p'}$ 定义为:

$$\begin{cases} v_{ije}^{p'} = v_{ije}^p + \Delta v_{ije}^p, & \text{if} \quad v_{ije}^p - \rho v_{ij}^r - (1-\rho) \sum_{k=1}^K wd_k v_{ijk}^p < -d^* \\ v_{ije}^{p'} = v_{ije}^p - \Delta v_{ije}^p, & \text{if} \quad v_{ije}^p - \rho v_{ij}^r - (1-\rho) \sum_{k=1}^K wd_k v_{ijk}^p > d^* \end{cases} \quad (2\text{-}24)$$

其中, $\Delta v_{ije}^p (\Delta v_{ije}^p \geq 0)$ 表示对弱偏好 v_{ije}^p 的修正量。根据上述修正规则可知,对于弱偏好来说有 $\Delta v_{ije}^p > 0$,对于可接受偏好来说有 $\Delta v_{ije}^p = 0$。

在决策过程中,修正弱偏好信息是一个复杂而困难的过程,有可能花费较高的成本。在现有研究中,设定的修正规则有两类(Zhang B 等,2018),一类是尽可能减少弱偏好的总数量,另一类是尽可能减少弱偏好的修正总量。在实际运用过程中,如果总的偏好数量较多时,采用第二个修正规则可能会导致弱偏好总数量增加,这样就会增加修正成本。因此,本章考虑最小化弱偏好数量的原则来修正弱偏好,即最大化可接受偏好数量。根据上述弱偏好修正原理,提出基于最大化可接受偏好数量的思想,建立模型(2-25)来修正弱偏好。

$$\max f(y_{ijk}, wd_k, v_{ije}^{p'}) = \sum_{i=1}^I \sum_{j=1}^J \sum_{k=1}^K y_{ijk}$$

$$\text{s.t.} \begin{cases} y_{ijk} = \begin{cases} 1, & \text{if} \quad v_{ijk}^{p'} = v_{ijk}^p \\ 0, & \text{else} \end{cases} \\ v_{ije}^{p'} = \begin{cases} v_{ije}^p, & \text{if} \quad \left| v_{ije}^p - \rho v_{ij}^r - (1-\rho) \sum_{k=1}^K wd_k v_{ijk}^p \right| \leq d^* \\ v_{ije}^p + \Delta v_{ije}^p, & \text{if} \quad v_{ije}^p - \rho v_{ij}^r - (1-\rho) \sum_{k=1}^K wd_k v_{ijk}^p < -d^* \\ v_{ije}^p - \Delta v_{ije}^p, & \text{if} \quad v_{ije}^p - \rho v_{ij}^r - (1-\rho) \sum_{k=1}^K wd_k v_{ijk}^p > d^* \end{cases} \\ \left| v_{ije}^{p'} - \rho v_{ij}^r - (1-\rho) \sum_{k=1}^K wd_k v_{ijk}^p \right| \leq d^* \\ wd_k \in H_1 \\ \sum_{k=1}^K wd_k = 1 \\ wd_k \in (0, 1) \end{cases} \quad (2\text{-}25)$$

在模型（2-25）中，目标函数是使可接受偏好的总数量最大化，同时也是使弱偏好的总数量最小化。约束条件分别为：$y_{ijk}=1$ 表示对应的偏好 v_{ijk}^{p} 为可接受偏好；$y_{ijk}=0$ 表明对应的偏好 v_{ijk}^{p} 为弱偏好；根据式（2-24）设置弱偏好的识别机制和反馈修正机制；修正后的个体偏好值与综合属性值之间距离小于距离阈值；专家权重满足先验信息集合 H_1；专家权重之和等于1；专家权重在（0，1）区间内。其中，$v_{ije}^{p'}$ 和 $v_{ijk}^{p'}$ 均表示修正后的偏好。

模型（2-25）是 0-1 混合整数规划，目标函数是使可接受偏好数量达到最大值。由于属性权重满足 $\mathbf{wc_j} \in (0,1)$，根据模型（2-25）的最后两个约束条件可知，该模型可行域是有界的。①根据式（2-22）、式（2-23）以及图 2-2 发现，如果距离阈值 $d^* \geq \max\limits_{i,j,k}(d_{ijk}^u)$，那么所有偏好都是可接受偏好。此时，模型（2-25）存在最优解，目标函数的最优解为（I×J×K），表示所有个体偏好都是可接受偏好，不用进行修正。②随着距离阈值的降低，弱偏好的总数量会增加，将导致修正成本增加。如果距离阈值过低，模型（2-25）的可行域为空集，那么该模型则无解。因此，距离阈值的设置要充分考虑到修正成本和模型（2-25）的可行性。

通过求解模型（2-25）得到修正后的个体偏好值和专家权重，那么最终排序值可以求解得到

$$v_i' = \rho \sum_{j=1}^{J} wc_j v_{ij}^r + (1-\rho) \sum_{j=1}^{J} wc_j \left(\sum_{k=1}^{K} wd_k v_{ijk}^{p'} \right) \qquad (2\text{-}26)$$

最终排序值 v_i' 可用于方案的排序和择优，v_i' 的值越高，方案 a_i 越好。

根据以上分析，考虑偏好信息交互修正的双重云模型信息决策步骤总结如下：

步骤 1： 数据获取及处理。根据逆向正态云生成器算法（李德毅和杜鹢，2014）获取云模型形式的依据信息 $\mathbf{X^r} = (\mathbf{x_{ij}^r})_{I \times J}$，根据专家评估获取语言信息形式的偏好信息，采用改进的黄金分割转化法（Wang J Q 等，2014）将偏好信息转化为云模型形式 $\mathbf{X_k^p} = (\mathbf{x_{ijk}^p})_{I \times J}$。根据问题背景，收集专家权重的先验信息集合 H_1 及偏好系数 ρ。

步骤 2：计算属性价值。采用拓展的 TOPSIS 法，计算在依据信息下的属性价值 v_{ij}^r 和在偏好信息下的属性价值 v_{ijk}^p，具体算法过程如表 2-3 所示。

步骤 3：计算个体偏好值和综合属性值之间的距离范围。通过建立模型（2-15）计算个体偏好值和综合属性值之间的距离范围，约束条件为专家权重的先验信息集合。如果模型（2-15）不可行，那么需要调整专家权重的先验信息集合以保证模型（2-15）可行域非空。

步骤 4：设置偏离度经验阈值和距离阈值。基于实际问题背景和经验，根据式（2-18）至式（2-20）计算经验阈值 δ^*，根据式（2-21）计算距离阈值 d^*。

步骤 5：识别并修正弱偏好，计算专家权重。建立模型（2-25）修正弱偏好并求解专家权重。如果模型（2-25）不可行，可能是距离阈值设置过小导致的。此时，应该适当调整距离阈值 d^*，以保证模型（2-25）的可行域非空。

步骤 6：计算最终排序值，选择最优方案。通过式（2-26）计算最终排序值，最优方案可以通过 $\max_i v_i^r$ 得到。

本章旨在解决具有弱偏好的双重云模型信息决策问题。首先，通过扩展 TOPSIS 法计算双重信息下的属性值。其次，基于专家权重的先验信息，建立优化模型求解个体偏好值与综合属性值之间的距离范围。再次，根据个体偏好值与综合属性值之间的距离范围，考虑决策者的经验知识，设置偏离度经验阈值和距离阈值，通过与距离阈值的比较建立弱偏好识别机制。最后，通过实际距离与距离阈值的比较，设置弱偏好修正机制，基于最大化可接受偏好数量的原则，建立优化模型来修正弱偏好。根据依据信息和修正后的偏好信息计算最终排序值，进行方案排序及择优。

2.3 算例研究

2.3.1 考虑偏好信息交互修正的双重云模型信息决策过程及分析

例2.1：在供应商评价问题中，来自四个供应商的商品组成方案集合 $A = \{a_1, a_2, \cdots, a_I\}$（$I=4$）。五个属性组成属性集合 $C = \{c_1, c_2, \cdots, c_J\}$（$J=5$），$c_1$ 表示可靠性，c_2 表示额定输出功率，c_3 表示应急工作能力，c_4 表示承力能力，c_5 表示工作介质表现，这五个属性都是收益型属性。根据工作人员的调查和测量得到的数据构成依据信息 $X^r = (x^r_{ij})_{I \times J}$，由五位专家评估获得的数据构成偏好信息 $X^p_k = (x^p_{ijk})_{I \times J}$（$k = 1, 2, \cdots, 5$）。根据属性的重要程度分析得到属性权重分别为 $\{wc_1 = 0.24, wc_2 = 0.21, wc_3 = 0.17, wc_4 = 0.15, wc_5 = 0.23\}$。根据实际情况给出专家权重的先验信息，保证每个专家有一定的话语权，又不会造成权力垄断的现象。专家权重的先验信息集合为 $H_1 = \left\{ 0.1 \leq wd_k \leq 0.25, \sum_{k=1}^{5} wd_k = 1 \right\}$。决策者根据经验和知识给出双重信息的偏好系数为 $\rho = 0.5$，表明决策者认为双重信息同等重要。

根据逆向正态云发生器算法（李德毅和杜鹢，2014）来生成云模型形式的依据信息 $X^r = (x^r_{ij})_{I \times J}$。偏好信息表达为语言集 $L = \{L_{-3} = 极差, L_{-2} = 非常差, L_{-1} = 差, L_0 = 中等, L_1 = 好, L_2 = 极好, L_3 = 非常好\}$，其中云模型的定量论域为 $[0, 20]$，参数 $a = 1.37$，通过改进的黄金分割转化法转化为云模型 $L_{-3} = (0.0, 1.5, 0.1)$，$L_{-2} = (4.5, 1.283, 0.086)$，$L_{-1} = (7.7, 0.917, 0.061)$，$L_0 = (10, 0.767, 0.051)$，$L_1 = (12.3, 0.917, 0.061)$，$L_2 = (15.5, 1.283, 0.086)$，$L_3 = (20, 1.5, 0.1)$（Wang 等，2018）。

根据本章提出的方法进行决策过程如下：

步骤 1：数据获取及处理。

依据信息如表 2-4 所示，偏好信息如表 2-5 所示，将语言信息转化为云模型（略）。其中，$a_1 \sim a_4$ 表示方案，$c_1 \sim c_5$ 表示属性，$e_1 \sim e_5$ 表示专家。

表 2-4　双重决策信息中的依据信息

方案	c_1	c_2	c_3	c_4	c_5
a_1	（26.5885, 0.0380, 0.0215）	（1883.0750, 6.4170, 3.4989）	（3.8649, 0.0010, 0.0010）	（13.6250, 0.2475, 0.0838）	（0.2337, 0.1323, 0.0394）
a_2	（27.0210, 0.0990, 0.0173）	（1890.4100, 7.2717, 4.9070）	（3.8653, 0.0006, 0.0003）	（13.5100, 0.2532, 0.0460）	（0.1975, 0.1162, 0.0218）
a_3	（27.3235, 0.0830, 0.0366）	（1902.9400, 6.1362, 1.5501）	（3.8660, 0.0016, 0.0020）	（13.5000, 0.1504, 0.0828）	（0.2240, 0.1065, 0.0109）
a_4	（26.9830, 0.0501, 0.0153）	（1884.5500, 5.1887, 1.1831）	（3.8664, 0.0016, 0.0003）	（13.5600, 0.4788, 0.0699）	（0.1025, 0.1115, 0.0431）

表 2-5　双重决策信息中的偏好信息

e_1	c_1	c_2	c_3	c_4	c_5	e_2	c_1	c_2	c_3	c_4	c_5	e_3	c_1	c_2	c_3	c_4	c_5
a_1	L_1	L_0	L_1	L_2	L_2	A1	L_0	L_0	L_0	L_3	L_3	A1	L_{-1}	L_0	L_1	L_1	L_2
a_2	L_2	L_1	L_0	L_{-1}	L_1	A2	L_1	L_2	L_0	L_1	L_1	A2	L_1	L_1	L_2	L_1	L_0
a_3	L_2	L_2	L_1	L_{-1}	L_2	A3	L_2	L_3	L_0	L_2	L_0	A3	L_2	L_1	L_1	L_1	L_2
a_4	L_1	L_0	L_3	L_0	L_{-1}	A4	L_1	L_2	L_0	L_2	L_0	A4	L_1	L_2	L_3	L_0	L_{-2}
e_4	C1	C2	C3	C4	C5	E5	C1	C2	C3	C4	C5						
a_1	L_0	L_{-1}	L_{-1}	L_1	L_1	A1	L_0	L_{-1}	L_1	L_1							
a_2	L_2	L_2	L_1	L_1	L_1	A2	L_1	L_2	L_1	L_1	L_0						
a_3	L_2	L_3	L_1	L_{-1}	L_3	A3	L_2	L_2	L_2	L_2							
a_4	L_0	L_1	L_2	L_0	L_0	A4	L_1	L_2	L_3	L_0	L_{-1}						

步骤 2： 计算属性价值。

按照拓展 TOPSIS 法的步骤（见表 2-3），计算在依据信息下的属性价值 v_{ij}^r 和在偏好信息下的属性价值 v_{ijk}^p，如图 2-3 所示。X 轴表示方案，Y 轴表示属性价值。第一个子图表示依据信息下的方案属性值，第二个到第六个子图表示偏好信息下每个专家给出的方案属性值。由图 2-3 可知，基于依据信息得到的属性值之间的差异较小；基于偏好信息得到的属性值之间的差异较大。第三个专家对属性 c_5 评价的属性值波动比其他更明显。

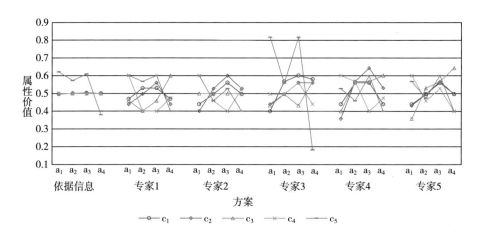

图 2-3　基于双重云模型信息的属性价值

步骤 3：计算个体偏好值和综合属性值之间的距离范围。

通过建立并求解模型（2-15），计算个体偏好值和综合属性值之间的距离范围，如图 2-4 所示。Y 轴柱状图的大小表示距离 d_{ijk}，下半部分柱形表示最小距离，上半部分加下半部分柱形表示最大距离。X 轴上的数字表示距离序号 ijk，第一个数字表示方案序号 i，第二个数字表示属性序号 j，第三个数字表示专家序号 k。

由图 2-4 可知：①个体偏好值 v_{245}^p 与综合属性值之间的距离最大。个体偏好值 v_{245}^p、v_{315}^p、v_{325}^p 与综合属性值之间的距离比其他偏好更大。②如果设 0.25 为距离阈值时，那么个体偏好价值 v_{245}^p、v_{315}^p、v_{325}^p 都是弱偏好价值，需要进行修正处理。这些弱偏好都是由第五位专家给出，说明第五位专家的判断较弱，可靠性受到质疑。③如果设 0.20 为距离阈值时，那么个体偏好价值 v_{245}^p、v_{315}^p、v_{325}^p、v_{354}^p、v_{453}^p 都是弱偏好价值，需要进行修正处理。这些弱偏好都是由第三位、第四位、第五位专家给出的，说明第三位、第四位、第五位专家的判断较弱，可靠性受到质疑，第一位、第二位专家的判断较好。

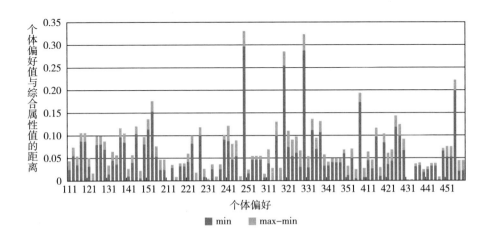

图 2-4　个体偏好值与综合属性值之间的距离范围

步骤 4：设置偏离度经验阈值和距离阈值。

基于实际问题背景和经验，根据式（2-18）至式（2-20）计算经验阈值 $\delta^* = 0.8$，根据式（2-21）计算距离阈值 $d^* = \delta^* \times \max_{i,j,k}(d_{ijk}^u) + (1-\delta^*) \times \min_{i,j,k}(d_{ijk}^l) = 0.3307 \times 0.8 + 0.2 \times 0 = 0.2646$。

步骤 5：识别并修正弱偏好，计算专家权重。

根据距离阈值 $d^* = 0.2646$，建立模型（2-25）来修正弱偏好并求解专家权重，获得模型（2-25）的最优解为 $\max\left(\sum_{i=1}^{I}\sum_{j=1}^{J}\sum_{k=1}^{K} y_{ijk}\right) = 98$。这表明共有 98 个可接受偏好和 2 个弱偏好（总共 100 个偏好），弱偏好为 v_{245}^p 和 v_{325}^p。专家权重求解得到 $wd_1 = 0.25$、$wd_2 = 0.1993$、$wd_3 = 0.1918$、

$wd_4 = 0.1089$、$wd_5 = 0.25$。由结果可知，第一位和第五位专家的权重最高，第四位专家的权重最小，第二位和第三位专家的权重处于中间位置。

经过修正后，个体偏好值与综合属性值的距离都会小于等于距离阈值，如图2-5所示。X轴表示个体偏好，Y轴表示个体偏好值与综合属性值的距离，柱形表示经过本章方法修正后的个体偏好值与综合属性值的距离。与图2-4比较得到，未修正前的个体偏好值 v_{245}^p、v_{325}^p 与综合属性值的最小距离都大于距离阈值 $d^* = 0.2646$。经过修正后的实际距离等于距离阈值。这表明本章方法能够有效修正弱偏好，使弱偏好值与综合属性值之间的距离减小。

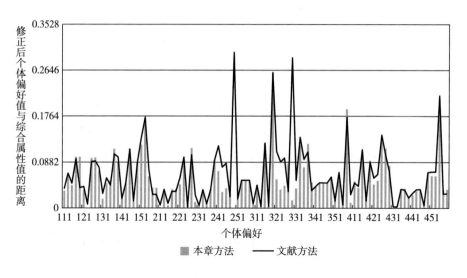

图2-5 修正后的个体偏好值与综合属性值的距离

步骤6：计算最终排序值，选择最优方案。

通过式（2-26）计算最终排序值为 $v_1' = 0.5141$、$v_2' = 0.5016$、$v_3' = 0.5286$、$v_4' = 0.4885$，方案排序为 $a_3 > a_1 > a_2 > a_4$。

最优方案可以通过 $\max_i v_i'$ 得到，最优方案为 a_3，最差方案为 a_4。

2.3.2　敏感性分析与方法比较

在本部分中，通过偏好系数敏感性分析、不同类型信息的决策结果比较和不同修正方法的决策结果比较来验证本章方法的可行性和有效性。

2.3.2.1　偏好系数敏感性分析

为了发现不同偏好系数对结果的影响，使偏好系数 ρ 从 0 增加到 1，相当于使 $1-\rho$ 从 1 减少到 0，步长 step = 0.1。通过计算得到不同偏好系数下的排序值如图 2-6 所示。X 轴表示偏好系数的变化，Y 轴中左侧主轴表示方案的最终排序值，柱状图代表方案最终排序值的大小，Y 轴中右侧辅助轴表示弱偏好的数量，圆点代表弱偏好的个数。

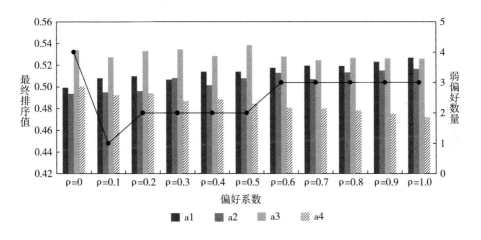

图 2-6　随着偏好系数变化的排序结果

由图 2-6 可知，有以下两点值得注意。①弱偏好的数量随偏好系数的变化而变化。当 $\rho = 0$ 时，弱偏好的数量最多。当 $\rho = 0.9$ 时，弱偏好的数量最少。②随着偏好系数的变化，方案的排序也会发生变化。当 $\rho \neq 1$ 和 $\rho \neq 0$ 时（使用双重信息），最好的方案是 a_3，最差的方案是 a_4。当 $\rho = 0$ 或者 $\rho = 1$ 时（使用单一信息），方案的排序有很大不同。这表明不同决策信息对结果有不同影响，只使用单一信息进行决策的排序结果差异较大。

2.3.2.2 不同类型信息的决策结果比较

根据特点将决策信息分为四类：依据信息、偏好信息、云模型形式的双重信息、期望形式的双重信息（期望取云模型中的第一个参数）。在不同类型信息下的排序结果如表2-6所示。

表2-6 不同类型信息下的结果比较

方法	信息类型	最终排序值	顺序
类型1	依据信息（云模型）	(0.5270, 0.5166, 0.5260, 0.4721)	$a_1>a_3>a_2>a_4$
类型2	偏好信息（云模型）	(0.5035, 0.5092, 0.5294, 0.4934)	$a_3>a_2>a_1>a_4$
类型3	双重信息（云模型）	(0.5141, 0.5016, 0.5286, 0.4885)	$a_3>a_1>a_2>a_4$
类型4	双重信息（期望）	(0.4365, 0.4595, 0.6983, 0.3978)	$a_3>a_2>a_1>a_4$

由表2-6可知，有三点值得关注。①在单类信息下的方案排序与双重信息下的方案排序不同，说明不同信息对结果具有不同影响。当使用单类信息时，方案之间的差异较小。在类型1比较中，方案a_1和方案a_3之间的差距非常小，在类型2比较中，方案a_1和a_2的差距非常小，这样很难说明方案之间的差别。当使用双重信息时，最终排序值之间的差异变得很明显，使得决策者更容易分辨方案之间的优劣。②单类信息之间的差异大于单类信息与双重信息之间的差异，说明基于双重信息的决策结果降低了基于单类信息的决策结果之间的偏差。每个方案下，依据信息和偏好信息之间的距离 $d_1 = (0.0247, 0.0074, 0.0034, 0.0213)$，依据信息和双重信息之间的距离是 $d_2 = (0.0129, 0.015, 0.0026, 0.0213)$，偏好信息和双重信息之间的距离是 $d_3 = (0.0106, 0.0076, 0.0008, 0.0049)$。③使用云模型的方案排序结果与使用数学期望的方案排序结果存在差异。在两种类型数据下的最佳方案和最差方案是相同的，只有方案a_1和方案a_2的顺序不同。这意味着使用不同类型的数据会对结果产生一定的影响。在类型4的结果中，方案a_3的最终排序值远高于其他方案，这与类型3的结果存在较大差异。因此，如果仅使用数学期望，则会忽略数据的其他统计特征对

结果的影响，导致出现异常结果。

2.3.2.3 不同修正方法下的决策结果比较

为了比较弱偏好修正方法，将本章方法的排序结果与 Li 等（2017）方法的排序结果进行比较。用这两种方法，都使用双重信息进行计算。在本章方法中，修正过程是在偏好信息和双重信息之间执行；在 Li 等（2017）的研究中，修正过程是在个人偏好和群体偏好之间执行。

修正后的个体偏好值与综合属性值之间的距离如图 2-5 所示。柱形表示采用本章方法修正后的个体偏好值与综合属性值之间的距离，折线表示采用 Li 等（2017）方法修正后的距离。两种方法得到的最终排序值如表 2-7 所示。

表 2-7 根据两种方法得到的比较结果

方法	最终排序值	排序	弱偏好数量
本章方法	(0.5141, 0.5016, 0.5286, 0.4885)	$a_3 > a_1 > a_2 > a_4$	2
Li 等（2017）方法	(0.5193, 0.5128, 0.5289, 0.4869)	$a_3 > a_1 > a_2 > a_4$	3

由表 2-7 可知，有以下三点值得关注：①两种方法得到的最终排序值是不同的，但是两种方法得到的方案排序是相同的。这表明本章的方法能够有效地对方案进行排序。②在图 2-5 中，使用 Li 等（2017）方法得到的个体偏好值与综合属性值之间的距离 d_{245} 和 d_{325} 超出了距离阈值。使用本章方法得到的实际距离均小于距离阈值。这表明，本章的方法可以有效降低个体偏好值与综合属性值之间的距离。③两种方法得到的弱偏好数量是类似的，这可以有效降低修正成本。

通过比较分析，本章的方法具有以下优点：①在复杂的决策问题中，考虑双重信息比单一信息更全面，从而降低决策偏差和决策错误。②基于双重信息之间的交互作用，计算个体偏好值与综合属性值之间的距离范围，根据距离范围和决策者经验设置偏离度经验阈值和距离阈值。该设置方法包含主观信息和客观信息，比一般方法更科学。③通过与距离阈值的比较，设定弱偏好识别及修正机制，能够减小个体偏好值与综合属性值之间的距离。基于最大化可接受偏好数量的思想，建立弱偏好修正模型能够减少弱偏好的总数量，从而降低修正成本。

2.4 本章小结

本章旨在通过双重信息的交互作用，识别并修正弱偏好，从而解决双重云模型信息决策问题。首先，在云模型的决策环境中，提出扩展 TOPSIS 法计算双重信息下的属性值。其次，基于专家权重的先验信息集合，通过建立优化模型计算个体偏好值与综合属性值之间的距离范围。再次，根据距离范围和专家经验，设置偏离度经验阈值和距离阈值，并通过与距离阈值的比较提出弱偏好识别机制。最后，通过双重信息的交互作用建立弱偏好修正机制，基于最大化可接受偏好数量的思想提出弱偏好修正模型。最终根据双重信息得到最终排序值，进行方案排序和择优。

在本章中采用双重云模型信息进行决策，能够充分利用信息，获得的结果比从单一信息获得的结果更全面。在距离阈值的设置方法上，既考虑了主观经验又包含客观数据特征。专家弱偏好的识别和修正机制设计上，依靠个体偏好值与综合属性值的比较。这不仅有效地降低了个体偏好值与综合属性值之间的距离，而且减少了弱偏好的数量，从而降低了修正成本。

第3章　考虑专家权重和属性权重优化的双重云模型信息决策方法

在多属性群决策分析过程中，往往可以收集到两类性质不完全相同的决策信息：依据信息和偏好信息（郝晶晶等，2016）。由于决策背景相同、决策环境交织，双重信息之间既有关联又各具特点，前者具有一定的客观性但具有数据采集的随机性，后者具有一定的主观性但兼顾了专家的知识和经验。如果在决策过程中仅靠一类信息，不能够全面利用和挖掘决策问题的所有特征，可能导致决策偏差乃至决策失误。因此，如何有效利用双重信息，深入挖掘单一信息的自身特征和双重信息的联系进行科学决策，是值得继续研究和讨论的问题。

现有研究的分析表明：①许多文献都集中研究单一信息的权重分析、集结方法等问题（Mata等，2009），只有较少的文献考虑双重信息之间的联系进行决策（Zhu等，2015）。②如果不考虑双重信息的联系，仅使用单一信息进行决策，则可能造成信息的部分缺失，很容易导致决策失误甚至酿成严重的后果。③云模型能够将模糊性和随机性结合起来，实现定性概念与定量数据之间的相互转化，获得很多学者的关注，并在决策领域得到广泛的应用。

本章从单一信息的自身特征和双重信息的联系出发，提出考虑专家权重和属性权重优化的双重云模型信息决策方法。首先，将依据信息和偏好信息转化为云模型，采用云模型相似度来测度专家意见的相似度，设置专家初始权重；其次，采用灰色综合关联度测度属性之间的相异度，设置属性权重的初始范围；最后，根据前两步得出的初始权重，考虑双重信息决策结果之间距离最小化的原则，建立优化模型得到修正后的专家权重和属性权重。从而计算基于双重信息的最终排序值，对方案进行排序和择优。这样的方法设计既考虑了单一信息自身的数据特点，又减小了双重信息评价结果之间的距离，达到了充分利用双重信息的目的。

3.1　基本定义及问题描述

3.1.1　基本定义

定义 3.1：设 X_i 和 X_j 为相同长度的非零序列，g_{ij}^a 和 g_{ij}^r 分别为 X_i 和 X_j 的灰数绝对关联度和灰数相对关联度（Liu 和 Lin，2006），$\lambda \in [0, 1]$，则：

$$g_{ij}^c = \lambda g_{ij}^a + (1-\lambda) g_{ij}^r \tag{3-1}$$

g_{ij}^c 为 X_i 和 X_j 的灰数综合关联度。其中，$0 \leqslant g_{ij}^c \leqslant 1$，$g_{ij}^c = g_{ji}^c$，$g_{ii}^c = 1$。灰色综合关联度既体现了 X_i 和 X_j 的相似程度，又反映出 X_i 和 X_j 相对于始点变化速率的接近程度，是较为全面地表征序列之间联系是否紧密的数量指标。一般来说，可以设置 $\lambda = 0.5$（Liu 和 Lin，2006）。如果决策者认为绝对关联度更重要，可以设置 $\lambda > 0.5$；如果决策者认为相对关联更重要，可以设置 $\lambda < 0.5$。

本章主要运用到的云模型和语言集合的相关基础知识已经在第 2 章中进行了详细的介绍，不再重复叙述。

3.1.2　问题描述

本章讨论的是具有双重云模型信息的多属性群决策问题。依据信息为从客观环境收集的属性值，通过云模型来表征；偏好信息根据决策专家的知识和经验给出的评估值，通过语言集来表征。

双重云模型信息决策问题描述如下。假设决策方案集合为 A = {a_1, a_2, …, a_I}，决策属性集合为 C = {c_1, c_2, …, c_J}。通过对客观环境的观察和数据收集，建立方案集 A 相对于属性集 C 的依据信息矩阵为 X^r = (x_{ij}^r)$_{I×J}$。其中，x_{ij}^r = (Ex$_{ij}$, En$_{ij}$, He$_{ij}$) 是云模型信息，表示方案 a_i 相对于属性 c_j 的属性值。设 wc = (wc$_1$, wc$_2$, …, wc$_J$) 为属性权重，其中 wc$_j$ 表示属性 c_j 的重要程度，满足 **wc$_j$** ∈ (0, 1)，$\sum\limits_{j=1}^{J}$ **wc$_j$** = 1。k 个专家根据已有经验和知识对方案集 A 进行独立评判，考虑到专家判断意见的不确定性，设偏好信息为 X^p = (x_{ik}^p)$_{I×K}$，其中，x_{ik}^p 为语言集，表示第 k 个专家对方案 a_i 的评价值。设 wd = (wd$_1$, wd$_2$, …, wd$_K$) 为专家权重，其中，wd$_k$ 表示第 k 个专家的重要程度，满足 **wd$_k$** ∈ (0, 1)，$\sum\limits_{k=1}^{K}$ **wd$_k$** = 1。

本章要解决的问题是在双重云模型信息的决策环境中，如何根据依据信息和偏好信息对方案进行排序和择优。难点在于：如何根据单一信息的自身数据特点和双重信息之间的联系，确定属性权重和专家权重；如何将不同形式的双重信息进行集结，并根据双重信息进行决策。

3.2　主要方法与结果

3.2.1　依据信息下基于云模型相似度设置专家初始权重

由于知识能力和经验的差异，专家判断水平和分析能力可能存在不同。在专家赋权过程中，如果不能给出精确的专家权重，那么可以通过专家评估意见的相似程度来设置专家的初始权重。如果某位专家的评价意见与大多数专家的评价意见的相似度更高时，应赋予该专家更大的权重；如果某位专家的意见与多数人背离时，应赋予该专家较小的权重。

针对语言集表征的偏好信息 $X^P = (x_{ik}^P)_{I \times K}$，根据改进的黄金分割转化法（Wang J Q 等，2014）将其转化为云模型，为了简便表达，转化后偏好信息矩阵的数学符号不变。通过上述分析，根据专家意见的相似度确定专家初始权重的定义如下：

定义 3.2：根据专家意见的相似度将第 k 位专家的初始权重定义为：

$$wd_k = \frac{1}{2} \left(\frac{\sum\limits_{k' \neq k} \sum\limits_{i=1}^{I} Sim(x_{ik}^P, x_{ik'}^P)}{\sum\limits_{k_2 = k_1+1}^{K} \sum\limits_{k_1=1}^{K-1} \sum\limits_{i=1}^{I} Sim(x_{ik_1}^P, x_{ik_2}^P)} \right) \qquad (3-2)$$

其中，k，k'，k_1，$k_2 = 1$，2，…，K，$Sim(x_{ik}^P, x_{ik'}^P)$ 为第 k 位专家和第 k' 位专家对方案 a_i 判断意见的相似度，可以通过式（2-10）求解得到，且有 $Sim(x_{ik}^P, x_{ik'}^P) = Sim(x_{ik'}^P, x_{ik}^P)$。分子表示第 k 位专家与其他所有专家意见的总相似度，分母表示所有专家意见的总相似度。因此，wd_k 可以表示第 k 位专家与其他所有专家意见的相似程度。

性质 3.1：第 k 位专家的初始权重 wd_k 具有下列性质，① $\sum\limits_{k=1}^{K} wd_k = 1$。②$0 < wd_k < 1$。③第 k 位专家与其他专家的评价意见相似程度越高，则 wd_k 越大，反之越小。

证明：① 根据公式（3-2），可以得到 $\sum\limits_{k=1}^{K} wd_k = \sum\limits_{k=1}^{K}$

$\frac{1}{2} \left(\frac{\sum\limits_{k' \neq k} \sum\limits_{i=1}^{I} Sim(x_{ik}^P, x_{ik'}^P)}{\sum\limits_{k_2 = k_1+1}^{K} \sum\limits_{k_1=1}^{K-1} \sum\limits_{i=1}^{I} Sim(x_{ik_1}^P, x_{ik_2}^P)} \right) = \frac{1}{2} \left(\frac{\sum\limits_{k=1}^{K} \sum\limits_{k' \neq k} \sum\limits_{i=1}^{I} Sim(x_{ik}^P, x_{ik'}^P)}{\sum\limits_{k_2 = k_1+1}^{K} \sum\limits_{k_1=1}^{K-1} \sum\limits_{i=1}^{I} Sim(x_{ik_1}^P, x_{ik_2}^P)} \right)$。其

中，分母可以转化为 $\sum\limits_{k_2 = k_1+1}^{K} \sum\limits_{k_1=1}^{K-1} \sum\limits_{i=1}^{I} Sim(x_{ik_1}^P, x_{ik_2}^P) = \sum\limits_{k' = k+1}^{K} \sum\limits_{k=1}^{K-1} \sum\limits_{i=1}^{I} Sim(x_{ik}^P,$

$x_{ik'}^P)$。由于 $Sim(x_{ik}^P, x_{ik'}^P) = Sim(x_{ik'}^P, x_{ik}^P)$，那么分子可转化为 $\sum\limits_{k=1}^{K}$

$\sum\limits_{k' \neq k} \sum\limits_{i=1}^{I} Sim(x_{ik}^P, x_{ik'}^P) = 2 \left(\sum\limits_{k'=k+1}^{K} \sum\limits_{k=1}^{K-1} \sum\limits_{i=1}^{I} Sim(x_{ik}^P, x_{ik'}^P) \right)$。

因此得到，$\sum\limits_{k=1}^{K} wd_k = \dfrac{1}{2}\left(\dfrac{2\left(\sum\limits_{k'=k+1}^{K}\sum\limits_{k=1}^{K-1}\sum\limits_{i=1}^{I} Sim(x_{ik}^{p}, x_{ik'}^{p})\right)}{\left(\sum\limits_{k'=k+1}^{K}\sum\limits_{k=1}^{K-1}\sum\limits_{i=1}^{I} Sim(x_{ik}^{p}, x_{ik'}^{p})\right)}\right) = 1$，即

$\sum\limits_{k=1}^{K} wd_k = 1$。

②由于 $0 < Sim(x_{ik}^{p}, x_{ik'}^{p}) < 1$，所以 $wd_k > 0$；由于 $\sum\limits_{k=1}^{K} wd_k = 1$，所以 $wd_k < 1$。

③以 $k=1$，wd_1 为例，$wd_1 = \dfrac{1}{2}\left(\dfrac{\sum\limits_{k'\neq 1}^{K}\sum\limits_{i=1}^{I} Sim(x_{i1}^{p}, x_{ik'}^{p})}{\sum\limits_{k'=k+1}^{K}\sum\limits_{k=1}^{K-1}\sum\limits_{i=1}^{I} Sim(x_{ik}^{p}, x_{ik'}^{p})}\right)$，可以得

到 $wd_1 = \dfrac{1}{2}\left(\dfrac{\sum\limits_{i=1}^{I}\left(\sum\limits_{k'\neq 1}^{K} Sim(x_{i1}^{p}, x_{ik'}^{p})\right)}{\sum\limits_{i=1}^{I}\left(\sum\limits_{k'\neq 1}^{K} Sim(x_{i1}^{p}, x_{ik'}^{p}) + \sum\limits_{k'\neq 2}^{K} Sim(x_{i2}^{p}, x_{ik'}^{p}) + \cdots + \sum\limits_{k'\neq K-1}^{K} Sim(x_{i(K-1)}^{p}, x_{ik'}^{p})\right)}\right)$。

令 $b1 = \sum\limits_{i=1}^{I}\left(\sum\limits_{k'\neq 1}^{K} Sim(x_{i1}^{p}, x_{ik'}^{p})\right)$，$b2 = \sum\limits_{i=1}^{I}\left(\sum\limits_{k'\neq 2}^{K} Sim(x_{i2}^{p}, x_{ik'}^{p}) + \cdots + \sum\limits_{k'\neq K-1}^{K} Sim(x_{i(K-1)}^{p}, x_{ik'}^{p})\right)$，则 wd_1 可转化为：

$$wd_1 = \frac{1}{2}\left(\frac{b1}{b1+b2}\right) = \frac{1}{2}\left(\frac{1}{1+b2/b1}\right) \tag{3-3}$$

其中，b1 表示第一位专家与其他专家评价意见的相似度，b2 表示除了第一位专家之外的其他专家两两之间评价意见的相似度。

根据式（3-3）可知：当其他专家意见不变时，使第一位专家的评价意见尽量靠近多数人的评价意见，即 b2 不发生变化，b1 的数值变大，则

wd_1 随着 b1 的数值增大而增大。当 $k=2$，3，…，K 时，上述结论仍成立。因此得出，第 k 位专家的评价意见与大多数人的意见越接近，那么该专家的初始权重 wd_k 越大，反之，第 k 位专家的评价意见与其他专家的差异越大，那么该专家的初始权重 wd_k 越小（性质 3.1 得证）。

从相似性的视角，根据云模型相似度设置专家初始权重，加权后的综合评估值反映出大多数人的意见。这样能够反映出大多数专家的意见，得到绝大多数专家认可的结果。但是这种方法未考虑依据信息对结果的影响，仅依靠这种方法可能会导致决策结果具有太大的主观性。因此，根据相似度得到的专家初始权重，还要通过与依据信息之间的比较，实现进一步的修正。

3.2.2 偏好信息下基于灰色关联度设置属性权重的初始范围

由于信息不完全性和人类思维模糊性的影响，决策者很难给出准确的属性权重。在属性权重不完全的情况下，需要采用一定的方法确定属性权重。若某属性下各方案的评估值差别不大，则方案之间区别较小，难以甄别方案的优劣。若某属性下各方案的评估值差距较大，则方案之间的区别较大，能够更容易甄别方案的优劣。为了发现不同属性下方案值变化的规律，本章采用关联度来测度不同属性下方案值变化的关联性。灰色关联度是衡量两个系统之间的因素随时间或者对象变化的关联性，能够测度两个属性下方案值变化的趋势。因此，基于属性权重差异化的思想，采用灰色关联度计算属性之间的差异度，可以确定属性权重的初始范围。

针对云模型表示的依据信息矩阵 $X^r = (x_{ij}^r)_{I \times J}$，根据公式（2-9）计算每个属性值的得分为 s_{ij}。因此，构建系统行为序列 $S_j = (s_j(1)$，$s_j(2)$，…，$s_j(I))$，其中 $s_j(i) = s_{ij}$。根据式（3-1）计算属性 c_{j_1} 和属性 c_{j_2} 之间的综合关联度为 $g_{j_1,j_2}^c (j_1, j_2 = 1, 2, …, J)$。$g_{j_1,j_2}^c$ 表示属性 c_{j_1} 和属性 c_{j_2} 的关联程度，该值越大，那么属性 c_{j_1} 和属性 c_{j_2} 下的方案值变化趋势越相似。因此，$1-g_{j_1,j_2}^c$ 可被用于表示两个属性之间的差异化程度（记为相异度），定义：

$$wc_{j_1, j_2} = \frac{J-1}{J} \cdot \frac{1 - g_{j_1, j_2}^c}{\sum_{j_1 \neq j_2}^n (1 - g_{j_1, j_2}^c)} \tag{3-4}$$

其中，wc_{j_1,j_2} 表示属性 c_{j_1} 和属性 c_{j_2} 下的方案值变化的差异化程度，该值越大，属性 c_{j_1} 和属性 c_{j_2} 下的方案值变化趋势越不相似。根据属性权重差异化的思想，属性权重的初始范围可以根据某属性与其他属性差异度的最大值和最小值来确定。

$$wc_j \in \left[\min_{j_1 \neq j} wc_{j_1,\,j}, \ \max_{j_1 \neq j} wc_{j_1,\,j} \right] = \left[\frac{J-1}{J} \times \frac{\min\limits_{j_1 \neq j}(1 - g^c_{j_1,\,j})}{\sum\limits_{j_1 \neq j}(1 - g^c_{j_1,\,j})}, \ \frac{J-1}{J} \times \frac{\max\limits_{j_1 \neq j}(1 - g^c_{j_1,\,j})}{\sum\limits_{j_1 \neq j}(1 - g^c_{j_1,\,j})} \right]$$

$$(3-5)$$

很显然，$wc_j \in (0, 1)$。

性质 3.2： 根据 $wc_j \in \left[\min\limits_{j_1 \neq j} wc_{j_1,j}, \ \max\limits_{j_1 \neq j} wc_{j_1,j} \right]$，一定存在一组属性权重 $wc = (wc_1, wc_2, \cdots, wc_J)$，满足 $\sum\limits_{j=1}^{J} wc_j = 1$。

根据式（3-4）和式（3-5），可以得到：

$$\sum_{j=1}^{J} wc_j \in \left[\frac{J-1}{J} \times \sum_{j=1}^{J} \frac{\min\limits_{j_1 \neq j}(1 - g^c_{j_1,\,j})}{\sum\limits_{j_1 \neq j}(1 - g^c_{j_1,\,j})}, \ \frac{J-1}{J} \times \sum_{j=1}^{J} \frac{\max\limits_{j_1 \neq j}(1 - g^c_{j_1,\,j})}{\sum\limits_{j_1 \neq j}(1 - g^c_{j_1,\,j})} \right]$$

$$(3-6)$$

由于 $\dfrac{\sum\limits_{j_1 \neq j}(1 - g^c_{j_1,\,j})}{\min\limits_{j_1 \neq j}(1 - g^c_{j_1,\,j})} > J - 1$，那么 $\dfrac{\min\limits_{j_1 \neq j}(1 - g^c_{j_1,\,j})}{\sum\limits_{j_1 \neq j}(1 - g^c_{j_1,\,j})} < \dfrac{1}{J-1}$，$\dfrac{J-1}{J} \times \sum\limits_{j=1}^{J}$

$\dfrac{\min\limits_{j_1 \neq j}(1 - g^c_{j_1,\,j})}{\sum\limits_{j_1 \neq j}(1 - g^c_{j_1,\,j})} < 1$。那么，可以得到 $\dfrac{J-1}{J} \times \sum\limits_{j=1}^{J} \dfrac{\max\limits_{j_1 \neq j}(1 - g^c_{j_1,\,j})}{\sum\limits_{j_1 \neq j}(1 - g^c_{j_1,\,j})} > 1$。根据

区间数的加法准则和区间数的上界、下界原则，可以发现 $\min\left(\sum\limits_{j=1}^{J} wc_j \right) < 1$

和 $\max\left(\sum\limits_{j=1}^{J} wc_j \right) > 1$，那么一定可以得到一组属性权重，使其满足

$\sum\limits_{j=1}^{J} wc_j = 1$（性质 3.2 得证）。

从差异性的角度出发，采用灰色关联度计算属性之间的相异度，设置属性权重的初始范围。根据这种方法计算得到的方案加权排序值能够更明显地反映各方案之间的差距，便于对方案排序和择优。但是，该方法仅考虑依据信息的客观特征，未考虑偏好信息的影响。为了实现双重信息的交互验证，避免单一信息造成的片面结果，在求解专家权重和属性权重的过程中应该考虑双重信息的联系。

3.2.3　考虑双重信息距离最小化的专家权重和属性权重优化模型

在前文中，根据偏好信息的相似度设置专家初始权重，由此获得的方案综合值更加接近大多数人的观点；根据依据信息的相异度设置属性权重初始范围，由此获得的方案综合值的差异性较大。在实际决策过程中，依据信息和偏好信息之间极易产生相互影响。由于外部环境的快速变化、统计过程的偏差、差异化的数据源等方面影响，依据信息和偏好信息都有可能与实际信息之间存在偏差。只依靠单一信息不能完全反映出被评价对象的真实水平，必须考虑双重信息之间的联系进行综合分析。

由于依据信息以云模型的形式来表达，偏好信息以语言集来表达，两者的数据形式不一致，不能够相互比较。因此，通过改进的黄金分割转化法（Wang J Q 等，2014）将偏好信息转化为云模型，分别计算云模型的得分 s_{ij} 和 s_{ik}。由于数据单位不同，将双重信息分别进行标准化，得到 $v_{ij}^r = \dfrac{s_{ij} - \min\limits_{i} s_{ij}}{\max\limits_{i} s_{ij} - \min\limits_{i} s_{ij}}$ 和 $v_{ik}^p = \dfrac{s_{ik} - \min\limits_{k} s_{ik}}{\max\limits_{k} s_{ik} - \min\limits_{k} s_{ik}}$。从而，采用 v_{ij}^r 和 v_{ik}^p 表示方案的价值。

设属性权重为 wc_j，修正后的专家权重为 $wd_k' = wd_k \times o_k$，其中，wd_k 为专家初始权重，o_k 为修正系数，表示专家权重可以被修正的程度。为了使修正后的专家权重满足 $wd_k' \in (0, 1)$ 且 $\sum\limits_{k=1}^{K} wd_k' = 1$，设置 $o_k \in [\underline{o_k}, \overline{o_k}]$（$0 \leqslant \underline{o_k} \leqslant 1$，$\overline{o_k} \geqslant 1$）。由此可知，$\sum\limits_{k=1}^{K} wd_k \cdot \underline{o_k} \leqslant 1$ 且 $\sum\limits_{k=1}^{K} wd_k \times \overline{o_k} \geqslant 1$。

那么，基于双重信息的方案最终排序值可以通过式（3-7）求解得到。

$$v_i = \rho \sum_{j=1}^{J} wc_j \times v_{ij}^r + (1 - \rho) \sum_{k=1}^{K} wd_k \cdot o_k \times v_{ik}^p \tag{3-7}$$

ρ 和 $1-\rho$（$0 \leq \rho \leq 1$）是对依据信息和偏好信息的偏好系数，往往由决策者对双重信息的重视程度来决定。当 $0 \leq \rho < 0.5$ 时，表示决策者更加重视依据信息；当 $0.5 < \rho \leq 1$ 时，表示决策者更加重视偏好信息；当 $\rho = 0.5$ 时，表示决策者对双重信息同样看重。

在双重云模型信息决策过程中，关键问题之一是设置合理的专家权重和属性权重。如果依据信息和偏好信息的方案排序结果之间的差距过大，可能导致决策问题存在较大的分歧。为了充分利用双重信息获得最优决策，双重信息之间的偏差应该越小越好。因此，考虑最小化双重信息决策结果之间的距离，建立优化模型（3-8）对专家初始权重和属性权重初始范围进行修正。

$$\min f(wc_j,\ o_k) = \sum_{i=1}^{I} \left| \sum_{j=1}^{J} wc_j \Delta v_{ij}^r - \sum_{k=1}^{K} wd_k \times o_k \times v_{ik}^p \right|$$

$$\text{s.t.} \begin{cases} \sum_{j=1}^{J} wc_j = 1 \\[2mm] wc_j \in \left[\dfrac{J-1}{J} \times \dfrac{\min\limits_{j_1 \neq j}(1 - g_{j_1,\ j}^c)}{\sum\limits_{j_1 \neq j}^{J}(1 - g_{j_1,\ j}^c)},\ \dfrac{J-1}{J} \times \dfrac{\max\limits_{j_1 \neq j}(1 - g_{j_1,\ j}^c)}{\sum\limits_{j_1 \neq j}^{J}(1 - g_{j_1,\ j}^c)} \right] \\[4mm] wd_k = \dfrac{1}{2}\left(\dfrac{\sum\limits_{k' \neq k} \sum\limits_{i=1}^{I} Sim(x_{ik}^p,\ x_{ik'}^p)}{\sum\limits_{k_2 = k_1+1}^{K} \sum\limits_{k_1=1}^{K-1} \sum\limits_{i=1}^{I} Sim(x_{ik_1}^p,\ x_{ik_2}^p)} \right) \\[4mm] \sum_{k=1}^{K} wd_k \times o_k = 1 \\[2mm] o_k \in \left[\underline{o_k},\ \overline{o_k} \right] \\[2mm] wd_k \times o_k \in (0,\ 1) \end{cases} \tag{3-8}$$

在模型（3-8）中，目标函数表示双重信息决策结果之间的距离达到最小。约束条件分别为：属性权重之和等于1；属性权重分布在初始权重范围内；专家初始权重的计算公式；修正后的专家权重之和等于1；修正系数分布在预先规定的范围内 $o_k \in [\underline{o_k}, \overline{o_k}] (0 \leq \underline{o_k} \leq 1, \overline{o_k} \geq 1)$，$o_k$ 一般由决策者根据实际问题来决策；修正后的专家权重处于（0，1）区间内。

定理3.1： 模型（3-8）的可行域非空且有界，模型（3-8）一定有最优解。

证明： 模型（3-8）的目标函数是非线性函数，约束条件是线性约束条件，变量为 wd_k 和 o_k。根据模型（3-8）的约束条件可知，可行域是有界的，且有 $\sum_{k=1}^{K} wd_k \times \underline{o_k} \leq \sum_{k=1}^{K} wd_k \times o_k \leq \sum_{k=1}^{K} wd_k \times \overline{o_k}$。由于 $0 \leq \underline{o_k} \leq 1$，$\overline{o_k} \geq 1$，根据性质3.1可知，一定可以找到一组专家权重使得 $\sum_{k=1}^{K} wd_k \times o_k = 1$。因此，结合性质3.2可知，模型（3-8）的可行域非空且有界。根据非线性规划最优解存在定理（Winston和Goldberg，2004）可知，由于可行域非空且有界，在可行域内一定可以得到函数 $f(wc_j, o_k)$ 的最优值。那么模型（3-8）一定有最优解（定理3.1得证）。

考虑专家权重和属性权重优化的双重云模型信息决策方法可以概括为以下步骤：

步骤1： 数据获取和处理。根据测量和统计等工具获得依据信息，基于逆向正态云发生器算法（李德毅和杜鹢，2014）获得以云模型形式表达的依据信息 $X^r = (x_{ij}^r)_{I \times J}$。根据决策者的知识和经验获得以语言集形式表达的偏好信息 $X^p = (x_{ik}^p)_{I \times K}$，根据改进的黄金分割转化法（Wang J Q 等，2014）将语言值转化为云模型，获得以云模型形式表达的偏好信息（为简便表达，数学符号保持不变）。根据式（2-9）分别计算依据信息和偏好信息的得分表示为 $(s_{ij})_{I \times J}$ 和 $(s_{ik})_{I \times K}$。

步骤2： 计算专家初始权重。针对依据信息 $X^r = (x_{ij}^r)_{I \times J}$，根据式（2-10）计算专家评估值之间的相似度，记为 $Sim(x_{ik}^p, x_{ik'}^p)$，根据式（3-2）设置

专家初始权重 wd_k。

步骤 3：计算属性权重的初始范围。针对偏好信息 $X^p = (x_{ik}^p)_{I \times K}$，根据式（3-1）计算每个属性下的方案评估值之间的灰色综合关联度，记为 g_{j_1, j_2}^c。根据式（3-4）和式（3-5），计算每个属性权重的初始范围 $wc_j \in$

$$\left[\frac{J-1}{J} \times \frac{\min\limits_{j_1 \neq j}(1 - g_{j_1, j}^c)}{\sum\limits_{j_1 \neq j}(1 - g_{j_1, j}^c)}, \frac{J-1}{J} \times \frac{\max\limits_{j_1 \neq j}(1 - g_{j_1, j}^c)}{\sum\limits_{j_1 \neq j}(1 - g_{j_1, j}^c)} \right]。$$

步骤 4：求解专家权重和属性权重修正值。根据实际问题设置修正系数 $o_k \in [\underline{o_k}, \overline{o_k}] (0 \leqslant \underline{o_k} \leqslant 1, \overline{o_k} \geqslant 1)$。根据前三个步骤得到的结果考虑双重信息决策结果距离最小化的原则建立模型（3-8），求解专家权重修正值 wd_k' 和属性权重修正值 wc_j。

步骤 5：计算方案最终排序值并进行排序和择优。根据专家权重修正值 wd_k' 和属性权重修正值 wc_j，采用式（3-7）求解方案最终排序值 v_i，最优方案通过 $\max\limits_i v_i$ 获得。

本章研究了考虑专家权重和属性权重优化的双重云模型信息决策问题。首先，根据云模型相似度计算专家评估意见的相似度，构造专家初始权重；其次，根据灰色综合关联度计算属性评估值之间的相异度，构造属性权重的初始范围；最后，根据专家初始权重和属性权重的初始范围，考虑双重信息决策结果之间距离最小化的原则，建立优化模型求解专家权重和属性权重的修正值。根据双重信息计算最终排序值进行方案排序和择优。本章提出的方法既考虑了依据信息的差异性，又考虑了偏好信息相似性，同时考虑了双重信息之间的联系。因此，本章的方法能够充分挖掘单一信息的特征，减小双重信息决策结果之间的距离，比只依靠单一信息的结果更具有一般性和更广泛的适用性。

3.3 算例研究

3.3.1 考虑专家权重和属性权重优化的双重云模型信息决策过程及分析

例 3.1: 发展高科技中小企业能够促进技术创新,缓解就业压力,从而促进国民经济结构调整。由于存在时间短、体量小、财务表现不突出,高科技中小企业缺乏有效的融资渠道而无法进一步发展。因此,高科技中小企业的投资风险通常要大于成熟公司的风险,而通过信用风险评估能够有效测度投资风险。在信用风险评估过程中,决策者必须要关注依据信息,如财务指标、效率水平和发展潜力。然而,专家的主观判断等偏好信息对评估结果也有一定的影响。在张大斌等(2015)的研究基础上,建立了信用风险评估属性集合 $C = \{c_1, c_2, \cdots, c_J\}$ (J=12), c_1 表示流动比率, c_2 表示速动比率, c_3 表示资产负债率, c_4 表示存货周转率, c_5 表示应收账款周转率, c_6 表示每股收益, c_7 表示主营业务利润率, c_8 表示净资产收益率, c_9 表示主营业务增长率, c_{10} 表示净利润增长率, c_{11} 表示总资产增长率, c_{12} 表示净资产增长率。由于 c_1 流动比率为成本型指标, $c_2 \sim c_{12}$ 为效益型指标,为了计算方便,将 c_1 转化为效益型指标来计算。高科技中小企业组成了决策方案集合为 $A = \{a_1, a_2, \cdots, a_I\}$ (I=6)。根据相关数据采用逆向云发生器算法(李德毅和杜鹢,2014),得到方案集 A 相对于属性集 C 的依据信息矩阵为 $X^r = (x_{ij}^r)_{I \times J}$,如表 3-1 所示, $a_1 \sim a_6$ 表示方案, $c_1 \sim c_{12}$ 表示属性。其中, $x_{ij}^r = (Ex_{ij}, En_{ij}, He_{ij})$ 是云模型信息,表示方案 a_i 相对于属性 c_j 的属性值。设 $wc = (wc_1, wc_2, \cdots, wc_J)$ 为属性权重,其中 wc_j 表示属性 c_j 的重要程度。

表 3-1　双重云模型信息决策过程中的依据信息

属性	a_1	a_2	a_3	a_4	a_5	a_6
c_1	(3.13, 0.1294, 0.0046)	(2.85, 0.1178, 0.0039)	(1.49, 0.0616, 0.0226)	(1.65, 0.0682, 0.0204)	(2.85, 0.1178, 0.6017)	(2.90, 0.1199, 0.0032)
c_2	(2.72, 0.1124, 0.0112)	(2.03, 0.0839, 0.0095)	(1.10, 0.0455, 0.0223)	(1.34, 0.0554, 0.0190)	(1.97, 0.0814, 0.0103)	(2.26, 0.0934, 0.0063)
c_3	(0.3708, 0.0074, 0.0043)	(0.3408, 0.0087, 0.0039)	(0.2308, 0.0132, 0.0023)	(0.0608, 0.0203, 0.0036)	(0.3008, 0.0103, 0.0033)	(0.2808, 0.0112, 0.003)
c_4	(3.81, 0.1575, 0.0580)	(4.29, 0.1773, 0.0514)	(1.62, 0.0670, 0.0882)	(5.02, 0.3315, 0.0653)	(2.29, 0.0947, 0.0789)	(2.97, 0.1228, 0.0696)
c_5	(1.71, 0.0707, 0.2056)	(4.54, 0.1877, 0.1666)	(2.37, 0.0980, 0.1965)	(4.73, 0.1955, 0.1640)	(4.02, 0.1662, 0.1737)	(3.63, 0.6874, 0.1848)
c_6	(0.59, 0.0244, 0.0007)	(0.40, 0.0165, 0.0033)	(0.49, 0.0203, 0.0021)	(0.64, 0.0265, 0.0042)	(0.43, 0.0178, 0.0029)	(0.58, 0.0240, 0.0008)
c_7	(0.20, 0.0083, 0.0013)	(0.18, 0.0074, 0.0003)	(0.08, 0.0033, 0.0017)	(0.05, 0.0021, 0.0021)	(0.12, 0.0050, 0.0011)	(0.19, 0.0079, 0.0001)
c_8	(0.08, 0.0033, 0.0022)	(0.11, 0.0045, 0.0018)	(0.05, 0.0021, 0.0026)	(0.11, 0.0045, 0.0018)	(0.07, 0.0029, 0.0023)	(0.24, 0.0099, 0.0025)
c_9	(0.80, 0.0331, 0.0073)	(0.56, 0.0231, 0.0033)	(0.32, 0.0132, 0.0066)	(0.11, 0.0045, 0.0095)	(0.30, 0.0124, 0.0069)	(0.19, 0.0079, 0.0084)
c_{10}	(0.54, 0.0223, 0.0040)	(0.34, 0.0141, 0.0068)	(0.44, 0.0182, 0.0054)	(0.24, 0.0099, 0.0081)	(0.83, 0.0343, 0.0072)	(0.18, 0.0074, 0.0090)
c_{11}	(0.09, 0.0037, 0.0118)	(0.44, 0.0182, 0.0070)	(0.95, 0.0393, 0.0089)	(0.45, 0.0186, 0.0069)	(0.41, 0.0169, 0.0074)	(0.19, 0.0079, 0.0105)
c_{12}	(0.07, 0.0029, 0.0099)	(0.25, 0.0103, 0.0074)	(0.79, 0.0327, 0.0066)	(0.66, 0.0273, 0.0018)	(0.41, 0.0169, 0.0052)	(0.21, 0.0087, 0.0080)

根据经验和知识，K(K=5) 个专家采用语言集合 L=｛L_o｜o=-g，…，0，…，g，g=4｝对方案集合 A 的风险水平进行评价，如表 3-2 所示，$a_1 \sim a_6$ 表示方案，$d_1 \sim d_5$ 表示专家。其中，L_{-4} 表示风险极高，L_{-3} 表示风险非常高，L_{-2} 表示风险较高，L_{-1} 表示风险高，L_0 表示风险中等，L_1 表示风险低，L_2 表示风险较低，L_3 表示风险非常低，L_4 表示风险极低。设语言集合的定量论域为 U=［0，10］，参数 a=1.4，根据改进的黄金分割转化法（Wang J Q 等，2014）得到转换后的云模型为：L_{-4}=（0，3.01，0.107）、L_{-3}=（1.93，2.75，0.193）、L_{-2}=（3.31，2.27，0.353）、L_{-1}=（4.30，1.932，0.466）、L_0=（5，1.667，0.554）、L_1=（5.7，1.932，0.466）、L_2=（6.69，2.27，0.353）、L_3=（8.07，2.75，0.193）、L_4=（10，3.01，0.107）。根据语言信息的转化可知，云模型越大，风险越低，方案越好。因此，得到转换后的偏好信息矩阵为 X^P=（x_{ik}^P）$_{I \times K}$（略）。设 wd=（wd_1，wd_2，…，wd_K）为专家权重，其中 wd_K 表示第 K 个专家的重要程度。

表 3-2　双重云模型信息决策过程中的偏好信息

方案	d_1	d_2	d_3	d_4	d_5
a_1	L_3	L_1	L_2	L_3	L_0
a_2	L_3	L_2	L_2	L_1	L_0
a_3	L_0	L_3	L_3	L_1	L_2
a_4	L_{-2}	L_0	L_2	L_{-1}	L_0
a_5	L_1	L_1	L_1	L_{-2}	L_2
a_6	L_{-1}	L_1	L_2	L_0	L_3

考虑专家权重和属性权重优化的双重云模型信息决策步骤如下：

步骤 1：数据获取和处理。

根据逆向正态云发生器算法（李德毅和杜鹢，2014），获得以云模型形式表达的依据信息 X^r=（x_{ij}^r）$_{I \times J}$（见表 3-1），根据专家评估得到偏好信息

$X^p = (x_{ik}^p)_{I \times K}$（见表 3-2）。根据改进的黄金分割转化法（Wang J Q 等，2014）将语言值转化为云模型（略）。根据式（2-9）分别计算依据信息和偏好信息的得分表示为 $(s_{ij})_{I \times J}$ 和 $(s_{ik})_{I \times K}$（略）。

步骤 2：计算专家初始权重。

根据式（2-10）求解决策者偏好之间的相似度，记为 $\mathrm{Sim}(x_{ik}^p, x_{ik'}^p)$（略）。根据式（3-2）设置专家初始权重 wd_k，得到 $wd_1 = 0.1947$，$wd_2 = 0.2077$，$wd_3 = 0.2028$，$wd_4 = 0.1971$，$wd_5 = 0.1977$。该结果显示，专家初始权重比较平均，每个专家的重要程度几乎相同。

步骤 3：计算属性权重的初始范围。

针对偏好信息 $X^p = (x_{ik}^p)_{I \times K}$，根据式（3-1）计算每个属性下的方案评估值之间的关联度，记为 g_{j_1,j_2}^c（略）。根据式（3-4）和式（3-5），计算每个属性权重的初始范围分别为 $wc_1 \in [0.0236, 0.1691]$，$wc_2 \in [0.0093, 0.1659]$，$wc_3 \in [0.0095, 0.1682]$，$wc_4 \in [0.0026, 0.1560]$，$wc_5 \in [0.0566, 0.1020]$，$wc_6 \in [0.0026, 0.1576]$，$wc_7 \in [0.0114, 0.1597]$，$wc_8 \in [0.0499, 0.1301]$，$wc_9 \in [0.0499, 0.1319]$，$wc_{10} \in [0.0224, 0.1880]$，$wc_{11} \in [0.0440, 0.0991]$，$wc_{12} \in [0.0486, 0.0994]$。

步骤 4：求解专家权重和属性权重修正值。

根据实际问题设置修正系数 $o_k \in [\underline{o_k}, \overline{o_k}] = [0.9, 1.1]$，表明专家权重可以在初始权重 [90%，110%] 的范围内进行修正。根据前三个步骤得到的结果，考虑双重信息决策结果距离最小化的原则建立模型（3-8），求解专家权重修正值分别为 $wd_1' = 0.2142$、$wd_2' = 0.1869$、$wd_3' = 0.1825$、$wd_4' = 0.2095$、$wd_5' = 0.2069$。专家权重的排序为 $wd_1' > wd_4' > wd_5' > wd_2' > wd_3'$。这个结果显示第一位专家的权重最大，第三位专家的权重最小。

根据模型（3-8）的计算属性权重修正值分别为 $wc_1 = 0.0236$、$wc_2 = 0.0093$、$wc_3 = 0.1682$、$wc_4 = 0.0026$、$wc_5 = 0.0566$、$wc_6 = 0.0698$、$wc_7 = 0.0332$、$wc_8 = 0.1301$、$wc_9 = 0.1319$、$wc_{10} = 0.1762$、$wc_{11} = 0.0991$、$wc_{12} = 0.0994$。属性权重的排序为 $wc_{10} > wc_3 > wc_9 > wc_8 > wc_{12} > wc_{11} > wc_6 > wc_5 > wc_7 > wc_1 > wc_2 > wc_4$。这个结果显示属性 c_{10}、c_3、c_9、c_8 的权重最大，属性

c_7、c_1、c_2、c_4 的权重较小。

步骤 5：计算方案最终排序值并进行排序和择优。

根据专家权重修正值 wd'_k 和属性权重修正值 wc_j，采用式（3-7）求解方案最终排序值 $v_1 = 0.5415$、$v_2 = 0.4970$、$v_3 = 0.5548$、$v_4 = 0.2166$、$v_5 = 0.3968$、$v_6 = 0.4435$。方案排序为 $a_3 > a_1 > a_2 > a_6 > a_5 > a_4$，方案 a_3 为最优方案，方案 a_4 为最劣方案。

3.3.2　敏感性分析与方法比较

3.3.2.1　属性权重范围的敏感性分析

在决策问题中，属性权重被用来测度每个属性的重要程度，在一定程度上影响决策结果。在本章中，属性初始权重设置为一定的范围，因此属性权重的不确定性更大。所以，需要对属性权重范围进行敏感性分析，观察属性权重对决策结果的影响程度。

在敏感性分析中，保持现有方案排序结果保持不变，将属性权重从初始范围的下限 $\min_{j_1 \neq j} wc_{j_1, j}$ 以 step = 0.001 的步长增加到上限 $\max_{j_1 \neq j} wc_{j_1, j}$，属性权重的变动范围记为 $[wc_j^-, wc_j^+]$。保持现有排序结果不变的属性权重范围分别为：$[wc_1^-, wc_1^+] = [0.0236, 0.0886]$，$[wc_2^-, wc_2^+] = [0.0093, 0.0583]$，$[wc_3^-, wc_3^+] = [0.0752, 0.1682]$，$[wc_4^-, wc_4^+] = [0.0026, 0.1186]$，$[wc_5^-, wc_5^+] = [0.0566, 0.1020]$，$[wc_6^-, wc_6^+] = [0.0116, 0.1576]$，$[wc_7^-, wc_7^+] = [0.0114, 0.1597]$，$[wc_8^-, wc_8^+] = [0.0841, 0.1301]$，$[wc_9^-, wc_9^+] = [0.0499, 0.1319]$，$[wc_{10}^-, wc_{10}^+] = [0.0514, 0.1880]$，$[wc_{11}^-, wc_{11}^+] = [0.0830, 0.0991]$，$[wc_{12}^-, wc_{12}^+] = [0.0826, 0.0994]$。为保持方案排序结果不变，每个属性的可变动范围为 $\Delta wc_j = wc_j^+ - wc_j^-$，即 $\Delta wc_1 = 0.0650$，$\Delta wc_2 = 0.0490$，$\Delta wc_3 = 0.0930$，$\Delta wc_4 = 0.1160$，$\Delta wc_5 = 0.0454$，$\Delta wc_6 = 0.1460$，$\Delta wc_7 = 0.1483$，$\Delta wc_8 = 0.0460$，$\Delta wc_9 = 0.0820$，$\Delta wc_{10} = 0.1366$，$\Delta wc_{11} = 0.0161$，$\Delta wc_{12} = 0.0168$，排序为 $\Delta wc_7 > \Delta wc_6 > \Delta wc_{10} > \Delta wc_4 > \Delta wc_3 > \Delta wc_9 > \Delta wc_1 > \Delta wc_2 > \Delta wc_8 > \Delta wc_5 > \Delta wc_{12} > \Delta wc_{11}$。

属性权重的变化如图 3-1 所示。其中 X 轴表示属性，Y 轴表示属性权重。柱状图中的下半部分表示 wc_j^-，上半部分表示 Δwc_j。Δwc_j 的值越大，该属性权重的敏感性越小，该属性权重的变化就越不容易引起方案排序结果的变化。由图 3-1 可知，属性 c_4、c_7、c_6、c_{10} 的敏感性较低，属性 c_{11}、c_{12} 的敏感性较高。因此，属性 c_4、c_7、c_6、c_{10} 下的方案值变化不容易引起方案排序的变化，属性 c_{11}、c_{12} 下的方案值变化更容易引起方案排序的变化。在获取决策信息的过程中，决策者应该更加关注敏感性高的属性。

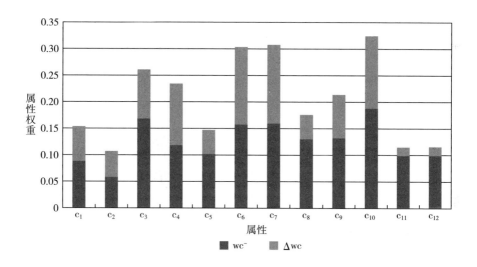

图 3-1　属性权重变化范围

3.3.2.2　方法比较

为了说明本章方法的特色，将本章的方法与其他两种方法进行比较。其中，方法 1 只使用依据信息，根据熵权法（Song 等，2017）计算属性权重。方法 2 只使用偏好信息，采用群体共识的原则（Xu，2013），基于个体意见与群体意见偏差最小的原则建立非线性规划，计算专家权重。

本章方法和方法 1 计算得到的属性权重的结果对比如表 3-3 所示，$c_1 \sim c_{12}$ 表示属性，本章方法表示采用本章方法得到的属性权重，方法 1 表示采用方法 1 得到的属性权重。其中，方法 1 只考虑依据信息，而本章的方法考虑了双重信息之间的关系。

表 3-3　本章方法与方法 1 得到的属性权重对比结果

方法	c_1	c_2	c_3	c_4	c_5	c_6	c_7	c_8	c_9	c_{10}	c_{11}	c_{12}
本章方法	0.0236	0.0093	0.1682	0.0026	0.0566	0.0698	0.0332	0.1301	0.1319	0.1762	0.0991	0.0994
方法 1	0.0744	0.0710	0.1044	0.0695	0.0632	0.0789	0.0690	0.1129	0.0945	0.0953	0.0855	0.0815

第一，由表 3-3 可知，两种方法得到的属性权重结果存在很大的不同。本章方法计算得到属性 c_{10} 的权重最大，方法 1 计算得到属性 c_8 的权重最大。

第二，从属性权重的标准偏差来看，方法 1 得到的属性权重标准偏差为 0.0149，本章方法计算得到的属性权重标准偏差为 0.0576，本章方法的属性权重标准偏差大于方法 1 的属性权重标准偏差。标准偏差衡量了数据偏离算术平均值的程度，该值越大，数据的波动程度越大。这个结果显示本章方法更加显著地反映了属性权重之间的差别，通过属性加权得到的方案评估值能更加明显地反映出属性之间的差异性。

本章方法计算得到的专家初始权重、专家修正权重和方法 2 计算得到的专家权重的结果对比如表 3-4 所示。其中，方法 2 只考虑偏好信息，采用个体专家意见与专家群体意见差异最小化的原则建立优化模型求解专家权重。本章方法考虑了双重信息，先通过专家评价意见的相似度设置初始权重，再通过双重信息决策结果距离最小化原则建立优化模型修正专家权重。

表 3-4　本章方法与方法 2 得到的专家权重对比结果

方法	第一位专家	第二位专家	第三位专家	第四位专家	第五位专家
本章方法初始权重	0.1947	0.2077	0.2028	0.1971	0.1977
本章方法修正权重	0.2142	0.1869	0.1825	0.2095	0.2069
方法 2	0.2984	0.1993	0.2219	0.0834	0.1970

第一，由表 3-4 可知，本章方法得到的专家初始权重之间的差异较小，修正后的专家权重之间的差异变大，方法 2 得到的专家权重的标准偏差明显大于本章方法得到标准偏差。这个结果说明了方法 2 得到的专家权重更能够反映专家意见的差异性。

第二，方法 2 得到第一位专家的权重为 0.2984，第四位专家的权重为 0.0834，这两个专家的权重差距过大。这样的结果，可能导致第四位专家的话语权过低。方法 2 仅考虑了偏好信息的特征，未考虑依据信息对偏好信息的影响。本章方法既考虑了偏好信息的特点，又考虑了双重信息的相互推证关系，因此能够充分利用双重信息之间的联系。

在方法结果比较中，方法 1 仅使用依据信息，方法 2 仅使用偏好信息，本章的方法使用了双重信息。根据三种方法计算得到的方案排序值、方案顺序及方案排序值的变异系数如表 3-5 所示。

表 3-5　本章方法与其他方法得到的最终排序值对比结果

方案	本章方法	方法 1	方法 2
a_1	0.5415	0.1726	4.7315
a_2	0.497	0.1652	4.7315
a_3	0.5548	0.136	4.7315
a_4	0.2166	0.1856	3.4014
a_5	0.3948	0.1586	4.0196
a_6	0.4435	0.182	4.1806
排序	$a_3>a_1>a_2>a_6>a_5>a_4$	$a_4>a_6>a_1>a_2>a_5>a_3$	$a_1=a_2=a_3>a_6>a_5>a_4$
变异系数	0.2589	0.0990	0.1147

第一，从方案排序来看，由于采用的数据和方法不同，方案的排序也存在较大的区别。本章方法和方法 2 获取的结果显示方案 a_3 最好，方案 a_4 最差。方法 1 取得的结果与其他两个方法恰恰相反，方案 a_3 最差，方案 a_4 最好。这个结果表明，方法 1 的结果与其他两种方法的结果存在较大的差

异。因此，只依靠单一信息进行决策可能导致较为片面甚至错误的决策结果。

第二，从变异系数来看，本章方法>方法2>方法1。由于三种方法使用的决策信息不同，方案排序值的单位也不同。为了获得一致的度量指标，设变异系数为 $b = \dfrac{\text{STDEVP}(v_i)}{\text{MEAN}(v_i)}$，$b$ 表示最终排序值的标准偏差除以均值，反映单位均值上的离散程度，该值越大，说明该组方案排序值的离散程度越大，方案之间的差异越明显。表3-5的结果说明，本章方法得到最终排序值的离散程度最大，从而更能体现方案之间的差异，有利于排序和择优。方法1和方法2得到最终排序值的离散程度较小，而且方法2得到的结果无法区分方案 a_1、方案 a_2 和方案 a_3 之间的差别。

与现有方法相比，本章方法的特点主要表现在以下两个方面：第一，决策过程中涉及的属性权重和专家权重不再全部依赖于决策者的主观判断，而是依赖于客观数据中的特征进行初步设定，避免因信息不完全和经验不足给决策结果带来的不确定性，有助于充分挖掘不同信息对决策结果的影响。第二，由于双重信息之间存在的差异和联系，仅仅依靠单类信息来确定权重可能导致一定程度的偏差。因此，根据双重信息决策结果之间距离最小化的原则建立权重修正模型，对专家初始权重和属性权重的初始范围进行修正，能够降低双重信息决策结果的差异性。通过方法比较的结果发现，本章方法的结果能够充分体现方案之间的差异，本章方法既能够挖掘单一信息的特点，又能够降低双重信息决策结果之间的距离，比依靠单一信息进行决策更有优势。

3.4　本章小结

基于双重信息的多属性群决策问题很常见，决策者会通过统计、测量等方法从客观环境中提取依据信息，也会通过专家的经验、知识和偏好来获取偏好信息。在本章中，从挖掘单一信息特征和降低双重信息差距的角度来重点研究基于双重云模型信息的决策问题。首先，根据云模型相似度来测度专家意见的相似性，设置专家的初始权重；其次，考虑到属性的差异性，根据灰色关联度计算属性之间的相异度，设置属性权重的初始范围；最后，基于双重信息决策结果距离最小化的原则，建立优化模型对属性权重初始范围和专家初始权重进行修正，通过双重信息集结结果对方案进行排序和择优。算例部分说明了本章方法的可行性和有效性。

在本章的方法设计中，首先分别考虑依据信息和偏好信息的自身特点，设置专家初始权重和属性权重的初始范围，能够充分发掘单一信息的自身特征；随后考虑了基于双重信息的决策结果距离最小化原则，建立优化模型对初始权重进行修正，能够降低双重信息决策结果之间的差异，这样才能够充分发挥双重信息决策的优势。

第4章　考虑多参考点优化的双重云模型信息决策方法

　　传统的期望效用理论往往建立在决策者是理性人的假设基础之上。但是，众多的心理实验表明，现实生活中的决策者往往是有限理性的。因此，学者开始关注决策者行为特征对决策结果的影响。前景理论（Kahneman 和 Tversky，1979）、后悔理论（Loomes 和 Sugden，1982）等行为决策理论逐步在决策问题中得到应用。根据前景理论（Tversky 和 Kahneman，1992），学者认为在风险决策环境中决策者往往具有参照依赖的行为特征，即决策的选择取决于结果与参考点之间的比较，而不是实际结果的大小。在现有研究中，对参考点的研究引起了许多学者的关注和兴趣。参考点的选择是决策过程中最重要的因素。在早期研究中，通常在决策问题中考虑单个固定参考点（代文锋等，2018）。然而，由于决策问题的动态性和复杂性的影响，学者逐渐考虑采用多个不同的参考点来解决日益困难的决策问题（Zhu 等，2017）。

　　在现实生活中，人们倾向于将被评估对象的表现与既定目标进行比较。根据比较结果，人们能够及时纠正和调整努力方向，以尽快达到目标水平。作为参考点的目标具有激励效果，可以将人们的需求转化为动力，促使人们朝着目标方向努力。在风险决策过程中，Heath 等（1999）提出当把目标作为参考点来评价绩效时，决策者感知的效用与前景理论的价值函数一致；明确且具有挑战性的目标参考点比模糊的目标参考点更具激励性。清晰度和难度是目标设定的两个基本因素（Locke 和 Latham，2002）。在实际决策过程中，人们往往根据依据信息和偏好信息进行决策。在目标参考点的设置问题中，依据信息往往表现为多个被评估对象的属性值，偏好信息往往表现为多个专家给出的专家参考点。如何根据方案属性值和多个专家参考点，设定合理的目标参考点是值得关注的问题。

根据对云模型测度方法和参考点的现有研究成果分析发现，仍有几点值得进一步讨论和研究。①考虑云模型的三个数字特征，如何设计一种新的云模型距离，使云模型运用到优化模型计算中。②如何根据决策问题中的属性值和多个专家参考点，分析属性值实现目标参考点的难度。③如何根据决策问题中的属性值和多个专家参考点，设置明确的目标参考点来辅助决策。

本章从考虑目标参考点难度、清晰度和多个专家参考点优化的角度，提出了一种目标参考点的设置方法，从而解决双重云模型信息决策问题。首先，为了充分利用云模型的三个数字特征，基于相对熵的定义提出云模型距离公式，然后建立多参考点优化模型获得属性值与目标参考点之间的距离范围。其次，为了最小化属性值与其难度等级之间距离，建立聚类优化模型将不同难度等级划分到不同的距离范围内。最后，根据决策者给定的难度等级，考虑平均属性值满足给定难度等级的情况下，提出一种极大熵模型来获得专家权重，根据多个专家参考点来设置目标参考点，解决双重云模型信息决策问题。

4.1　基本定义及问题描述

4.1.1　基本定义

在前景理论中，决策者根据方案的前景价值来选择方案。

定义 4.1：前景价值是由概率权重函数和价值函数共同决定的（Tversky 和 Kahneman，1992）：

$$v = \sum_{n} \pi(n) \times v(x(n)) \tag{4-1}$$

其中，v 表示前景价值，$\pi(n)$ 表示概率权重函数，$v(x(n))$ 表示价值函数，是由决策者的主观感受形成的价值。(n) 表示第 n 个自然状态。

定义 4.2：概率权重函数（Tversky 和 Kahneman，1992）定义为：

$$\pi(n) = \begin{cases} \dfrac{(p^{(n)})^{\gamma 1}}{((p^{(n)})^{\gamma 1}+(1-p^{(n)})^{\gamma 1})^{1/\gamma 1}} & x(n) \geqslant 0 \\[4mm] \dfrac{(p^{(n)})^{\gamma 2}}{((p^{(n)})^{\gamma 2}+(1-p^{(n)})^{\gamma 2})^{1/\gamma 2}} & x(n) < 0 \end{cases} \qquad (4-2)$$

其中，γ1 表示风险收益态度系数，γ2 表示风险损失态度系数。如果 x(n)≥0，表明被评价对象相对于参考点的价值表现为收益；如果 x(n)< 0，表明被评价对象相对于参考点的价值表现为损失。

定义 4.3：价值函数定义为幂函数的形式（Tversky 和 Kahneman，1992）：

$$v(x(n)) = \begin{cases} (x(n))^{\alpha 1} & x(n) \geqslant 0 \\ -\theta(x(n))^{\alpha 2} & x(n) < 0 \end{cases} \qquad (4-3)$$

其中，α1 和 α2 分别表示收益区域和损失区域中价值函数的凹凸程度。如果 0<α1，α2≤1 表示价值函数的灵敏度随着增益或损失的增加而降低。在决策问题中，α1 和 α2 用来表示决策者的风险态度，α1 是风险寻求系数，α2 是风险厌恶系数。θ 表示反向损失系数，θ>1 表示决策者对损失更敏感。Tversky 和 Kahneman（1992）在实验中发现，当 α1 = α2 = 0.88，θ = 2.25，γ1 = 0.61，γ2 = 0.72 时，实验结果与实证分析的结果更一致，因此在本章中采用这些参数进行运算。

定义 4.4：两个概率函数为 p(i) 和 q(i) 之间的相对熵（Cover 和 Thomas，1992）定义为：

$$D(p \parallel q) = \sum_i p(i) \log_2 \frac{p(i)}{q(i)} \qquad (4-4)$$

上述定义约定，$0\log_2(0/q(i)) = 0$，$p(i)\log_2(p(i)/0) = \infty$。一般情况下，p(i) 表示数据的真实分布，q(i) 表示 p(i) 的近似分布，$\sum_i p(i) = 1$，$\sum_i q(i) = 1$。相对熵存在以下性质（Cover 和 Thomas，1992）：①D(p∥ q)≥0，当且仅当 p(i)= q(i) 时，D(p∥q)= 0。②D(p∥q)≠D(q∥p)。

相对熵是两个随机分布之间距离的度量。当两个随机分布相同时，其相对熵为 0；当两个随机分布的差别增加时，其相对熵也增加。相对熵不满足距离定义的条件，因此不是实际意义上的距离，但是常用来衡量两个随机分布的差距（Cover 和 Thomas，1992）。

定义 4.5： 设 $x_i = (Ex_i, En_i, He_i)(i = 1, 2, \cdots, I)$ 为一组云模型，$w = (w_1, w_2, \cdots, w_I)$ 为对应的权重（$w_i \in (0, 1)$），云模型的加权算子定义为（Wang J Q 等，2014）：

$$\sum_{i=1}^{I} w_i x_i = \left(\sum_{i=1}^{I} w_i Ex_i, \sqrt{\sum_{i=1}^{I} w_i (En_i)^2}, \sqrt{\sum_{i=1}^{I} w_i (He_i)^2} \right) \tag{4-5}$$

4.1.2　问题描述

假设决策方案集合为 $A = \{a_1, a_2, \cdots, a_I\}$，决策属性集合为 $C = \{c_1, c_2, \cdots, c_J\}$。通过对客观环境的观察和数据收集，建立方案集 A 相对于属性集 C 的评估信息矩阵为 $X = (x_{ij})_{I \times J}$。其中，$x_{ij} = (Ex_{ij}, En_{ij}, He_{ij})$ 为方案 a_i 相对于属性 c_j 的属性值，表现为云模型信息。设 $wc = (wc_1, wc_2, \cdots, wc_J)$ 为属性权重，其中 wc_j 表示属性 c_j 的重要程度，满足 $wc_j \in (0, 1)$，$\sum_{j=1}^{J} wc_j = 1$。根据已有经验和知识，K 个专家提出专家参考点矩阵为 $Y = (y_{kj})_{k \times J}$，其中 $y_{kj} = (\mathbf{Ex_{kj}}, \mathbf{En_{kj}}, \mathbf{He_{kj}})$ 表示第 k 个专家对属性 c_j 提出的参考点，表现为云模型信息。设 $wd = (wd_1, wd_2, \cdots, wd_K)$ 为专家权重，其中 wd_k 表示第 k 个专家的重要程度，满足 $wd_k \in (0, 1)$，$\sum_{k=1}^{K} wd_k = 1$。在实际问题中，很难通过精确的手段获取专家权重。虽然专家权重是未知的，但是根据研究问题背景可以获得专家权重的先验信息集合为 H_1。

本章旨在根据方案属性值和多个专家参考点设置目标参考点，并根据双重云模型信息进行决策。难点在于：如何测度方案属性值实现目标参考点的难度水平，如何对目标参考点的难度水平进行划分，考虑目标参考点的难度和多个专家参考点，如何设置明确且合理的目标参考点，用于具有双重云模型信息的决策问题中。

4.2　主要方法与结果

4.2.1　基于云模型距离的属性值与目标参考点距离范围的测算方法

三个数字特征 Ex、En、He 被用来反映云模型的特征（李德毅和杜鹢，2014）。在云模型运算时，这三者的重要性不容忽视。距离测度在云模型的计算中起着重要作用，云模型距离的测度有概率语言云模型的距离（Peng 等，2018）、正态 Z+值的距离（Peng 和 Wang，2018）等。但是，这两种云模型距离是针对两种特殊的云模型，不适用于一般云模型的计算。因此本章考虑利用云模型的三个数字特征，基于相对熵方法设计新的云模型距离公式。

由于相对熵总是非负的，且只有两个分布完全相等时相对熵才会等于零。因此，相对熵通常应用于距离度量（Wang J 等，2015）。当相对熵用于距离测度时，能够减少信息丢失并保留更多原始信息。在云模型中，具有三个数字特征，且不在同一数量级。因此，很难用传统的距离来测度云模型的距离。然而，根据相对熵的定义，可以实现云模型三个数字特征之间的成对比较。因此，本章将扩展相对熵方法来处理云模型的距离。这样，不仅能够实现三个数字特征之间的两两比较，还能够充分发挥三个数字特征的作用，实现信息的有效利用。

定义 4.6： 设 $x_i = (Ex_i, En_i, He_i)$ 和 $x_j = (Ex_j, En_j, He_j)$ 为两个云模型，这两朵云之间的距离定义为：

$$D(x_i, x_j) = \frac{1}{3}(D(Ex_i \| Ex_j) + D(En_i \| En_j) + D(He_i \| He_j)) \tag{4-6}$$

其中，$D(Ex_i \| Ex_j) = Ex'_i \log_2 \dfrac{Ex'_i}{Ex'_j} + Ex'_j \log_2 \dfrac{Ex'_j}{Ex'_i}$，$D(En_i \| En_j) = En'_i \log_2$

$\dfrac{En'_i}{En'_j}+En'_i\log_2\dfrac{En'_j}{En'_i}$，$D(He_i\parallel He_j)=He'_i\log_2\dfrac{He'_i}{He'_j}+He'_i\log_2\dfrac{He'_j}{He'_i}$。$Ex'_i$、$En'_i$、$He'_i$ 和 Ex'_j、En'_j、He'_j 分别为 Ex_i、En_i、He_i 和 Ex_j、En_j、He_j 标准化后的数据。

根据相对熵的定义 4.4 可知，$p(i)$，$q(i)\in[0,1]$ 且 $\sum\limits_i p(i)=1$，$\sum\limits_i q(i)=1$。为满足这个条件，将 Ex_i、En_i、He_i 和 Ex_j、En_j、He_j 进行标准化，使得 Ex'_i、Ex'_j、En'_i、En'_j、He'_i、$He'_j\in[0,1]$，$Ex'_i+Ex'_j=1$，$En'_i+En'_j=1$，$He'_i+He'_j=1$。考虑到期望 Ex 的正负情况，将实际问题中属性值的归一化方法分为两类。

第一类，对于属性值 $x_{ij}=(Ex_{ij},\ En_{ij},\ He_{ij})(i=1,2,\cdots,I)$，如果所有属性值期望 $Ex_{ij}\geqslant 0$ 或 $Ex_{ij}\leqslant 0$，采用公式（4-7）对期望 Ex_{ij} 进行标准化。

$$\begin{cases}Ex'_{i1,j}=(Ex_{i1,j})/(Ex_{i1,j}+Ex_{i2,j})\\[2mm] Ex'_{i2,j}=(Ex_{i2,j})/(Ex_{i1,j}+Ex_{i2,j})\end{cases}\tag{4-7}$$

第二类，对于属性值 $x_{ij}=(Ex_{ij},\ En_{ij},\ He_{ij})(i=1,2,\cdots,I)$，如果一些属性值的期望 $Ex_{ij}\geqslant 0$，另一些属性值的期望 $Ex_{ij}\leqslant 0$，采用两步式对属性值进行标准化。首先，使所有期望均落 $[0,1]$ 区间内；其次，使 $Ex'_{i1,j}+Ex'_{i2,j}=1$。根据式（4-8）对期望 Ex_{ij} 进行标准化。

$$\begin{cases}Ex'_{i1,j}=\dfrac{\dfrac{Ex_{i1,j}-\min\limits_i Ex_{ij}}{\max\limits_i Ex_{ij}-\min\limits_i Ex_{ij}}}{\dfrac{Ex_{i1,j}-\min\limits_i Ex_{ij}}{\max\limits_i Ex_{ij}-\min\limits_i Ex_{ij}}+\dfrac{Ex_{i2,j}-\min\limits_i Ex_{ij}}{\max\limits_i Ex_{ij}-\min\limits_i Ex_{ij}}}=\dfrac{Ex_{i1,j}-\min\limits_i Ex_{ij}}{Ex_{i1,j}+Ex_{i2,j}-2\min\limits_i Ex_{ij}}\\[8mm] Ex'_{i2,j}=\dfrac{\dfrac{Ex_{i2,j}-\min\limits_i Ex_{ij}}{\max\limits_i Ex_{ij}-\min\limits_i Ex_{ij}}}{\dfrac{Ex_{i1,j}-\min\limits_i Ex_{ij}}{\max\limits_i Ex_{ij}-\min\limits_i Ex_{ij}}+\dfrac{Ex_{i2,j}-\min\limits_i Ex_{ij}}{\max\limits_i Ex_{ij}-\min\limits_i Ex_{ij}}}=\dfrac{Ex_{i2,j}-\min\limits_i Ex_{ij}}{Ex_{i1,j}+Ex_{i2,j}-2\min\limits_i Ex_{ij}}\end{cases}$$

$$\tag{4-8}$$

对于云模型来说，熵 En 和超熵 He 用于表示云模型的形状。期望的变化并不影响云模型的形状。例如，有三个云模型分别为 a＝（－3，0.5，0.05），b＝（2，0.8，0.02），c＝（4，0.6，0.03），按照第二类情况进行处理，使所有期望均落在 [0，1] 区间内，可得到 a′＝（0，0.5，0.05），b′＝（0.7143，0.8，0.02），c′＝（1，0.6，0.03），X 轴表示云滴值，Y 轴表示确定度。由图 4-1 可知，期望值的变化导致云模型在 X 轴上进行平移，但不会改变云模型的形状。

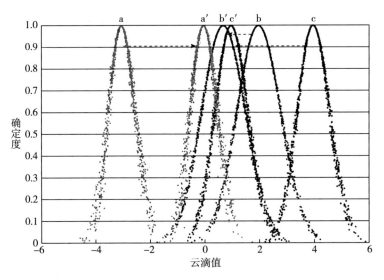

图 4-1 期望值变化后的云模型图

由逆向云发生器算法可知，在云模型中均有 En≥0 和 He≥0，因此 En_{ij} 和 He_{ij} 的标准化方法为

$$\begin{cases} En'_{i1,j}=(En_{i1,j})/(En_{i1,j}+En_{i2,j}) \\ En'_{i2,j}=(En_{i2,j})/(En_{i1,j}+En_{i2,j}) \\ He'_{i1,j}=(He_{i1,j})/(He_{i1,j}+He_{i2,j}) \\ He'_{i2,j}=(He_{i2,j})/(He_{i1,j}+He_{i2,j}) \end{cases} \quad (4-9)$$

根据式（4-7）至式（4-9），可以获得 $Ex'_{i1,j}$、$Ex'_{i2,j}$、$En'_{i1,j}$、$En'_{i2,j}$、$He'_{i1,j}$、$He'_{i2,j} \in [0，1]$ 和 $Ex'_{i1,j}+Ex'_{i2,j}=1$，$En'_{i1,j}+En'_{i2,j}=1$，$He'_{i1,j}+He'_{i2,j}=1$。通过标准化处理后，可以采用式（4-6）计算云模型之间的距离。

云模型的三个数字特征（Ex，En，He）从不同角度反映云模型的性质，在描述云模型的随机性和模糊性方面发挥着重要作用。因此，结合三个数字特征的差异来表示两个云模型之间的距离具有实际意义。根据定义4.6，得出两个性质。

性质 4.1：两朵云之间的距离 $D(x_i,\ x_j) \geq 0$，当且仅当 $x_i = x_j$ 时等号成立。

证明：根据 Jensen 不等式（Cover 和 Thomas，2012），有 $D(p \parallel q) =$

$$\sum p(x) \log_2 \frac{p(x)}{q(x)} \geq \left(\sum p(x)\right) \log_2 \frac{\left(\sum p(x)\right)}{\left(\sum q(x)\right)}。$$ 因此可知 $-D(x_i,\ x_j) \leq \frac{1}{3}$

$$\left(\log_2\left(Ex_i' \frac{Ex_j'}{Ex_i'} + Ex_j' \frac{Ex_i'}{Ex_j'}\right) + \log_2\left(En_i' \frac{En_j'}{En_i'} + En_j' \frac{En_i'}{En_j'}\right) + \log_2\left(He_i' \frac{He_j'}{He_i'} + He_j' \frac{He_i'}{He_j'}\right)\right)。$$ 由于

$Ex_{i1,j}' + Ex_{i2,j}' = 1$、$En_{i1,j}' + En_{i2,j}' = 1$、$He_{i1,j}' + He_{i2,j}' = 1$，该不等式的右边部分为

$$\frac{1}{3}\left(\log_2\left(Ex_i' \frac{Ex_j'}{Ex_i'} + Ex_j' \frac{Ex_i'}{Ex_j'}\right) + \log_2\left(En_i' \frac{En_j'}{En_i'} + En_j' \frac{En_i'}{En_j'}\right) + \log_2\left(He_i' \frac{He_j'}{He_i'} + He_j' \frac{He_i'}{He_j'}\right)\right) = \frac{1}{3}$$

$(3\log 1) = 0$。那么，最后可以得到 $-D(x_i,\ x_j) \leq 0$，即 $D(x_i,\ x_j) \geq 0$（性质 4.1 得证）。

性质 4.2：$D(x_i,\ x_j) = D(x_j,\ x_i)$。

证明：根据定义 4.6，可以得到 $D(x_j,\ x_i) = \frac{1}{3}\left(Ex_j' \log \frac{Ex_j'}{Ex_i'} + Ex_i' \log \frac{Ex_i'}{Ex_j'} + \right.$

$\left. En_j' \log \frac{En_j'}{En_i'} + En_i' \log \frac{En_i'}{En_j'} + He_j' \log \frac{He_j'}{He_i'} + He_i' \log \frac{He_i'}{He_j'}\right) = D(x_i,\ x_j)$，即 $D(x_i,\ x_j) =$

$D(x_j,\ x_i)$（性质 4.2 得证）。

根据定义 4.5 可知，目标参考点 $y_j = (Ex_j,\ En_j,\ He_j)$ 可以通过多个专家参考点的加权值求解得到

$$\sum_{k=1}^{K} wd_k y_{kj} = \left(\sum_{k=1}^{K} wd_k Ex_{kj},\ \sqrt{\sum_{k=1}^{K} wd_k (En_{kj})^2},\ \sqrt{\sum_{k=1}^{K} wd_k (He_{kj})^2}\right)$$

$$(4-10)$$

在实际决策过程中，目标参考点往往通过决策者的主观意愿来设置，没有经过系统分析和论证，科学性和有效性受到质疑。目标参考点的设定

是一个复杂的问题，必须考虑对被评估方案的激励、实现目标的难度、目标的动态以及目标的多样性等多种因素（Wang 和 Johnson，2012；Heath 等，1999；Locke 和 Latham，1990）。只依靠单个专家设置目标参考点太困难，通常需要借助多个专家的经验和知识才能够完成。在目标参考点的设定过程中，首先考虑目标对被评估方案的激励，主要体现在实现目标参考点的难度上。如果目标设定得太低，则会导致激励作用不够，不足以刺激被评估方案的潜力；如果目标设定得太高，将导致被评估方案失去信心。

在决策过程中，方案与目标参考点之间的距离可以反映目标的难度水平。如果方案和目标参考点之间的距离很小，则实现该目标参考点的难度水平较低；如果方案和目标参考点之间的距离很大，则实现该目标参考点的难度水平很高。根据上述分析，建立模型（4-11）求解属性值和目标参考点之间的距离范围。

$$\min/\max f_1(wd_k) = (d_{ij})$$

$$
\begin{cases}
d_{ij} = \dfrac{1}{3}\left(\begin{array}{l}
\dfrac{Ex_{ij}}{Ex_{ij}+Ex_j}\log_2\left(\dfrac{\frac{Ex_{ij}+Ex_j}{Ex_j}}{\frac{Ex_{ij}+Ex_j}{Ex_j}}\right) + \dfrac{Ex_j}{Ex_{ij}+Ex_j}\log_2\left(\dfrac{\frac{Ex_j}{Ex_{ij}+Ex_j}}{\frac{Ex_{ij}}{Ex_{ij}+Ex_j}}\right) + \dfrac{En_{ij}}{En_{ij}+En_j}\log_2\left(\dfrac{\frac{En_{ij}+En_j}{En_j}}{\frac{En_{ij}+En_j}{En_j}}\right) + \\[3em]
\dfrac{En_j}{En_{ij}+En_j}\log_2\left(\dfrac{\frac{En_{ij}+En_j}{En_{ij}}}{\frac{En_{ij}+En_j}{En_j}}\right) + \dfrac{He_{ij}}{He_{ij}+He_j}\log_2\left(\dfrac{\frac{He_{ij}+He_j}{He_j}}{\frac{He_{ij}+He_j}{He_j}}\right) + \dfrac{He_j}{He_{ij}+He_j}\log_2\left(\dfrac{\frac{He_{ij}+He_j}{He_{ij}}}{\frac{He_{ij}+He_j}{He_j}}\right)
\end{array}\right) \\[6em]
Ex_j = \displaystyle\sum_{k=1}^{K} wd_k Ex_{kj} \\[2em]
En_j = \sqrt{\displaystyle\sum_{k=1}^{K} wd_k(En_{kj})^2} \\[2em]
He_j = \sqrt{\displaystyle\sum_{k=1}^{K} wd_k(He_{kj})^2} \\[2em]
\displaystyle\sum_{k=1}^{K} wd_k = 1 \\[1em]
wd_k \in H_1
\end{cases}
$$

（4-11）

其中，目标函数表示求解属性值和目标参考点之间距离 d_{ij} 的最大值或者最小值。约束条件分别为：根据式（4-6）、式（4-7）和式（4-9）求解属性值和参考点之间的距离 d_{ij}；根据式（4-5）求解目标参考点的期望；根据式（4-5）求解目标参考点的熵；根据式（4-5）求解目标参考点的超熵；专家权重之和等于1；专家权重满足先验信息条件 H_1，一般设专家权重在（0，1）区间内。

根据模型（4-11），求解得到 $d_{ij} \in \left[\underline{d_{ij}}, \overline{d_{ij}} \right]$。由于不同属性值存在单位的差异，对 $\left[\underline{d_{ij}}, \overline{d_{ij}} \right]$ 进行标准化处理，$\underline{d_{ij}}' = \dfrac{\underline{d_{ij}} - \min\limits_i(\underline{d_{ij}})}{\max\limits_i(\overline{d_{ij}}) - \min\limits_i(\underline{d_{ij}})}$，

$\overline{d_{ij}}' = \dfrac{\overline{d_{ij}} - \min\limits_i(\underline{d_{ij}})}{\max\limits_i(\overline{d_{ij}}) - \min\limits_i(\underline{d_{ij}})}$，使 $d_{ij}' \in \left[\underline{d_{ij}}', \overline{d_{ij}}' \right]$，且 $\underline{d_{ij}}'$，$\overline{d_{ij}}' \in [0, 1]$。

4.2.2　考虑属性值与目标参考点距离范围的难度等级划分模型

根据属性值与目标参考点之间的距离，可以测度属性值实现目标参考点的难度。一般来说，属性值与目标参考点之间的距离越大，则实现目标参考点的难度越大；属性值与目标参考点之间的距离越小，则实现目标参考点的难度越小。为了更明确地测度每个属性值实现目标参考点的难度，需要将目标参考点的难度水平划分为若干个难度等级，如简单难度、中等难度、高难度等。难度等级的划分必须依靠属性值与目标参考点之间的相互比较。因此，本部分考虑根据属性值与目标参考点的距离范围，定量划分难度等级的距离范围。

根据问题背景和决策者的经验知识，设目标参考点存在 L 个难度等级，第 ℓ 个难度等级的距离范围为 $d^{(l)} \in \left[dis^{(l-1)}, dis^{(l)} \right]$。根据前一部分的结论可知，难度等级的下限为 $dis^{(0)} = \min\limits_{i,j} d_{ij}' = 0$，难度等级的上限为 $dis^{(L)} = \max\limits_{i,j} \overline{d_{ij}}' = 1$。那么，将属性值与目标参考点的距离 d_{ij}' 与 $d^{(l)}$ 进行比较，可以得到属性值 x_{ij} 实现目标参考点的难度等级（简称 x_{ij} 的难度等级）。如图 4-2 所示，其中难度等级 $d^{(1)}$ 的距离范围为 $d^{(1)} \in \left[dis^{(0)}, dis^{(1)} \right]$，难度等级 $d^{(L)}$ 的距离范围为 $d^{(L)} \in \left[dis^{(L-1)}, dis^{(L)} \right]$。

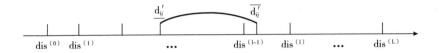

图4-2 目标参考点实现的难度等级划分情况

如果属性值与目标参考点之间距离范围 $d'_{ij} \in [\underline{d_{ij}'},\ \overline{d_{ij}'}]$ 的中点落在难度等级 $d^{(1)}$ 的范围内，即 $dis^{(l-1)} \leqslant \frac{1}{2}(\underline{d_{ij}'}+\overline{d_{ij}'}) < dis^{(1)}$，则称该属性值的难度等级为 $d^{(1)}$。那么，属性值 x_{ij} 记为 $x_{ij}^{(1)}$，属性值 x_{ij} 与目标参考点之间距离范围记为 $d'_{ij}=d_{ij}^{(1)} \in [\underline{d_{ij}^{(1)}},\ \overline{d_{ij}^{(1)}}]$，即 $\underline{d_{ij}^{(1)}} = \underline{d_{ij}'}$，$\overline{d_{ij}^{(1)}} = \overline{d_{ij}'}$。那么可以得到：

$$\frac{1}{2}(\underline{d_{ij}^{(1)}}+\overline{d_{ij}^{(1)}}) < dis^{(1)} \tag{4-12}$$

$$\frac{1}{2}(\underline{d_{ij}^{(1)}}+\overline{d_{ij}^{(1)}}) \geqslant dis^{(l-1)} \tag{4-13}$$

为了将属于同一个难度等级的属性值都划分为一类，考虑 $d_{ij}^{(1)}$ 与其所属难度等级 $d^{(1)}$ 之间距离最小化原则，提出难度等级划分的优化模型（4-14），能够有效减小 $d_{ij}^{(1)}$ 与 $d^{(1)}$ 之间的距离。

$$\min f_2(\underline{d_{ij}^{(1)}},\ \overline{d_{ij}^{(1)}},\ dis^{(1)}) = \sum_i^I \sum_j^J \left| \frac{1}{2}(\underline{d_{ij}^{(1)}}+\overline{d_{ij}^{(1)}}) - \frac{1}{2}(dis^{(l-1)}+dis^{(1)}) \right|$$

$$s.t. \begin{cases} dis^{(0)} = 0 \\ dis^{(L)} = 1 \\ dis^{(l-1)} < dis^{(1)}(l=1,\ 2,\ \cdots,\ L) \\ IF \begin{cases} \frac{1}{2}(\underline{d_{ij}'}+\overline{d_{ij}'}) < dis^{(1)} \\ \frac{1}{2}(\underline{d_{ij}'}+\overline{d_{ij}'}) \geqslant dis^{(l-1)} \end{cases},\ THEN \begin{cases} \underline{d_{ij}^{(1)}} = \underline{d_{ij}'} \\ \overline{d_{ij}^{(1)}} = \overline{d_{ij}'} \end{cases} \end{cases} \tag{4-14}$$

其中，模型（4-14）的目标函数是最小化 $d_{ij}^{(1)}$ 与 $d^{(1)}$ 之间的距离。约束条件分别为：难度等级 $d^{(1)}$ 的下限等于0；难度等级 $d^{(L)}$ 的上限等于1；

难度等级 $d^{(1)}$ 的上限大于下限；如果 $d_{ij}^{(1)}$ 的中点落在难度等级 $d^{(1)}$ 的范围内，那么 x_{ij} 的难度等级为 $d^{(1)}$。

在模型（4-14）中，未知的变量为 $d_{ij}^{(1)}$、$\overline{d_{ij}^{(1)}}$、$dis^{(1)}$。总的变量的数量为 $I \times J + L - 1$。当变量的比较少时，模型（4-14）很容易求解得到最优解。当变量的数量较多时，可以通过 K-Means 算法求解最优解。因为该算法具有多项式平滑复杂度，求解时间相对较短（Arthur 等，2009）。

通过求解模型（4-14），可以得到每个难度等级的距离范围，记为 $\{d^{(1)} \in [dis^{(0)}, dis^{(1)}], d^{(2)} \in [dis^{(1)}, dis^{(2)}], \cdots, d^{(L)} \in [dis^{(L-1)}, dis^{(L)}]\}$。

4.2.3　考虑给定难度等级和多参考点优化的目标参考点设置方法

目标参考点可以促使被评估对象的行为朝着目标方向努力，因此目标参考点有很强的激励作用。如果目标参考点设置过高，可能导致被评估对象丧失信心；如果目标参考点设置过低，可能达到激励效果。因此，如何设置合理的目标参考点对决策问题至关重要。设置目标参考点时，清晰度和难度是需要关注的两个指标。清晰度是指设定具体而明确的目标。例如，目标 A：明年的表现应该会更好，目标 B：明年的表现会增加 10%。显然，目标 B 比目标 A 更明确，更有利于指导被评估对象的行为。难度是指设定比现在水平更高的目标参考点。一般来说，目标参考点的绝对难度较高，对被评估对象的激励作用更为明显。从难度的角度来看，目标参考点可以分为多个难度等级，如简单、中等、高难度和不可能完成等。为了达到较好的激励作用，根据被评估对象的能力和实际问题的背景设定目标参考点的难度等级，可以调整被评估对象的努力程度。

假设决策者给定目标参考点的难度等级为 $d^{(1*)}$，且有 $d^{(1*)} \in [dis^{(1*-1)}, dis^{(1*)}]$。由于不同方案属性值存在差异，很难保证所有属性值都满足同一难度等级。因此，本部分选择平均属性值作为代表，使平均属性值与目标参考点的距离满足给定的难度等级。为了充分利用多个专家参考点信息，根据极大熵准则建立目标函数。根据上述分析，考虑平均属性值与目标参考点的距离满足给定难度等级，建立极大熵优化模型（4-15）求解专家权重。

$$\max f_3(wd_k) = \sum_{k=1}^{K} - wd_k \log_2(wd_k)$$

$$s.\,t. \begin{cases} \sum_{k=1}^{K} wd_k = 1 \\[2mm] wd_k \in H_1 \\[2mm] \dfrac{d(\overline{x_j},\ y_j) - \min\limits_{i}(d_{ij})}{\max\limits_{i}(d_{ij}) - \min\limits_{i}(d_{ij})} \leqslant dis^{(1*)} \\[4mm] d(\overline{x_j}, y_j) = \dfrac{1}{3}\left(\begin{array}{l} \dfrac{\overline{Ex_j}}{\overline{Ex_j} + Ex_j}\log_2\!\left(\dfrac{\frac{\overline{Ex_j}}{\overline{Ex_j} + Ex_j}}{\frac{Ex_j}{\overline{Ex_j} + Ex_j}}\right) + \dfrac{Ex_j}{\overline{Ex_j} + Ex_j}\log_2\!\left(\dfrac{\frac{Ex_j}{\overline{Ex_j} + Ex_j}}{\frac{\overline{Ex_j}}{\overline{Ex_j} + Ex_j}}\right) + \dfrac{\overline{En_j}}{\overline{En_j} + En_j}\log_2\!\left(\dfrac{\frac{\overline{En_j}}{\overline{En_j} + En_j}}{\frac{En_j}{\overline{En_j} + En_j}}\right) + \\[6mm] \dfrac{En_j}{\overline{En_j} + En_j}\log_2\!\left(\dfrac{\frac{En_j}{\overline{En_j} + En_j}}{\frac{\overline{En_j}}{\overline{En_j} + En_j}}\right) + \dfrac{\overline{He_j}}{\overline{He_j} + He_j}\log_2\!\left(\dfrac{\frac{\overline{He_j}}{\overline{He_j} + He_j}}{\frac{He_j}{\overline{He_j} + He_j}}\right) + \dfrac{He_j}{\overline{He_j} + He_j}\log_2\!\left(\dfrac{\frac{He_j}{\overline{He_j} + He_j}}{\frac{\overline{He_j}}{\overline{He_j} + He_j}}\right) \end{array} \right) \\[10mm] Ex_j = \sum_{k=1}^{K} wd_k Ex_{kj} \\[4mm] En_j = \sqrt{\sum_{k=1}^{K} wd_k (En_{kj})^2} \\[4mm] He_j = \sqrt{\sum_{k=1}^{K} wd_k (He_{kj})^2} \\[4mm] \overline{Ex_j} = \dfrac{1}{I}\sum_{i=1}^{I} Ex_{ij} \\[4mm] \overline{En_j} = \sqrt{\sum_{i=1}^{I} \dfrac{1}{I}(En_{ij})^2} \\[4mm] \overline{He_j} = \sqrt{\sum_{i=1}^{I} \dfrac{1}{I}(He_{ij})^2} \end{cases}$$

$$(4-15)$$

其中，目标函数是最大化专家权重的熵。约束条件如下：专家权重 wd_k 之和等于 1；专家权重满足先验信息集合 $\mathbf{H_1}$，一般设置 $wd_k \in (\mathbf{0},\ \mathbf{1})$；经过标准化后，平均属性值与目标参考点距离小于或等于给定难度等级

$d^{(1*)}$ 的上限 $dis^{(1*)}$；根据式（4-6）计算平均属性值 $\overline{x_j}$ 与目标参考点 y_j 之间的距离；最后六个约束条件表示，根据式（4-5）计算目标参考点 $y_j = (\mathbf{Ex_j}, \mathbf{En_j}, \mathbf{He_j})$ 和平均属性值 $\overline{x_j} = (\overline{\mathbf{Ex_j}}, \overline{\mathbf{En_j}}, \overline{\mathbf{He_j}})$ 的三个数字参数。

模型（4-15）是一个单目标非线性规划模型中，未知变量只有 wd_k。如果只有前两个条件，根据极大熵模型的特点（Cover 和 Thomas，1992），模型（4-15）的最优解为 $wd_k = \dfrac{1}{K}$（$k = 1, \cdots, K$）。根据模型（4-15）约束条件的含义可知，其他约束条件均是可行的，模型（4-15）是否存在最优解取决于第三个约束条件 $\dfrac{d(\overline{x_j},\ y_j) - \min\limits_i (\underline{d_{ij}})}{\max\limits_i (\overline{d_{ij}}) - \min\limits_i (\underline{d_{ij}})} \leqslant dis^{(1*)}$。根据前文的分析可知，建立模型（4-11）可以求解 $d(\overline{x_j},\ y_j) \in \left[\underline{d(\overline{x_j},\ y_j)},\ \overline{d(\overline{x_j},\ y_j)}\right]$，

从而获得 $d(\overline{x_j},\ y_j)' = \dfrac{d(\overline{x_j},\ y_j) - \min\limits_i (\underline{d_{ij}})}{\max\limits_i (\overline{d_{ij}}) - \min\limits_i (\underline{d_{ij}})} \in \left[\dfrac{\underline{d(\overline{x_j},\ y_j)} - \min\limits_i (\underline{d_{ij}})}{\max\limits_i (\overline{d_{ij}}) - \min\limits_i (\underline{d_{ij}})},\right.$

$\left. \dfrac{\overline{d(\overline{x_j},\ y_j)} - \min\limits_i (\underline{d_{ij}})}{\max\limits_i (\overline{d_{ij}}) - \min\limits_i (\underline{d_{ij}})}\right]$。如果 $\max\limits_j \left(\dfrac{\underline{d(\overline{x_j},\ y_j)} - \min\limits_i (\underline{d_{ij}})}{\max\limits_i (\overline{d_{ij}}) - \min\limits_i (\underline{d_{ij}})}\right) > dis^{(1*)}$，模型（4-15）

没有最优解；如果 $\max\limits_j \left(\dfrac{\underline{d(\overline{x_j},\ y_j)} - \min\limits_i (\underline{d_{ij}})}{\max\limits_i (\overline{d_{ij}}) - \min\limits_i (\underline{d_{ij}})}\right) < dis^{(1*)}$，模型（4-15）可行域非空且有界（Winston 和 Goldberg，2004），模型（4-15）一定存在最优解。

通过求解模型（4-15）得到专家权重为 $wd = (wd_1,\ wd_2,\ \cdots,\ wd_K)$，根据式（4-5）求解得到目标参考点 $y_j = (\mathbf{Ex_j}, \mathbf{En_j}, \mathbf{He_j})$，通过式（4-6）计算得到属性值 x_{ij} 与目标参考点之间的实际距离 d_{ij}，经过标准化后得到 d'_{ij}。在本章的问题中，没有考虑多个风险状态，因此式（4-1）中的概率权重函数为常数 1。那么，前景价值通过式（4-16）计算

$$v(x_{ij}) = \begin{cases} (d'_{ij})^\alpha & \mathbf{Ex_{ij}} \geqslant \mathbf{Ex_j} \\ -\theta(d'_{ij})^\beta & \mathbf{Ex_{ij}} < \mathbf{Ex_j} \end{cases} \qquad (4\text{-}16)$$

那么方案 a_i 的最终排序值通过式（4-17）计算

$$v_i = \sum_{j=1}^{J} wc_j v(x_{ij}) \tag{4-17}$$

显然，v_i 的值越大，方案 a_i 越优。因此，最优方案通过 $\max_i v_i$ 来获得。

本章方法的步骤总结如下：

步骤 1：输入决策信息。通过逆向正态云生成器算法（李德毅和杜鹢，2014），获取属性值评估信息 $X = (x_{ij})_{I \times J}$，根据专家评估获得专家参考点信息 $Y = (y_{kj})_{K \times J}$，采用云模型的形式来表达。根据问题的背景信息获得专家权重的先验信息集合 H_1。

步骤 2：计算属性值和目标参考点的距离范围。根据专家权重的先验信息集合 H_1，建立模型（4-11）获取属性值和目标参考点之间的距离范围 $d_{ij} \in [\underline{d_{ij}}, \overline{d_{ij}}]$，平均属性值与目标参考点之间的距离 $d(\overline{x_j}, y_j) \in [\underline{d(\overline{x_j}, y_j)}, \overline{d(\overline{x_j}, y_j)}]$。经过标准化后，得到 $d_{ij}' \in [\underline{d_{ij}'}, \overline{d_{ij}'}]$。

步骤 3：计算难度等级的距离范围。根据决策问题的背景信息，首先确定难度等级数为 L。根据难度等级数 L 和距离范围 $d_{ij}' \in [\underline{d_{ij}'}, \overline{d_{ij}'}]$，建立模型（4-14）获得每一个难度等级的距离范围 $\{d^{(1)} \in [dis^{(0)}, dis^{(1)}], d^{(2)} \in [dis^{(1)}, dis^{(2)}], \cdots, d^{(L)} \in [dis^{(L-1)}, dis^{(L)}]\}$。

步骤 4：求解专家权重。根据实际问题和难度等级距离范围的划分，设置难度等级 $d^{(1*)} \in [dis^{(1*-1)}, dis^{(1*)}]$。根据给定的难度等级 $d^{(1*)}$ 和专家权重的先验信息集合 H_1，建立模型（4-15）求解专家权重。

步骤 5：计算最终排序值。根据公式（4-5）计算目标参考点 $y_j = (Ex_j, En_j, He_j)$，根据公式（4-6）计算属性值与目标参考点的实际距离 d_{ij}。根据式（4-16）和式（4-17）计算最终排序值，最优方案通过 $\max_i v_i$ 来获得。

4.3　算例研究

4.3.1　考虑多参考点优化的双重云模型信息决策过程及分析

例 4.1： 随着收入的增加和消费者态度的转变，市场对产品质量、性能等要求不断提高。在市场竞争日益激烈的背景下，D 公司希望通过开展新产品升级计划，选择优质且可靠的新产品上市，帮助公司进行产品开发和产品升级。D 公司选择 7 种新产品构成方案集合 $A = \{a_1, a_2, \cdots, a_I\}$（$I = 7$），5 个属性构成属性集合 $C = \{c_1, c_2, \cdots, c_J\}$（$J = 5$）。属性 c_1 表示安全性，包括用户的安全性和产品本身的安全性，安全性的数据主要来自产品的安全性测试。属性 c_2 表示故障之间的平均时间，是指从产品故障到下一故障的平均时间，可以通过可靠性测试获得相关的数据。属性 c_3 表示功能实现程度，是指新产品功能能够发挥的实现程度。该属性的数据是通过专家评估获得的。属性 c_4 代表技术水平，是指该产品的技术先进性和创新性。该属性的数据通过技术评估获得。属性 c_5 表示环境适应性，是指在极端压力下该产品能够储存、运输和使用的生命周期。该属性的数据通过质量测试获得。

根据本章提出的方法进行决策的过程如下：

步骤 1： 输入决策信息。

根据收集的数据，采用逆向正态云生成器算法（李德毅和杜鹢，2014），获得属性值 $X = (x_{ij})_{I \times J}$ 如表 4-1 所示。其中，$a_1 \sim a_7$ 表示方案，$c_1 \sim c_5$ 表示属性。根据经验和知识，6 名专家（$K = 6$）给出专家参考点 $Y = (y_{kj})_{K \times J}$，如表 4-2 所示。其中，$r_1 \sim r_6$ 表示专家，$c_1 \sim c_5$ 表示属性。

表 4-1 决策评估信息表

方案	c_1	c_2	c_3	c_4	c_5
a_1	(5.983, 0.1501, 0.0153)	(0.8047, 0.0667, 0.0335)	(3.8667, 0.0031, 0.0008)	(11.4900, 0.3785, 0.0808)	(0.1025, 0.1115, 0.0431)
a_2	(6.969, 0.109, 0.0167)	(0.7140, 0.1480, 0.0602)	(3.5657, 0.0015, 0.0009)	(13.6750, 0.2663, 0.1052)	(0.1695, 0.1121, 0.0371)
a_3	(5.6185, 0.4242, 0.2364)	(0.7953, 0.0749, 0.0257)	(4.3671, 0.0013, 0.0010)	(12.6650, 0.2112, 0.1553)	(0.0340, 0.0444, 0.0170)
a_4	(4.8505, 0.1360, 0.0146)	(0.7460, 0.0983, 0.0512)	(3.3639, 0.0009, 0.0001)	(11.8350, 0.2030, 0.0802)	(0.0540, 0.0644, 0.0469)
a_5	(6.65, 0.1827, 0.044)	(0.7780, 0.0783, 0.0323)	(4.5657, 0.0017, 0.0005)	(10.8650, 0.2651, 0.0826)	(0.0155, 0.0097, 0.0041)
a_6	(5.92, 0.1902, 0.0466)	(0.7580, 0.0832, 0.0452)	(2.8671, 0.0009, 0.0003)	(11.8000, 0.3008, 0.0317)	(0.0765, 0.0687, 0.0159)
a_7	(4.902, 0.2256, 0.1357)	(0.8900, 0.0602, 0.0344)	(3.4675, 0.0015, 0.0006)	(14.4400, 0.5189, 0.1929)	(0.0995, 0.0858, 0.0140)

根据决策者评估，获取属性权重为 $wc = (wc_1, wc_2, \cdots, wc_J) = (0.17, 0.25, 0.2, 0.24, 0.14)$。设专家权重为 $wd = (wd_1, wd_2, \cdots, wd_K)$，其中 wd_k 表示第 k 个专家的重要程度。根据研究问题的背景，获得专家权重的先验信息集合为 $H_1 = \{wd_k \in (0, 1)\}$。

表 4-2 专家参考点表

专家	c_1	c_2	c_3	c_4	c_5
r_1	(7.1084, 0.1101, 0.0169)	(0.9078, 0.0608, 0.0348)	(4.6570, 0.0017, 0.0005)	(14.7288, 0.5240, 0.1949)	(0.1729, 0.1132, 0.0374)

专家	c_1	c_2	c_3	c_4	c_5
r_2	(6.9690, 0.1090, 0.0146)	(0.8900, 0.0602, 0.0257)	(4.5657, 0.0009, 0.0001)	(14.44, 0.2030, 0.0317)	(0.1695, 0.0097, 0.0041)
r_3	(7.2880, 0.1459, 0.0304)	(0.9753, 0.0634, 0.0340)	(4.7643, 0.0015, 0.0008)	(15.2050, 0.3926, 0.1491)	(0.2365, 0.1118, 0.0401)
r_4	(6.9825, 0.1872, 0.0171)	(0.8989, 0.1516, 0.0617)	(4.6114, 0.0031, 0.0011)	(14.5844, 0.5317, 0.1977)	(0.1712, 0.1149, 0.0481)
r_5	(7.0870, 0.1381, 0.0198)	(0.9180, 0.0840, 0.0390)	(4.6496, 0.0018, 0.0006)	(14.7396, 0.4128, 0.1433)	(0.1875, 0.0874, 0.0324)
r_6	(8.0283, 0.1225, 0.0157)	(0.9780, 0.1041, 0.0473)	(5.4150, 0.0013, 0.0004)	(16.2275, 0.3650, 0.1378)	(0.2465, 0.0609, 0.0206)

步骤 2：计算属性值和目标参考点的距离范围。

根据专家权重的先验信息集合 H_1，建立模型（4-11）获取属性值和目标参考点之间的距离范围 $d_{ij} \in [\underline{d_{ij}}, \overline{d_{ij}}]$，如图 4-3 所示。X 轴表示属性，Y 轴表示方案属性值与目标参考点的距离，"MIN"表示属性值和目标参考点之间的最小距离，"MAX"表示属性值与目标参考点之间的最大距离。

以属性 c_1 下的距离范围为例，方案 a_3 和方案 a_7 与目标参考点的距离大于其他方案，这意味着方案 a_3 和方案 a_7 实现目标参考点的难度高于其他方案。方案 a_1、方案 a_2 与目标参考点的距离最小，这意味着方案 a_1、a_2 的表现较好，实现目标参考点的难度最低。因此，在属性 c_1 下，方案 a_1、a_2 优于其他方案。

通过计算得到平均属性值与目标参考点之间的距离范围 $d(\overline{x_j}, y_j) \in [\underline{d(\overline{x_j}, y_j)}, \overline{d(\overline{x_j}, y_j)}]$，经过标准化后得到 $d(x_1, y_1)' \in [0.2471, 0.5391]$、

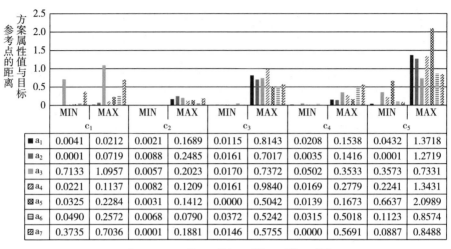

	MIN	MAX	MIN	MAX	MIN	MAX	MIN	MAX	MIN	MAX
	c_1		c_2		c_3		c_4		c_5	
a_1	0.0041	0.0212	0.0021	0.1689	0.0115	0.8143	0.0208	0.1538	0.0432	1.3718
a_2	0.0001	0.0719	0.0088	0.2485	0.0161	0.7017	0.0035	0.1416	0.0001	1.2719
a_3	0.7133	1.0957	0.0057	0.2023	0.0170	0.7372	0.0502	0.3533	0.3573	0.7331
a_4	0.0221	0.1137	0.0082	0.1209	0.0161	0.9840	0.0169	0.2779	0.2241	1.3431
a_5	0.0325	0.2284	0.0031	0.1412	0.0000	0.5042	0.0139	0.1673	0.6637	2.0989
a_6	0.0490	0.2572	0.0068	0.0790	0.0372	0.5242	0.0315	0.5018	0.1123	0.8574
a_7	0.3735	0.7036	0.0001	0.1881	0.0146	0.5755	0.0000	0.5691	0.0887	0.8488

■a_1 ■a_2 ■a_3 ▨a_4 ⊠a_5 ⊟a_6 ▨a_7

属性

图 4-3 方案属性值与目标参考点的距离范围

$d(\overline{x_2}, y_2)' \in [0.0128, 0.2828]$、$d(\overline{x_3}, y_3)' \in [0.0086, 0.6317]$、$d(\overline{x_4}, y_4)' \in [0.0079, 0.4995]$、$d(\overline{x_5}, y_5)' \in [0.0451, 0.5415]$。

步骤 3：计算难度等级的距离范围。

根据决策问题的背景信息，首先确定该问题所需要的难度等级数 L = 3。根据难度等级数 L 和属性值与目标参考点之间的距离范围 $d_{ij}' \in [\underline{d_{ij}}', \overline{d_{ij}}']$，建立模型（4-14）获得每一个难度等级的距离范围 $d^{(1)} \in [0, 0.2380]$、$d^{(2)} \in [0.2380, 0.5175]$、$d^{(3)} \in [0.5175, 1]$。

步骤 4：求解专家权重。

为了使目标参考点既能具有一定的激励效果，又能依靠一定的努力达到，决策者将属性值的平均难度等级设为 $d^{(1*)} = d^{(2)}$，$dis^{(2)} = 0.5175$。这样，根据极大熵原则建立模型（4-15），求解得到专家的权重为 wd = (0.1667, 0.1667, 0.1667, 0.1667, 0.1667, 0.1667)，表明每个专家的意见同样重要。

步骤 5：计算最终排序值。

据式 (4-5) 和专家权重 wd = (0.1667, 0.1667, 0.1667, 0.1667, 0.1667, 0.1667)，计算得到目标参考点为 $y_1 = (7.2439, 0.1381, 0.0198)$、$y_2 = (0.9280, 0.0933, 0.0420)$、$y_3 = (4.7772, 0.0019, 0.0007)$、$y_4 = (14.9875, 0.4196, 0.1526)$、$y_5 = (0.1974, 0.0912, 0.0337)$。

根据求解得到的目标参考点，采取式 (4-6) 计算属性值与目标参考点的实际距离并经过标准化之后得到 d'_{ij}，如图 4-4 所示。X 轴表示方案，Y 轴表示属性值与目标参考点的距离 d'_{ij}。根据步骤 3 划分的难度等级距离范围可知，当 $d'_{ij} > 0.5175$ 时，属性值 x_{ij} 属于高难度等级 $d^{(3)}$；当 $d'_{ij} > 0.2380$ 时，属性值 x_{ij} 属于中等难度等级 $d^{(2)}$；当 $d'_{ij} < 0.2380$ 时，属性值 x_{ij} 属于低难度等级 $d^{(1)}$。由图 4-4 可知，大部分属性值的难度均为 $d^{(1)}$，只有属性值 x_{31}、x_{43}、x_{55}、x_{64} 的难度为 $d^{(2)}$，没有属性值的难度为 $d^{(3)}$。在本章划定的难度等级距离范围下，大部分方案都处于低难度等级，少部分方案处于中等难度等级，没有方案处于高难度等级。

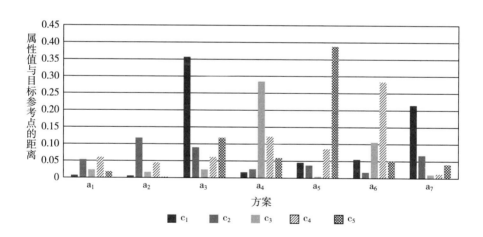

图 4-4　属性值与目标参考点的距离 (d'_{ij})

根据式 (4-16) 和式 (4-17) 计算，最终排序值 $v_1 = -0.1183$、$v_2 = -0.1380$、$v_3 = -0.3335$、$v_4 = -0.2927$、$v_5 = -0.2599$、$v_6 = -0.3083$、$v_7 = -0.1897$，方案的排序为 $a_1 > a_2 > a_7 > a_5 > a_4 > a_6 > a_3$，最优方案为方案 a_1，

最差方案为方案 a_3。观察图 4-5 可以发现，方案 a_1、方案 a_2 与目标参考点的实际距离较小，因此方案 a_1 和方案 a_2 的表现较好，实现目标参考点的难度较低。方案 a_3、方案 a_4、方案 a_5、方案 a_6 和方案 a_7 的部分属性值与目标参考点的距离较大，实现目标参考点的难度较高。

4.3.2 敏感性分析和方法比较

4.3.2.1 难度等级数 L 的敏感性分析

通常，决策者根据实际问题的需要设置难度等级数 L，从而影响难度等级距离范围的划分。在本章中，设难度等级数为 L=3，表明将现有属性值的难度分为三个等级。为了分析不同难度等级数的影响，使 L 从 L=2 变化到 L=6，观察难度等级距离范围的变化。通过求解模型（4-14）得到不同 L 值下的难度等级距离范围，如图 4-5 所示。其中，X 轴表示不同的 L 值，Y 轴表示难度等级距离范围的划分。H0 表示难度等级 $d^{(1)}$ 的下限，H1 表示难度等级 $d^{(1)}$ 的上限，H2 表示难度等级 $d^{(2)}$ 的上限，H3 表示难度等级 $d^{(3)}$ 的上限，H4 表示难度等级 $d^{(4)}$ 的上限，H5 表示难度等级 $d^{(5)}$ 的上限，H6 表示难度等级 $d^{(6)}$ 的上限。

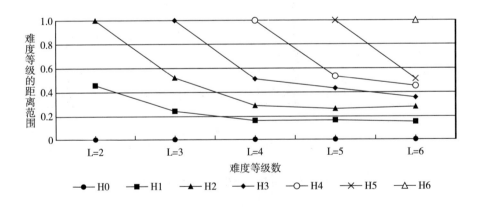

图 4-5 不同难度等级数下的难度等级距离范围的划分

随着难度等级数 L 的增加，每个难度等级的距离范围逐渐缩小；当

L=4、5、6 时，难度等级 $d^{(1)}$ 和 $d^{(2)}$ 的距离范围的差异较小。这说明，随着难度等级数 L 的增加，难度等级 $d^{(1)}$ 和 $d^{(2)}$ 距离范围的变化趋于稳定。

4.3.2.2　不同目标参考点的结果比较

考虑参考点的决策方法已有一些相关研究，但是目标参考点的应用最为广泛。在实际问题中，决策者总会设定短期目标、长期目标等。关于目标设定的理论研究也很多，侧重于目标设定原则以及目标对结果的影响（Heath 等，1999；Locke 和 Latham，1990），定量设定目标参考点的决策方法较少。由于根据模型（4-11）求解得到平均属性值与目标参考点之间距离范围下限的最大值为 $\max_j\left(\dfrac{d(\overline{x_j},\ y_j)-\min_i(d_{ij})}{\max_i(\overline{d_{ij}})-\min_i(\underline{d_{ij}})}\right)=0.2471$。为了保证模型（4-15）最优解的存在，将给定难度等级的上限 $dis^{(1*)}$ 从 $dis^{(1*)}=0.25$ 逐步增加至 $dis^{(1*)}=0.5175$，变化的步长 $\Delta dis^{(1*)}=0.02$。在计算过程中发现，当 $dis^{(1*)}\in[0.40,1]$ 时，专家权重均为 wd = (0.1667, 0.1667, 0.1667, 0.1667, 0.1667, 0.1667)。因此，这里只考虑 $dis^{(1*)}\in[0.25,0.40]$ 间的变化结果。根据模型（4-15）求解得到专家权重，采用式（4-5）求解目标参考点如表4-3所示。

表4-3　不同难度等级下的目标参考点的变化

$dis^{(1*)}$	c_1	c_2	c_3	c_4	c_5
0.25	(7.2766, 0.1473, 0299)	(0.9723, 0.0684, 0.0353)	(4.7586, 0.0016, 0.0008)	(15.1810, 0.3982, 0.1509)	(0.2339, 0.1117, 0.0403)
0.27	(7.2471, 0.1488, 0.0279)	(0.9604, 0.0801, 0.0385)	(4.7475, 0.0018, 0.0008)	(15.1040, 0.4120, 0.1546)	(0.2238, 0.1091, 0.0399)
0.29	(7.2369, 0.1478, 0.0263)	(0.9522, 0.0851, 0.0399)	(4.7475, 0.0018, 0.0008)	(15.0632, 0.4175, 0.1556)	(0.2170, 0.1060, 0.0390)

续表

$dis^{(1*)}$	c_1	c_2	c_3	c_4	c_5
0.31	(7.2330, 0.1462, 0.0248)	(0.9456, 0.0882, 0.0407)	(4.7510, 0.0019, 0.0008)	(15.0358, 0.4204, 0.1557)	(0.2116, 0.1029, 0.0380)
0.33	(7.2326, 0.1444, 0.0234)	(0.9402, 0.0903, 0.0413)	(4.7561, 0.0019, 0.0007)	(15.0164, 0.4217, 0.1554)	(0.2072, 0.1000, 0.0370)
0.35	(7.2345, 0.1425, 0.0222)	(0.9356, 0.0918, 0.0417)	(4.7621, 0.0019, 0.0007)	(15.0027, 0.4220, 0.1548)	(0.2034, 0.0972, 0.0359)
0.37	(7.2380, 0.1405, 0.0210)	(0.9318, 0.0927, 0.0419)	(4.7687, 0.0019, 0.0007)	(14.9935, 0.4214, 0.1540)	(0.2003, 0.0944, 0.0349)
0.39	(7.2429, 0.1384, 0.0200)	(0.9285, 0.0932, 0.0420)	(4.7760, 0.0019, 0.0007)	(14.9881, 0.4199, 0.1529)	(0.1977, 0.0917, 0.0339)
0.40	(7.2439, 0.1381, 0.0198)	(0.9280, 0.0933, 0.0420)	(4.7772, 0.0019, 0.0007)	(14.9975, 0.4196, 0.1526)	(0.1974, 0.0912, 0.0337)

由表4-3可知,随着难度的变化,目标参考点的值也会不断发生变化。①随着目标参考点难度的增加,属性c_1和属性c_3下的目标参考点先减小后增加。②随着目标参考点难度的增加,属性c_2、属性c_4和属性c_5下的目标参考点逐渐减少。这是由于不同属性下的专家参考点具有较大的差异,实施难度各不相同。随着给定难度水平的变化,属性权重随之发生变化,从而导致了不同属性下的目标参考点变化趋势不一致。因此,随着给定难度水平的增加,目标参考点并不一定增加。

随着目标参考点难度的变化,方案最终排序值的变化如图4-6所示。X轴表示给定的难度等级,Y轴表示方案最终排序值,$a_1 \sim a_7$表示方案。通过观察图4-6发现:①当$dis^{(1*)} \in [0.33, 0.4]$时,方案的排序为$a_1>a_2>a_7>a_5>a_4>a_6>a_3$。②当$dis^{(1*)} = 0.31$时,方案的排序为$a_1>a_2>a_7>a_5>a_3>a_6>a_4$。③当$dis^{(1*)} \in [0.25, 0.29]$时,方案的排序为$a_1>a_7>a_2>a_5>a_3>a_6>a_4$。

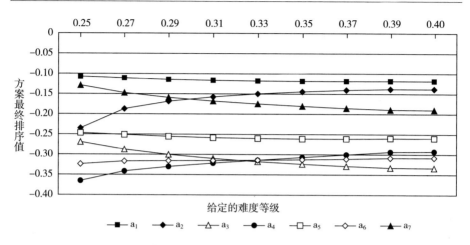

图 4-6　目标参考点的难度对方案排序的影响

这说明随着目标参考点难度的变化，方案排序也随之变化。随着目标难度的变化，最优方案始终是方案 a_1；当 $dis^{(1*)} \in [0.25, 0.31]$ 时，最差方案为方案 a_4；当 $dis^{(1*)} \in [0.33, 0.4]$ 时，最差方案为方案 a_3。

4.4　本章小结

本章在双重云模型信息决策环境下，研究考虑难度等级和多参考点优化的目标参考点设置方法。首先，从充分利用云模型三个数字参数的角度出发，根据相对熵的定义提出云模型的距离公式，通过建立优化模型求解属性值与目标参考点之间的距离范围。其次，根据属性值与目标参考点的距离范围及给定的难度等级数，建立优化模型划分难度等级所属的距离范围。最后，在考虑平均属性值的难度水平满足给定难度等级的条件下，提出一种极大熵模型来获得专家权重，从而计算基于多个专家参考点的目标参考点，根据前景理论的方法计算最终排序值。本章的数值分析表明，给定的难度等级数越多，难度等级的划分越细致，更能够体现不同属性值的实施难度水平。在实际决策过程中，决策者可以根据实际情况选择适当数量的难度等级数。给定难度等级的变化会对方案的排序产生一定的影响，而目标参考点的设置是为了激励方案更加努力工作。通过当前的绩效与目标参考点的差距，激励被评估对象调整努力程度和努力方向。

在本章的方法设计上：首先，基于相对熵的云模型距离既能够充分利用三个数字参数，又能够实现参数之间的两两比较。其次，考虑属性值与目标参考点之间的距离范围，能够充分利用双重信息之间的差距划分难度等级的范围。最后，考虑给定的难度等级，根据极大熵模型获得专家权重，使决策者能够灵活地根据难度水平来设置或调整目标参考点，从而给目标参考点的定量设置带来新方向。

第5章　考虑概率未知和发展参考点的双重云模型多阶段决策方法

多阶段决策方法通常被描述为基于多阶段决策信息的方案排序过程或最佳方案的选择过程。多阶段决策方法是处理决策问题中的动态性和不确定性的有效工具。这类问题在现实生活中普遍存在，如应急决策问题、最优投资问题和新产品评价问题等。由于环境动态发展性和风险未知性的影响，多阶段决策问题中呈现以下几个值得关注的特征：①由于非可控的自然因素和人为因素的影响，存在多种可能的自然状态。实际上，这些自然状态的概率信息很难通过评估或测度获得，这将导致决策问题中存在一定不确定性。②由于受复杂决策环境中的风险性和不确定性影响，决策者具有参照依赖的行为特征，往往根据方案与参考点比较获得的收益或损失进行决策。③由于决策环境的动态变化性，决策者不仅需要关注系统的整体发展水平，还要关注系统在不同阶段的发展水平。由此可知，决策信息的不确定性、决策环境的复杂性和时间的推移增加了多阶段决策问题的决策压力。

根据文献分析发现，考虑参考点的多阶段云模型决策问题，仍然存在不少挑战。①由于多阶段决策环境的不确定性和风险性影响，从考虑决策者行为和阶段发展的角度出发，设置一定的参考点来评估方案的发展情况，对于解决这类复杂的决策问题是十分有必要的，而这类研究较为少见。②在多阶段决策环境中，概率信息难以获得。在概率信息未知的情况下，如何根据多个自然状态下方案值之间的关系进行决策是值得考虑的问题。③在概率信息未知的多阶段决策问题中，如何集结多阶段和多状态下的决策信息是值得深入发掘的研究问题。

在上述挑战的推动下，本章提出考虑概率未知和发展参考点的双重云模型多阶段决策方法。首先，从考虑决策者行为特征和方案发展速度的角度出发，在云模型决策环境中提出设置发展参考点的方法。其次，从最大化排序一致性的角度出发，在概率未知的情景下基于扩展的 LINMAP 的思想建立属性权重优化模型。再次，从最大限度减小决策损失的角度出发，在概率未知的情景下基于相对熵最小化原则建立阶段权重优化模型。最后，考虑最大收益值和最小遗憾值，计算折中排序值对方案进行排序和择优。

5.1　基本定义及问题描述

5.1.1　基本定义

定义 5.1：设 $\mathrm{wt_m}(m=1,~2,~\cdots,~M)$ 为阶段权重，且 $\mathrm{wt_m} \in [0,~1]$，$\sum\limits_{m=1}^{M}\mathrm{wt_m} = 1$，则称阶段权重 $\mathrm{wt_m}$ 的 Orness 测度为（Yager，1988）：

$$\mathrm{Orness(wt_m)} = \omega = \frac{1}{M-1}\sum_{m=1}^{M}(M-m)\mathrm{wt_m} \tag{5-1}$$

在多阶段决策过程中，Orness 测度 $\omega \in [0,~1]$ 表示决策者对近期数据和远期数据的偏好程度（Yager，1988）。在实际应用过程中，Orness 测度值 ω 由决策者根据问题背景和偏好给出。当 ω 越接近 0 时，说明决策者越偏好近期数据；当 ω 越接近 1 时，说明决策者越偏好远期数据；当 $\omega = 0.5$ 时，说明决策者对近期数据和远期数据同样看重。

5.1.2　问题描述

本章旨在解决概率未知下的双重云模型多阶段决策问题，以新产品评估问题为例说明本章的决策问题。在新产品开发过程中，厂商往往会设计多个产品进行开发，并通过新产品评估选择最优质的产品投入市场。由于产品开发周期长，往往存在多个决策阶段。由于市场的不确定性影响，往往存在多个不同的自然状态，每个状态出现的概率提前获知。因此，新产品评估问题是一个概率未知的多阶段决策问题，数学描述如下：

由于不确定性的影响，在决策问题中存在 N 个可能的自然状态，每个状态出现的概率未知。由于动态性的影响，该决策问题存在 M 个决策阶段，每个阶段、每个状态下的决策数据均存在差异。设决策方案集合为 $A = \{a_1, a_2, \cdots, a_I\}$，决策属性集合为 $C = \{c_1, c_2, \cdots, c_J\}$。设第 m 阶段的属性权重为 $WC(m) = (wc_1(m), wc_2(m), \cdots, wc_J(m))$，其中 $wc_j(m)$ 表示第 m 阶段属性 c_j 的重要程度，满足 $wc_j(m) \in (0, 1)$，$\sum_{j=1}^{J} wc_j(m) = 1$。设阶段权重为 $WT = (wt_1, wt_2, \cdots, wt_M)$，其中，$wt_m$ 表示第 m 阶段的重要程度，满足 $wt_m \in (0, 1)$，$\sum_{m=1}^{M} wt_m = 1$。设第 m 阶段第 n 个状态下的评估信息为 $X(mn) = (x_{ij}(mn))_{I \times J}$（见表 5-1），其中 $x_{ij}(mn) = (Ex_{ij}(mn), En_{ij}(mn), He_{ij}(mn))$ 是一个云模型，表示第 m 阶段第 n 个状态下方案 a_i 在属性 c_j 下的属性值。

表 5-1 多阶段决策问题的评估信息表

阶段	方案	c_1				$\cdots$	c_J			
		状态 1	状态 2	$\cdots$	状态 N	$\cdots$	状态 1	状态 2	$\cdots$	状态 N
阶段 1	a_1	$x_{11}(11)$	$x_{11}(12)$	$\cdots$	$x_{11}(1N)$		$x_{1J}(11)$	$x_{1J}(12)$	$\cdots$	$x_{1J}(1N)$
	a_2	$x_{21}(11)$	$x_{21}(12)$	$\cdots$	$x_{21}(1N)$		$x_{2J}(11)$	$x_{2J}(12)$		$x_{2J}(1N)$
	$\cdots$	$\cdots$	$\cdots$	$\cdots$	$\cdots$		$\cdots$	$\cdots$		$\cdots$
	a_I	$x_{I1}(11)$	$x_{I1}(12)$	$\cdots$	$x_{I1}(1N)$		$x_{IJ}(11)$	$x_{IJ}(12)$		$x_{IJ}(1N)$
$\cdots$	$\cdots$	$\cdots$	$\cdots$	$\cdots$	$\cdots$		$\cdots$	$\cdots$		$\cdots$
阶段 M	a_1	$x_{11}(M1)$	$x_{11}(M2)$	$\cdots$	$x_{11}(MN)$		$x_{1J}(M1)$	$x_{1J}(M2)$		$x_{1J}(MN)$
	a_2	$x_{21}(M1)$	$x_{21}(M2)$	$\cdots$	$x_{21}(MN)$		$x_{2J}(M1)$	$x_{2J}(M2)$		$x_{2J}(MN)$
	$\cdots$	$\cdots$	$\cdots$	$\cdots$	$\cdots$		$\cdots$	$\cdots$		$\cdots$
	a_I	$x_{I1}(M1)$	$x_{I1}(M2)$	$\cdots$	$x_{I1}(MN)$		$x_{IJ}(M1)$	$x_{IJ}(M2)$	$\cdots$	$x_{IJ}(MN)$

本章问题的难度在于：在云模型决策环境中，如何根据需求设置多阶段的发展参考点；在概率未知的情景下，如何求解属性权重和阶段权重；在概率未知情境下，如何对多属性、多状态和多阶段的评估信息设置合理的集结方法。

5.2   主要方法与结果

5.2.1   基于多阶段平均发展速度的发展参考点设置方法

在多阶段决策问题中往往包含风险决策信息，考虑参照依赖的行为特征可以得到满意的结果（Kahneman 和 Tversky，1979）。根据前景理论的决策框架，决策者往往将方案价值与给定参考点进行比较，得出方案的收益和损失（Tversky 和 Kahneman，1992），用于辅助决策。因此，不同的参考点将直接影响决策结果，应用前景理论的关键是选择合适的参考点。参考点选择不当会带来一些不良后果，可能导致决策失误甚至是错误结果。

在现实生活中，决策者往往会设置一定的参考点辅助决策。例如，在制订阶段目标和计划时，公司高层管理人员认为公司应该朝着更大规模和更好的绩效方向发展。如果根据现有发展水平制定较低的参考点，可能不会激发公司的发展动力，公司也可能因为激烈的市场竞争而被淘汰。因此，在制定多个阶段的目标时，常常设置较高水平的参考点。这样能够保证公司朝着既定目标、以较高的发展速度持续前进。

考虑以上想法，本章提出设置发展参考点辅助多阶段决策。发展参考点是一定时期内的评价标准或目标，可以保持项目的活力而不被竞争所淘汰。在现实生活中，决策者通常会根据实际情况和经验来确定发展参考点。如果没有经过细致的论证和分析，采用"拍脑袋"等直观判断法来设置发展参考点，通常缺乏科学性和客观性，从而导致决策偏差甚至决策错误。

在多阶段决策问题中，发展速度往往反映方案发展的方向和程度。如果后一阶段的发展速度大于前一阶段的发展速度，说明被评估对象的发展方向是增长的；如果后一阶段的发展速度快于前一阶段的发展速度则反映了被评估对象的发展程度。因此，根据多阶段发展速度设置发展参考点，不仅能够测度被评估对象的发展方向和程度，还能够引导被评估对象朝着参考点的方向努力。

在本章中，依据信息为多阶段的评估信息 $X(mn) = (x_{ij}(mn))_{I \times J}$，偏好信息为发展参考点。设第 m 阶段第 n 个状态的发展参考点表示为 $X^{(r)}(mn) = (x_1^{(r)}(mn), x_2^{(r)}(mn), \cdots, x_j^{(r)}(mn))$。

定义 5.2：设 $x_{ij}(1n)$ 和 $x_{ij}(Mn)$ 分别为第 1 阶段和第 M 阶段的方案属性值，在属性 c_j 下多个阶段的平均发展速度定义为：

$$\bar{\tau}_j = \sqrt[M-1]{\frac{\sum_{i=1}^{I} x_{ij}(Mn)}{\sum_{i=1}^{I} x_{ij}(1n)}} \qquad (5-2)$$

平均发展速度 $\bar{\tau}_j$ 表示方案在多个阶段的平均发展速度。从平均发展速度的角度来说，如果 $\bar{\tau}_j > 1$，表明多阶段方案属性值是逐渐增长的；如果 $\bar{\tau}_j = 1$，表明多阶段方案属性值是不增不减的；如果 $\bar{\tau}_j < 1$，表明多阶段方案属性值是减小的。

定义 5.3：第 m 阶段第 n 个状态，在属性 c_j 下的发展参考点定义为：

$$x_j^{(r)}(mn) = \bar{\tau}_j \times \frac{1}{I} \sum_{i=1}^{I} x_{ij}(mn) = (Ex_j^{(r)}(mn), En_j^{(r)}(mn), He_j^{(r)}(mn))$$

$$(5-3)$$

发展参考点表示在多阶段平均发展速度下的平均发展水平。如果方案的表现优于发展参考点，则表明其发展速度快于平均发展速度，说明该方案的努力程度高于平均水平；如果方案的表现劣于发展参考点，则表明其发展速度慢于平均发展速度，说明该方案的努力程度低于平均水平。

结合第 4 章的云模型距离公式和前景理论公式，可以求解得到发展参考点下的方案价值。根据式（5-2）和式（5-3）求解得到发展参考点，根据第 4 章的云模型距离公式（4-6）计算属性值与发展参考点的距离 d_{ij}（mn），根据第 4 章的改进前景理论公式（4-16）计算第 m 阶段第 n 个状态在属性 c_j 下的方案前景价值为 $v_{ij}(mn)$。由于属性的单位不同，将 $v_{ij}(mn)$ 进行标准化，为了简便表达，标准化后的数学符号保持不变，可以得到 $v_{ij}(mn) \in [0, 1]$。

5.2.2 概率未知情景下考虑方案排序一致性最大化的属性权重优化模型

求解属性权重的方法有很多，如层次分析 AHP 法（Ho 和 Ma，2018）、极大熵方法（钱吴永和董扬兵，2019）、LINMAP 方法（Srinivasan 和 Shocker，1973）等。在现有方法的设计中，考虑了属性权重的特征和决策者的意见。现有方法主要针对没有风险的决策问题或状态概率已知的决策问题，无法适用概率信息未知的不确定决策环境。

由于决策环境的不确定性和信息的不完全性，自然状态的概率难以通过统计或经验获得，则决策者难以根据期望收益做出决策。在只有一个状态的决策问题中，最大化方案之间的偏差（Zhu 和 Hipel，2012）和最大化属性权重的熵（钱吴永和董扬兵，2019）通常用于设定目标函数。在概率已知的决策问题中（郝晶晶等，2015），可以计算期望值之后再使用上述原理。然而，现有方法很难解决概率信息未知的决策问题。

在概率信息未知的情况下，方案排序一致性对决策具有很大影响，如图 5-1 所示。

图 5-1 表示两种情况下的方案排序情况，其中情况 1 的排序较为一致，情况 2 的排序较为不一致。从图 5-1 可以观察到，在不同的自然状态下，情况 1 的方案排序一致性大于情况 2 的方案排序一致性。因此，根据情况 1 的方案排序更容易做出决策。根据上述分析可知，在概率未知的情况下，如果不同自然状态的排序结果一致，那么决策者就更容易做出科学决策。

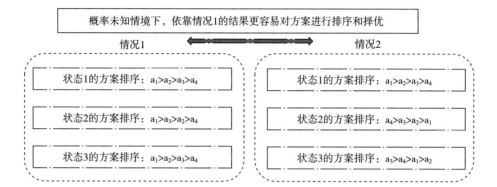

图 5-1 概率信息未知情况下方案排序一致性对决策的影响

Srinivasan 和 Shocker（1973）首次提出 Linear Programming Techniques for Multidimensional Analysis of Preferences（以下简称 LINMAP），被拓展到犹豫模糊集（Liao 等，2018b）、语言信息（Liu Y Z 等，2016）、区间二型模糊集（Qin 等，2017b）等决策信息中，并运用到多属性决策和群决策领域。LINMAP 是根据决策者对方案的偏好序，根据方案之间的成对比较，产生与方案的偏好序的一致性差距最小的最优方案。在本章中，利用 LIN-MAP 的思想构造不同状态下方案排序的一致性和非一致性，可以在没有给定方案偏好序的情况下实现方案之间的两两比较。根据这个思想，本章构造不同状态下的方案排序一致性，根据排序一致性最大化的思想求解属性权重。在概率未知的决策问题中，这种思想可以减少不同状态下的方案排序冲突。

设第 m 阶段第 n 个状态下属性 c_j 的前景价值为 $v_{ij}(mn)$，那么第 m 阶段第 n 个状态下方案 a_i 的价值可以求解得到

$$v_i(mn) = \sum_{j=1}^{J} wc_j(m) v_{ij}(mn) \tag{5-4}$$

根据 LINMAP 思想，方案对（k，l）是有序的，表示方案 a_k 优于方案 a_l。方案对（k，l）的一致性表示方案 a_k 优于方案 a_l 的程度；方案对（k，l）的非一致性表示方案 a_l 优于方案 a_k 的程度。

定义 5.4：第 m 阶段第 n 个状态下，方案对（k，l）的一致性和非一致性定义为：

$$CS_{kl}(mn) = \max\{0, v_k(mn) - v_l(mn)\} \qquad (5-5)$$

$$ICS_{kl}(mn) = \max\{0, v_l(mn) - v_k(mn)\} \qquad (5-6)$$

其中，$CS_{kl}(mn) = ICS_{lk}(mn)$。进行两两比较的方案对的总数为 I^2，去掉 $k = \ell$ 的情况后，方案对的总数为 $I(I-1)$。由于 $CS_{kl}(mn) = ICS_{lk}(mn)$，为了防止重复比较，仅考虑 $\ell > k$ 的情况，方案对的总数为 $I(I-1)/2$。

定义 5.5：第 m 阶段所有状态下，方案对（k，l）（l>k）总的排序一致性定义为：

$$\Delta R_{kl}(m) = \sum_{n=1}^{N}(CS_{kl}(mn) - ICS_{kl}(mn)) \qquad (5-7)$$

根据式（5-5）至式（5-7）可知，$CS_{kl}(mn) \geqslant 0$，$ICS_{kl}(mn) \geqslant 0$。当 $\Delta R_{kl}(m) > 0$ 时，说明方案 a_k 优于方案 a_l，$\Delta R_{kl}(m)$ 的值越大，表明方案 a_k 优于方案 a_l 的程度越大；当 $\Delta R_{kl}(m) < 0$ 时，说明方案 a_l 优于方案 a_k，$\Delta R_{kl}(m)$ 的值越小，表明方案 a_l 优于方案 a_k 的程度越大。这两种情况表明，$(\Delta R_{kl}(m))^2$ 的值越大，方案对（k，l）或方案对（l，k）的排序一致性越好。

为了提高不同自然状态下方案的排序一致性，建立属性权重优化模型（5-8）时考虑：

第一，根据定义 5.5，从提高方案排序一致性的角度出发，将模型（5-8）的目标函数设为总的排序一致性 $\sum_{k=1, l>k}^{I}(\Delta R_{kl}(m))^2$ 最大化。

第二，根据实际问题，决策者往往给出属性权重的先验信息集合 H_1，表达为五种形式（Li，2011；Xu 和 Chen，2007）。属性权重必须满足先验信息集合，即 $wc_j(m) \in H_1$。

第三，考虑到属性权重的差异性和充分利用信息的原则，根据极大熵原理将属性权重的熵设置在一定范围内，即 $-\sum_{j=1}^{J} wc_j(m) \log_2(wc_j(m)) \in [\rho_1 \log_2(J), \rho_2 \log_2(J)]$，$\log_2(J)$ 表示属性权重熵的最大值。属性权重的熵越大，说明越能够充分利用决策信息；属性权重的熵越小，说明属性权重的差异越大。

根据上述三个原则，建立模型（5-8）求解属性权重。

$$
\max f_1(wc_j(m)) = \sum_{\substack{k=1 \\ l>k}}^{I} \left(\begin{array}{l} \sum_{n=1}^{N} \max\left\{0, \ \sum_{j=1}^{J} wc_j(m)(v_{kj}(mn) - v_{lj}(mn))\right\} \\ - \sum_{n=1}^{N} \max\left\{0, \ \sum_{j=1}^{J} wc_j(m)(v_{lj}(mn) - v_{kj}(mn))\right\} \end{array} \right)^2
$$

$$
s.t. \begin{cases} \sum_{j=1}^{J} wc_j(m) = 1 \\ wc_j(m) \in (0, 1) \\ wc_j(m) \in H_1 \\ - \sum_{j=1}^{J} wc_j(m) \log_2(wc_j(m)) \in [\rho_1 \log_2(J), \ \rho_2 \log_2(J)] \end{cases} \tag{5-8}
$$

在模型（5-8）中，目标函数表示所有方案对的总排序一致性最大化。约束条件分别为：属性权重之和等于 1；属性权重处于（0，1）的区间范围内；属性权重满足先验信息集合 H_1；属性权重的熵被设置在给定范围内。ρ_2 的值越大，表明对决策信息的利用程度越高；ρ_1 的值越小，表明属性权重之间的差异越大。

由于模型（5-8）的目标函数含有最大值函数，在求解时可以转化为模型（5-9）。设 $z_{kl}(mn) = \max\left\{0, \ \sum_{j=1}^{J} wc_j(m)(v_{kj}(mn) - v_{lj}(mn))\right\}$，

$z_{lk}(mn) = \max\left\{0, \ \sum_{j=1}^{J} wc_j(m)(v_{lj}(mn) - v_{kj}(mn))\right\}$。模型（5-8）的目

标函数转化为 $f(wc_j(m), z_{kl}(mn), z_{lk}(mn)) = \sum_{\substack{k=1 \\ l>k}}^{I} \left(\sum_{n=1}^{N} (z_{kl}(mn) - z_{lk}(mn)) \right)^2$。

$$
\max f(wc_j(m), z_{kl}(mn), z_{lk}(mn)) = \sum_{\substack{k=1 \\ l>k}}^{I} \left(\sum_{n=1}^{N} (z_{kl}(mn) - z_{lk}(mn)) \right)^2
$$

$$
\text{s. t.}
\begin{cases}
z_{kl}(mn) = \begin{cases} 0, & \displaystyle\sum_{j=1}^{J} wc_j(m)(v_{kj}(mn) - v_{lj}(mn)) \leqslant 0 \\[2mm] \displaystyle\sum_{j=1}^{J} wc_j(m)(v_{kj}(mn) - v_{lj}(mn)), & \text{otherwise} \end{cases} \\[10mm]
z_{lk}(mn) = \begin{cases} 0, & \displaystyle\sum_{j=1}^{J} wc_j(m)(v_{lj}(mn) - v_{kj}(mn)) \leqslant 0 \\[2mm] \displaystyle\sum_{j=1}^{J} wc_j(m)(v_{lj}(mn) - v_{kj}(mn)), & \text{otherwise} \end{cases} \\[10mm]
\displaystyle\sum_{j=1}^{J} wc_j(m) = 1 \\[4mm]
wc_j(m) \in (0, 1) \\[2mm]
wc_j(m) \in H_1 \\[2mm]
-\displaystyle\sum_{j=1}^{J} wc_j(m)\log_2(wc_j(m)) \in [\rho_1\log_2(J), \rho_2\log_2(J)]
\end{cases}
$$

$$(5-9)$$

根据上述转换方法得到模型（5-9），目标函数不含最大值函数，计算相对简单。通过求解模型（5-9）得到第 m 阶段的属性权重 $wc_j(m)$。模型（5-8）和模型（5-9）均是非线性规划模型，保证可行域非空且有界的关键在于最后一个约束条件，如果属性权重的熵设置得不合理，可能导致两个模型无可行解。

在模型（5-8）和模型（5-9）中，参数 ρ_1、ρ_2 的设置有助于决策者控制信息的利用程度和属性权重的差异性。在实际决策过程中，决策者很难通过直接判断得到 ρ_1、ρ_2 的准确数值。在先验信息条件下，$\rho_1\log_2(J)$ 表示属性权重的最小熵，$\rho_2\log_2(J)$ 表示属性权重的最大熵。因此，根据属性权重的先验信息，建立模型（5-10）求解参数 ρ_1 的最小值和参数 ρ_2 的最大值，为设置参数 ρ_1、ρ_2 提供参考。

$$\max/\min f_2(wc_j(m)) = -\sum_{j=1}^{J} wc_j(m)\log_2(wc_j(m))$$

$$\text{s. t.} \begin{cases} \sum_{j=1}^{J} wc_j(m) = 1 \\ wc_j(m) \in (0, 1) \\ wc_j(m) \in H_1 \end{cases} \tag{5-10}$$

在模型（5-10）中，目标函数表示对属性权重的熵求解最大值或者最小值，约束条件的意义与模型（5-8）一样。由此可得，$\overline{\rho_2} = \max f_2(wc_j(m))/\log_2(J)$，$\underline{\rho_1} = \min f_2(wc_j(m))/\log_2(J)$。考虑决策信息的利用程度和属性权重的差异性，决策者可以根据实际情况设置 $-\sum_{j=1}^{J} wc_j(m)\log_2(wc_j(m)) \in [\rho_1\log_2(J), \rho_2\log_2(J)]$，$\underline{\rho_1} \leqslant \rho_1 < \rho_2 \leqslant \overline{\rho_2}$。

定理 5.1：如果可行域非空且有界，模型（5-10）一定存在最优解。

证明：根据模型（5-10）的约束条件可知，一定存在一组属性权重满足前两个约束条件。第三个约束条件表示属性权重满足先验信息集合，如果先验信息设置得当，那么模型（5-10）的可行域一定非空且有界。如果先验信息集合 H_1 设置得不合理，决策者应该对先验信息集合进行适度调整，使得先验信息集合不与前两个约束条件冲突，保证模型（5-10）的可行域非空且有界。根据非线性规划最优解存在定理（Winston 和 Goldberg，2004），模型（5-10）一定存在最优解（定理 5.1 得证）。

定理 5.2：如果模型（5-10）有最优解，且满足 $\underline{\rho_1} \leqslant \rho_1 < \rho_2 \leqslant \overline{\rho_2}$，那么模型（5-8）一定存在最优解。

证明：根据模型（5-10）可以求解得到 $\underline{\rho_1}$ 和 $\overline{\rho_2}$。在设置参数 ρ_1、ρ_2 时，如果满足 $\underline{\rho_1} \leqslant \rho_1 < \rho_2 \leqslant \overline{\rho_2}$，根据定理 5.1 可知，模型（5-8）的可行域一定是非空且有界的。由于模型（5-8）是单目标非线性规划问题，根据非线性规划最优解存在定理（Winston 和 Goldberg，2004）可知，模型（5-8）一定存在最优解（定理 5.2 得证）。

在概率未知的决策问题中，不同状态下的方案排序一致性越大，决策者越容易做出科学决策。从排序一致性最大化的角度出发，基于 LINMAP 思想建立属性权重优化模型。在约束条件中，属性权重需满足先验信息集合；属性权重的熵被设置在一定的范围内，能够保证决策信息得到充分利用，并使属性权重之间具有一定的差异性。

5.2.3　概率未知情景下考虑损失最小化的阶段权重优化模型

在实际决策过程中，不同自然状态的概率是很难预测的。在概率信息未知的情境下，根据决策者的偏好往往存在多种决策原则（Morgan 等，1992）：乐观主义准则（OP）、悲观主义准则（PP）、最小后悔值准则（MRP）等。

例 5.1：在决策问题中，存在三个决策方案（a_1，a_2，a_3）。由于不确定性的影响，在决策问题中可能存在三个自然状态（s_1，s_2，s_3），每个状态在实际中出现的概率是未知的。每个方案在每种状态下的决策数据（效益型）如表 5-2 所示，根据这些数据选择最优方案。

表 5-2　不确定决策的例子

方案	s_1	s_2	s_3
a_1	40	15	20
a_2	20	15	40
a_3	40	20	20

根据不同的决策准则得到：①根据乐观主义准则得到方案的价值分别为 $v(a_1)_{OP}=40$，$v(a_2)_{OP}=40$，$v(a_3)_{OP}=40$。②根据悲观主义准则得到方案的价值分别为 $v(a_1)_{PP}=15$，$v(a_2)_{PP}=15$，$v(a_3)_{PP}=20$。③根据最小后悔值准则得到方案的价值分别为 $v(a_1)_{MRP}=0$，$v(a_1)_{MRP}=0$，$v(a_2)_{MRP}=-20$。

由此发现：根据乐观主义准则和最小后悔值准则很难判断出最优方案；根据悲观主义准则能够得到最优方案，但是除了最优方案外的两个方案的优劣难以区分。这是由于使用这些决策准则时，没有实现自然状态之间或方案之间的充分比较。

根据定义 4.4 可知，相对熵可以实现两组数据之间的两两比较，因此将相对熵拓展到比较不同方案之间的差异。根据相对熵的定义（Cover 和 Thomas，1992），D（p‖q）表示用可能分布 q(i) 拟合实际分布 p(i) 的损失。这些损失往往可能导致信息失真，甚至为虚假信息。在实际决策过程中，往往希望信息缺失带来的损失越小越好，这就意味着 D（p‖q）越小越好。如果真实的自然状态是 s_{nr}（以下简称真实状态），但决策者根据错误的自然状态 s_{ne}（以下简称错误状态）做出决定，则可能导致损失。因此，采用相对熵描述这种使用错误状态来拟合真实状态造成的损失。

　　定义 5.6：设在真实状态 s_{nr} 和错误状态 s_{ne} 下，第 m 阶段的方案价值分别为 $v_i(mnr)$ 和 $v_i(mne)$。当使用 s_{ne} 的数据拟合 s_{nr} 时，由于决策失误造成的损失定义为 D(mn)：

$$D(mn) = \sum_{i=1}^{I} \frac{v_i(mnr)}{\sum_{i=1}^{I} v_i(mnr)} \log_2 \frac{\dfrac{v_i(mnr)}{\sum_{i=1}^{I} v_i(mnr)}}{\dfrac{v_i(mne)}{\sum_{i=1}^{I} v_i(mne)}} \tag{5-11}$$

　　根据相对熵的定义，有 $\sum_i p(i) = 1$，$\sum_i q(i) = 1$。为满足这个条件，设置 $\dfrac{v_i(mnr)}{\sum_{i=1}^{I} v_i(mnr)}$ 和 $\dfrac{v_i(mne)}{\sum_{i=1}^{I} v_i(mne)}$，可以得到 $\sum_{i=1}^{I} \dfrac{v_i(mnr)}{\sum_{i=1}^{I} v_i(mnr)} = 1$ 和 $\sum_{i=1}^{I} \dfrac{v_i(mne)}{\sum_{i=1}^{I} v_i(mne)} = 1$。

　　在概率未知的决策问题中，未来出现何种状态是不确定的，也不能确定真实状态和失误状态。因此，将 N 个状态进行两两比较，获得概率未知情境下，决策失误可能造成的总损失。

　　定义 5.7：设存在 M 个阶段和 N 个状态，总的损失表示为 D：

$$D = \sum_{\substack{n1=1 \\ n2>n1}}^{N} \sum_{i=1}^{I} \left(\frac{\sum_{m=1}^{M} wt_m \times v_i(mn1)}{\sum_{i=1}^{I}\sum_{m=1}^{M} wt_m \times v_i(mn1)} \log_2 \frac{\frac{\sum_{m=1}^{M} wt_m \times v_i(mn1)}{\sum_{i=1}^{I}\sum_{m=1}^{M} wt_m \times v_i(mn1)}}{\frac{\sum_{m=1}^{M} wt_m \times v_i(mn2)}{\sum_{i=1}^{I}\sum_{m=1}^{M} wt_m \times v_i(mn2)}} + \frac{\sum_{m=1}^{M} wt_m \times v_i(mn2)}{\sum_{i=1}^{I}\sum_{m=1}^{M} wt_m \times v_i(mn2)} \log_2 \frac{\frac{\sum_{m=1}^{M} wt_m \times v_i(mn2)}{\sum_{i=1}^{I}\sum_{m=1}^{M} wt_m \times v_i(mn2)}}{\frac{\sum_{m=1}^{M} wt_m \times v_i(mn1)}{\sum_{i=1}^{I}\sum_{m=1}^{M} wt_m \times v_i(mn1)}} \right) \quad (5\text{-}12)$$

其中，$\dfrac{\sum_{m=1}^{M} wt_m \times v_i(mn1)}{\sum_{i=1}^{I}\sum_{m=1}^{M} wt_m \times v_i(mn1)} \log_2 \dfrac{\frac{\sum_{m=1}^{M} wt_m \times v_i(mn1)}{\sum_{i=1}^{I}\sum_{m=1}^{M} wt_m \times v_i(mn1)}}{\frac{\sum_{m=1}^{M} wt_m \times v_i(mn2)}{\sum_{i=1}^{I}\sum_{m=1}^{M} wt_m \times v_i(mn2)}}$ 表示用状态 n2 的

数据拟合状态 n1 的损失，$\dfrac{\sum_{m=1}^{M} wt_m \times v_i(mn2)}{\sum_{i=1}^{I}\sum_{m=1}^{M} wt_m \times v_i(mn2)} \log_2 \dfrac{\frac{\sum_{m=1}^{M} wt_m \times v_i(mn2)}{\sum_{i=1}^{I}\sum_{m=1}^{M} wt_m \times v_i(mn2)}}{\frac{\sum_{m=1}^{M} wt_m \times v_i(mn1)}{\sum_{i=1}^{I}\sum_{m=1}^{M} wt_m \times v_i(mn1)}}$ 表

示用状态 n1 的数据拟合状态 n2 的损失，D(m) 表示多状态两两比较的总损失。由于 $v_{ij}(mn) \in [0, 1]$，那么 $\sum\limits_{i=1}^{I} \sum\limits_{m=1}^{M} wt_m \times v_i(mn) > 0$。

针对概率未知的多阶段决策问题，本章考虑以下原则建立阶段权重优化模型（5-13）：

第一，考虑概率未知的决策情境，采用定义 5.7 计算多个状态下的总损失 D。根据损失最小化原则，构建相对熵最小化的目标函数。相对熵越低，因决策失误造成的损失越小。

第二，考虑到决策者对近期数据和远期数据的偏好，采用 Orness 测度（郝晶晶等，2015）$\omega \in [0, 1]$ 来描述阶段权重，一般由决策者给出 ω 值。ω 值越接近 0，说明决策者对近期数据越重视；Orness 测度 ω 值越接近 1，说明决策者对远期数据越重视。

第三，阶段权重应满足先验信息集合 $wt_m \in H_2$，可以表达为五种结构（Li，2011；Xu 和 Chen，2007）。

$$\min f(wt_m) = \sum_{\substack{n1=1 \\ n2>n1}}^{N} \sum_{i=1}^{I} \left(\frac{\sum\limits_{m=1}^{M} wt_m \times v_i(mn1)}{\sum\limits_{i=1}^{I} \sum\limits_{m=1}^{M} wt_m \times v_i(mn1)} \log_2 \frac{\frac{\sum\limits_{m=1}^{M} wt_m \times v_i(mn1)}{\sum\limits_{i=1}^{I} \sum\limits_{m=1}^{M} wt_m \times v_i(mn1)}}{\frac{\sum\limits_{m=1}^{M} wt_m \times v_i(mn2)}{\sum\limits_{i=1}^{I} \sum\limits_{m=1}^{M} wt_m \times v_i(mn2)}} + \right.$$

$$\left. \frac{\sum\limits_{m=1}^{M} wt_m \times v_i(mn2)}{\sum\limits_{i=1}^{I} \sum\limits_{m=1}^{M} wt_m \times v_i(mn2)} \log_2 \frac{\frac{\sum\limits_{m=1}^{M} wt_m \times v_i(mn2)}{\sum\limits_{i=1}^{I} \sum\limits_{m=1}^{M} wt_m \times v_i(mn2)}}{\frac{\sum\limits_{m=1}^{M} wt_m \times v_i(mn1)}{\sum\limits_{i=1}^{I} \sum\limits_{m=1}^{M} wt_m \times v_i(mn1)}} \right)$$

$$\text{s. t.} \begin{cases} \sum_{m=1}^{M} wt_m = 1 \\ wt_m \in (0, 1) \\ Orness(wt_m) = \omega = \dfrac{\sum_{m=1}^{M}(M-m)wt_m}{M-1} \\ wt_m \in H_2 \end{cases} \qquad (5-13)$$

在模型（5-13）中，目标函数表示在所有状态下决策失误造成的总损失最小化。约束条件分别为：阶段权重之和等于 1；阶段权重在（0, 1）的区间内；阶段权重满足 Orness 测度，ω 表示决策者对近期数据、远期数据的偏好程度；阶段权重满足先验信息集合 H_2。

定理 5.3： 如果模型（5-13）的可行域非空且有界，那么该模型一定存在最优解。

证明： 模型（5-13）的目标函数是非线性函数。由于相对熵是一个凸函数（Cover 和 Thomas，1992），目标函数 $f(wt_m)$ 是凸函数的和，因此也是一个凸函数。根据非线性规划最优解定理，如果模型（5-13）的可行域非空且有界（Winston 和 Goldberg，2004），那么该模型一定存在最优解。

在模型（5-13）中的前两个约束条件一定是可行的，即在 $wt_m \in (0, 1)$ 时，一定可以找到一组 wt_m 之和等于 1。根据 Orness 测度的条件，可知 $\omega(M-1) = \sum_{m=1}^{M}(M-m)wt_m$，那么 $\sum_{m=1}^{M}(M-m)wt_m \le M(M-1)/2$，即 $\omega(M-1) \le M(M-1)/2$。当 $M=1$ 时，说明决策问题中仅存在一个阶段，这时讨论 Orness 测度没有意义。当 $M \ge 2$ 时，可以得到 $\omega \le M/2$，由于 $0 \le \omega \le 1$，该条件一定是成立的。因此，模型（5-13）的前三个约束条件一定可以形成非空且有界的可行域。

第四个约束条件表示阶段权重 wt_m 满足先验信息集合 H_2，如果这个条件设置不合理或者过于严苛，则可能导致可行域为空集，从而导致模型（5-13）无可行解。在此条件下，决策者应该逐个尝试 H_2 中的阶段权重关系，找出有问题的约束条件并进行适度调整，从而使模型（5-13）可行域非空。

通过求解模型（5-13）得到属性权重 wt_m，那么第 n 状态下的方案价值为

$$v_i(n) = \sum_{m=1}^{M} wt_m v_i(mn) = \sum_{m=1}^{M} \sum_{j=1}^{J} wt_m wc_j(m) v_{ij}(mn) \tag{5-14}$$

在风险决策环境中，考虑到决策者对收益值和遗憾值的双重要求（徐选华等，2016），从最大收益值及最小遗憾值的角度设计折中排序值对方案进行排序：

$$v_i = \rho \frac{\max_n v_i(n) - \min_n \min_i v_i(n)}{\max_i \max_n v_i(n) - \min_i \min_n v_i(n)} - (1-\rho) \frac{\min_n (\max_i v_i(n) - v_i(n))}{\max_i \max_n v_i(n) - \min_i \min_n v_i(n)}$$

$$\tag{5-15}$$

其中，$\dfrac{\max_n v_i(n) - \min_n \min_i v_i(n)}{\max_i \max_n v_i(n) - \min_i \min_n v_i(n)}$ 表示选择方案 a_i 的最大收益值，

$\dfrac{\min_n (\max_i v_i(n) - v_i(n))}{\max_i \max_n v_i(n) - \min_i \min_n v_i(n)}$ 表示选择方案 a_i 的最小遗憾值。ρ 表示决策者

的偏好系数，$\rho > 0.5$ 表示决策者偏好使用最大收益机制选择方案；$\rho < 0.5$ 表示决策者偏好使用最小遗憾值机制选择方案；$\rho = 0.5$ 表示对两种决策机制同样重视。在决策过程中，人们总是希望收益值越大越好，遗憾值越小越好。那么，最优方案可以通过 $\max_i v_i$ 计算得到。

根据本章的方法进行决策的步骤总结如下：

步骤 1： 输入多阶段决策信息。考虑到多阶段决策问题的复杂性，决策信息采用云模型和语言集来表示。云模型采用逆向正态云生成器算法来生成（李德毅和杜鹢，2014），语言集可以通过改进的黄金分割转化法（Wang J Q 等，2014）转换为云模型。最后，得到多阶段评估信息 $X(mn) = (x_{ij}(mn))_{I \times J}$、属性权重先验信息集合 H_1 和阶段权重先验信息集合 H_2。

步骤 2： 设置发展参考点，并计算在每个属性下的方案价值。根据式（5-2）和式（5-3）设置第 m 阶段第 n 个状态属性 c_j 下的发展参考点 $x_j^{(r)}(mn)$。根据第 4 章的云模型距离公式（4-6）计算属性值与发展参考点的距离 $d_{ij}(mn)$，

根据第 4 章的改进前景理论式（4-16）计算得到第 m 阶段第 n 个状态在属性 c_j 下的方案前景价值为 $v_{ij}(mn)$。对 $v_{ij}(mn)$ 进行标准化处理，为简便表达，数学符号保持不变。

步骤 3：计算每个阶段下的属性权重，并计算每个阶段每种状态下的方案价值。在先验信息条件下 H_1，建立模型（5-10）求解属性权重的熵值范围 $[\rho_1\log_2(J)，\overline{\rho_2}\log_2(J)]$，根据计算结果和决策者经验设置 $[\rho_1\log_2(J)，\rho_2\log_2(J)]$。根据先验信息集合 H_1 和属性权重的熵值范围 $[\rho_1\log_2(J)，\rho_2\log_2(J)]$，建立模型（5-8）求解属性权重 $wc_j(m)$。根据式（5-4）求解方案在每个阶段每种状态下的价值 $v_i(mn)$。

步骤 4：计算阶段权重，并计算不同自然状态的方案价值。根据阶段权重的先验信息集合 H_2 建立并求解模型（5-13），获得阶段权重为 wt_m。根据式（5-14）求解不同状态下的方案价值为 $v_i(n)$。

步骤 5：计算折中排序值。根据决策者的经验给出偏好系数 ρ，根据式（5-15）计算折中排序值 v_i，根据 $\max\limits_i v_i$ 得到最优方案。

5.3 算例研究

5.3.1 考虑概率未知和发展参考点的双重云模型多阶段决策过程及分析

例 5.2：B 公司需要不断开发新产品以保持其竞争力。经过一段时间的设计、开发和测试，B 公司有四款新产品等待进一步决策。由于促销能力有限，B 公司只能选择其中一种用于批量生产和销售。因此，B 公司为这四款新产品组织了一项评估活动。在评估中，这四款新产品组成了方案集合 $A = \{a_1，a_2，\cdots，a_I\}$（$I=4$）。B 公司评估人员认为，三个属性对新产品产生了很大影响，构成属性集 $C = \{c_1，c_2，\cdots，c_J\}$（$J=3$）。其中 c_1 为市场契合度，表示新产品对市场需求的满足程度。c_2 为效益水平，表示新产品可以在市场上获得的经济利益。c_3 为质量水平，表示产品在其生命周期中的可靠性程度。对于属性 c_1，评估者使用语言集 L = {L_{-4} = 极差，L_{-3} = 非常差，L_{-2} = 较差，L_{-1} = 差，L_0 = 中等，L_1 = 好，L_2 = 较好，L_3 = 非常好，L_4 = 极好} 来评估方案，并通过改进的黄金分割转化法（Wang J Q 等，2014）将之转化为云模型。其中云模型的定量论域为 [0，10]，参数 a = 1.4，通过改进的黄金分割转化法（Wang J Q 等，2014）将语言集转化为云模型，分别为 L_{-4} = (0，3.01，0.107)，L_{-3} = (1.93，2.75，0.193)，L_{-2} = (3.31，2.27，0.353)，L_{-1} = (4.3，1.932，0.466)，L_0 = (5，1.667，0.554)，L_1 = (5.7，1.932，0.466)，L_2 = (6.69，2.27，0.353)，L_3 = (8.07，2.75，0.193)，L_4 = (10，3.01，0.107)。对于属性 c_2 和属性 c_3，主要根据统计和测度等方法来获取数据，并根据逆向正态云生成器算法（李德毅和杜鹢，2014）来生成云模型信息。由于新产品评估的动态变化和高风险性的特点，预计存在两种自然状态。第一种是低风险状态，表示未来的市场变化将对新产品的推出产生较小的风险。第二种是高风险状态，表示未来的市场变化将对新产品的推出产生较大的风险。由于市场环境的多变性和可获得信息的有限性，这两种状态的可能性无法获知。在新产品评估中，将根据新产品开发程度分四个阶段进行评估，相应的评估信息构成决策矩阵 X(mn) = (x_{ij}(mn))$_{I×J}$。

根据本章提出的方法进行决策的过程如下：

步骤 1：输入多阶段决策信息。

输入多阶段决策信息 X(mn) = (x_{ij}(mn))$_{I×J}$，如表 5-3 至表 5-6 所示。其中，a_1 ~ a_4 表示方案，c_1 ~ c_3 表示属性，状态 1 和状态 2 表示两个状态。

表 5-3 第一阶段的新产品评估信息

方案	c_1		c_2		c_3	
	状态 1	状态 2	状态 1	状态 2	状态 1	状态 2
a_1	(4.3, 1.932, 0.466)	(4.3, 1.932, 0.466)	(69, 3.397, 0.991)	(64, 5.096, 1.167)	(0.91, 0.03, 0.01)	(0.88, 0.06, 0.01)

续表

方案	c_1		c_2		c_3	
	状态1	状态2	状态1	状态2	状态1	状态2
a_2	(5, 1.822, 0.554)	(5, 1.822, 0.554)	(77, 1.699, 1.557)	(70, 1.699, 1.132)	(0.88, 0.065, 0.011)	(0.87, 0.022, 0.011)
a_3	(5, 1.822, 0.554)	(5, 1.822, 0.554)	(79, 2.548, 1.274)	(69.5, 1.274, 1.274)	(0.85, 0.03, 0.012)	(0.83, 0.037, 0.01)
a_4	(5.7, 1.932, 0.466)	(4.3, 1.932, 0.466)	(80, 2.973, 0.667)	(72.5, 2.123, 0.991)	(0.86, 0.037, 0.008)	(0.84, 0.038, 0.01)

表5-4　第二阶段的新产品评估信息

方案	c_1		c_2		c_3	
	状态1	状态2	状态1	状态2	状态1	状态2
a_1	(5.7, 1.932, 0.466)	(5, 1.822, 0.554)	(76.5, 2.973, 0.566)	(70, 4.247, 0.566)	(0.92, 0.034, 0.014)	(0.92, 0.036, 0.018)
a_2	(5, 1.822, 0.554)	(4.3, 1.932, 0.466)	(80, 2.247, 0.642)	(71.5, 1.274, 1.557)	(0.945, 0.031, 0.014)	(0.91, 0.033, 0.015)
a_3	(5.7, 1.932, 0.466)	(5.7, 1.932, 0.466)	(80, 2.548, 0.708)	(67.5, 2.123, 1.274)	(0.91, 0.032, 0.014)	(0.89, 0.032, 0.019)
a_4	(5.7, 1.932, 0.466)	(5.7, 1.932, 0.466)	(77.5, 2.123, 0.849)	(71.5, 1.274, 1.557)	(0.91, 0.042, 0.012)	(0.92, 0.045, 0.015)

表5-5　第三阶段的新产品评估信息

方案	c_1		c_2		c_3	
	状态1	状态2	状态1	状态2	状态1	状态2
a_1	(6.69, 2.27, 0.353)	(5.7, 1.932, 0.466)	(82.5, 2.123, 0.283)	(76, 0.849, 0.991)	(0.94, 0.025, 0.01)	(0.93, 0.023, 0.011)
a_2	(5.7, 1.932, 0.466)	(5.7, 1.932, 0.466)	(85, 1.699, 0.425)	(71.5, 1.274, 0.849)	(0.96, 0.02, 0.01)	(0.935, 0.012, 0.012)
a_3	(5.7, 1.932, 0.466)	(5.7, 1.932, 0.466)	(82.5, 2.123, 0.283)	(69, 1.699, 0.708)	(0.93, 0.025, 0.012)	(0.925, 0.015, 0.014)
a_4	(6.69, 2.27, 0.353)	(6.69, 2.27, 0.353)	(85, 1.699, 0.425)	(74.5, 1.274, 0.849)	(0.95, 0.02, 0.01)	(0.93, 0.032, 0.01)

表 5-6　第四阶段的新产品评估信息

方案	c_1		c_2		c_3	
	状态 1	状态 2	状态 1	状态 2	状态 1	状态 2
a_1	(8.07, 2.75, 0.193)	(5.7, 1.932, 0.466)	(87, 1.699, 0.425)	(72.5, 3.822, 0.833)	(0.94, 0.015, 0.009)	(0.94, 0.03, 0.01)
a_2	(6.69, 2.27, 0.353)	(6.69, 2.27, 0.353)	(84.5, 2.123, 0.283)	(74.5, 1.274, 0.849)	(0.97, 0.021, 0.009)	(0.96, 0.022, 0.01)
a_3	(5.7, 1.932, 0.466)	(5.7, 1.932, 0.466)	(82.5, 2.123, 0.283)	(73.5, 1.274, 0.849)	(0.94, 0.024, 0.008)	(0.94, 0.037, 0.009)
a_4	(6.69, 2.27, 0.353)	(5.7, 1.932, 0.466)	(85, 1.699, 0.425)	(72, 2.548, 0.425)	(0.955, 0.018, 0.009)	(0.95, 0.022, 0.009)

　　根据决策问题的背景信息和专家的经验、知识，获得属性权重的先验信息集合为 $H_1 = \{wc_j(m) \geqslant 0.2; wc_j(m) \leqslant 0.45\}$，阶段权重的先验信息集合为 $H_2 = \{wt_m \geqslant 0.15; wt_m \leqslant 0.4\}$。

　　步骤 2：设置发展参考点，并计算在每个属性下的方案价值。

　　根据式（5-2）和式（5-3）设置第 m 阶段第 n 个状态属性 c_j 下的发展参考点 $x_j^{(r)}(mn)$。以属性 c_1 在第一个状态下的发展参考点为例，得到第一阶段第一个状态的发展参考点 $x_1^{(r)}(11) = (5.536, 2.639, 0.675)$，第二阶段第一个状态的发展参考点为 $x_1^{(r)}(21) = (6.118, 4.606, 1.089)$，第三阶段第一个状态的发展参考点为 $x_1^{(r)}(31) = (6.859, 3.082, 0.646)$，第四阶段第一个状态的发展参考点为 $x_1^{(r)}(41) = (7.515, 3.389, 0.635)$。

　　根据第 4 章的云距离式（4-6）计算属性值与发展参考点的距离 $d_{ij}(mn)$，根据第 4 章的改进前景理论式（4-16）计算得到第 m 阶段第 n 个状态在属性 c_j 下的方案价值为 $v_{ij}(mn)$（略）。对 $v_{ij}(mn)$ 进行标准化处理，为简便表达数学符号不变。

　　步骤 3：计算每个阶段下的属性权重，并计算每个阶段每种状态下的方案价值。

　　根据属性权重的先验信息集合 $H_1 = \{wc_j(m) \geqslant 0.2; wc_j(m) \leqslant 0.45\}$，

建立模型（5-10）求解属性权重的熵值范围，可以得到 $[\overline{\rho_1}\log_2(J), \overline{\rho_2}\log_2(J)] = [1.0487, 1.0986]$，即 $\overline{\rho_1} = 0.9545$，$\overline{\rho_2} = 1$。根据实际问题和经验，决策者将属性权重的熵值范围设置为 $[\rho_1\log_2(J), \rho_2\log_2(J)] \in [1.05, 1.08]$。

因此，建立模型（5-8）求解第 1 阶段的属性权重为 $wc_1(1) = 0.4461$，$wc_2(1) = 0.2007$，$wc_3(1) = 0.3532$，（$wc_1(1) > wc_3(1) > wc_2(1)$）；第 2 阶段的属性权重为 $wc_1(2) = 0.3476$，$wc_2(2) = 0.2024$，$wc_3(2) = 0.4500$，（$wc_3(2) > wc_1(2) > wc_2(2)$）；第 3 阶段的属性权重为 $wc_1(3) = 0.3476$，$wc_2(3) = 0.4500$，$wc_3(3) = 0.2024$，（$wc_2(3) > wc_1(3) > wc_3(3)$）；第 4 阶段的属性权重为 $wc_1(4) = 0.2024$，$wc_2(4) = 0.4500$，$wc_3(4) = 0.3476$，（$wc_2(4) > wc_3(4) > wc_1(4)$）。根据上述结果可知：①由于决策数据的动态变化，每个阶段的属性权重都不相同。②随着阶段数据的变化，属性 c_1 的权重逐渐减少，属性 c_2 的权重逐渐增大，属性 c_3 的权重呈现波动变化。

根据式（5-4）求解方案在每个阶段每种状态下的价值 $v_i(mn)$（略）。

步骤 4： 计算阶段权重，并计算不同自然状态的方案价值。

结合决策的实际情况，决策者将 Orness 测度设为 $\omega = 0.4$，表明决策者对近期数据更加看重。根据先验信息集合 $H_2 = \{wt_m \geq 0.15; wt_m \leq 0.4\}$，建立并求解模型（5-13），获得阶段权重分别为 $wt_1 = 0.1667$，$wt_2 = 0.1500$，$wt_3 = 0.4000$，$wt_4 = 0.2833$，阶段权重的排序为 $wt_3 > wt_4 > wt_1 > wt_2$。该结果表明，第三阶段的权重最大，第四阶段的权重稍小，第一阶段和第二阶段的权重最小。这说明，近期数据比远期数据的重要程度更高。

根据式（5-14）求解第一状态下方案的价值分别为 $v_1(1) = 0.3006$，$v_2(1) = 0.2698$，$v_3(1) = 0.2730$，$v_4(1) = 0.3685$，方案排序为 $a_4 > a_1 > a_3 > a_2$。第二状态下方案的价值分别为 $v_1(2) = 0.6181$，$v_2(2) = 0.2557$，$v_3(2) = 0.3840$，$v_4(2) = 0.6808$，方案排序为 $a_4 > a_1 > a_3 > a_2$。从方案排序来看，两个状态下的方案排序是一致的，说明最终的方案排序为 $a_4 > a_1 > a_3 > a_2$。这个结果说明不同状态的排序一致性较好，符合模型（5-8）的思想。

步骤5：计算折中排序值。

由于决策者对两种决策机制同样看重，设偏好系数 $\rho = 0.5$。根据式（5-15）计算各方案的折中排序值分别为 $v_1 = 0.3526$，$v_2 = -0.0995$，$v_3 = 0.0386$，$v_4 = 0.5$，方案的先后排序为 $a_4 > a_1 > a_3 > a_2$。根据 $\max_i v_i$ 得到最优方案为 a_4，最劣方案为 a_2。

5.3.2 敏感性分析与方法比较

5.3.2.1 关于偏好系数 ρ 的敏感性分析

在式（5-15）中，当决策者同时考虑最大期望收益值和最小遗憾值两种决策机制时，偏好系数 ρ 的设定会影响最终的决策结果。为了分析偏好系数 ρ 对决策结果的影响，令偏好系数 ρ 根据 step $= 0.1$ 从 0 变化到 1，观察折中排序值的变化，如图 5-3 所示。X 轴表示偏好系数的变化，Y 轴表示折中排序值。

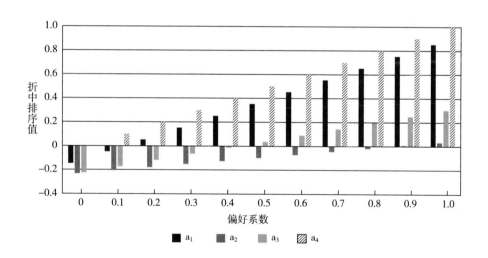

图 5-2 折中排序值随偏好系数的变化情况

由图 5-2 可知，在 $\rho \in [0, 1]$ 时，方案的排序结果均为 $a_4 > a_1 > a_3 > a_2$。这表明，当决策者对最大期望值和最小遗憾值两种决策机制的偏好发生变化时，方案的排序不发生变化。这是由于在本案例中，两种不同状态下的方案排序是相同的。如果不同状态下的方案排序是不同的，那么偏好系数 ρ 的变化会引起方案排序的变化。偏好系数 ρ 的变化在一定程度上反映了决策者的风险偏好。如果决策者为风险厌恶型，则他更喜欢最小遗憾值的决策机制，那么就会设置 ρ 更接近 0。如果决策者为风险偏爱型，则他更喜欢最大期望值的决策机制，那么就会设置 ρ 更接近 1。实际上，大部分决策者都不是绝对的风险厌恶或者风险偏好，可以通过设置偏好系数 ρ 来调节决策者的风险态度，比直接采用一种决策机制更科学合理。

5.3.2.2 不同参考点的比较分析

为评价方案在多个阶段的发展情况，本章根据平均发展速度来设置发展参考点。这样，可以测度方案的发展速度是否达到平均速度。在现有研究中，多个方案的平均值也常被用作参考点（杨志军等，2017；丁小冬等，2016）。因此，本部分将发展参考点和均值参考点的结果进行比较，说明发展参考点的特点。

以属性 c_1 下的发展参考点和均值参考点为例说明，如表5-7所示。其中 P1 和 P2 分别表示两种状态，T1~T4 表示四个阶段。通过比较两类参考点发现，发展参考点总是大于均值参考点。这是由于算例中的数据随着时间的推移在不断增长，平均发展速度大于 1。因此，在发展参考点下得到的方案价值小于在均值参考点下得到的方案价值，这样才能够激励方案不断向发展参考点的方向努力。

表5-7　属性 c_1 下的发展参考点和均值参考点对比

阶段	P1		P2	
	均值参考点	发展参考点	均值参考点	发展参考点
T1	(5.0000, 1.8778, 0.5119)	(5.5363, 2.6385, 0.6755)	(4.6500, 1.8778, 0.5119)	(5.0475, 2.5537, 0.6769)
T2	(5.5250, 1.9051, 0.4895)	(6.1176, 4.6061, 1.0885)	(5.1750, 1.9051, 0.4895)	(5.6174, 4.2597, 1.0785)

续表

阶段	P1		P2	
	均值参考点	发展参考点	均值参考点	发展参考点
T3	(6.1950, 2.1078, 0.4134)	(6.8594, 3.0818, 0.6456)	(5.9475, 2.0218, 0.4405)	(6.4560, 2.9475, 0.6879)
T4	(6.7875, 2.3238, 0.3548)	(7.5155, 3.3887, 0.6349)	(5.9475, 2.0218, 0.4405)	(6.4560, 2.9475, 0.6879)

5.3.2.3　不同方法的结果比较

为了分析本章方法的可行性，将本章的方法与其他三种方法进行比较。方法 1 采用极大熵模型求解属性权重和阶段权重；方法 2 考虑增加概率信息，假设两个状态的概率均为 0.5，采用本章方法求解属性权重和阶段权重；方法 3 采用均值参考点，采用本章的方法求解属性权重和阶段权重。根据四种方法计算得到的结果如表 5-8 所示，$a_1 \sim a_4$ 表示四个方案。

表 5-8　不同方法比较的结果

	本章方法	方法 1	方法 2	方法 3
a_1	0.3526	0.3201	0.6215	0.2968
a_2	−0.0995	−0.0758	0.1843	0.5
a_3	0.0386	0.0598	0.3603	−0.2367
a_4	0.5	0.5	0.7042	0.4486
排序	$a_4>a_1>a_3>a_2$	$a_4>a_1>a_3>a_2$	$a_4>a_1>a_3>a_2$	$a_2>a_4>a_1>a_3$

由表 5-8 可知：①本章方法与方法 1 和方法 2 的排序结果一致，这说明本章方法的有效性。②本章方法、方法 1 和方法 2 的排序结果与方法 3 的排序结果不一致。前三种方法均采用发展参考点，方法 3 采用均值参考点。这说明不同参考点对决策结果具有很大影响。③采用本章方法（无概率）求解得到的结果与方法 2（有概率）的结果一致，说明本章方法处理概率信息未知的决策问题是可行的。

综上分析发现，本章方法的优势体现在：第一，在多阶段决策问题中，考虑平均发展速度设置发展参考点，能够测度方案随着时间推移的速度和方向；第二，在概率信息未知的问题中，采用 LINMAP 思想建模求解属性权重，能够提高多个状态下的方案排序一致性；第三，在概率信息未知的问题中，采用相对熵方法能够测度方案的可能损失，建立相对熵最小化的优化模型能够降低决策失误造成的损失，从而提高方案的总体效益。通过方法比较的结果，本章方法的有效性和可行性得到证实。

5.4 本章小结

针对多阶段决策问题，现有研究集中在概率信息已知的问题上，较少有研究关注概率信息未知的问题。然而，概率信息是很难准确获得的，概率信息未知的多阶段决策问题是一个值得研究的实际问题。在风险决策的环境下，人们往往依靠参考点来辅助决策。随着时间的不断推移，固定而单一的参考点难以适应动态复杂的决策环境。为此，本章提出了考虑概率未知和发展参考点的多阶段决策方法。通过算例结果分析和方法比较，说明了本章方法的可行性和有效性。

在本章方法的设计上：首先，根据多阶段的平均发展速度设置发展参考点，能够测度方案的发展方向和速度；其次，考虑多状态下方案排序一致性最大化的原则，建立基于 LINMAP 思想的属性权重优化模型，能够使不同状态下的方案排序趋于一致，有利于概率未知情景下的方案择优；最后，考虑决策失误造成的损失最小化，建立相对熵最小化的阶段权重优化模型，不仅能够实现不同状态排序结果的充分比较，还能够降低决策失误带来的可能损失。

第6章 考虑独立特征和关联特征的双重云模型多阶段决策方法

在大部分多属性多阶段决策问题的研究中，往往具有属性（阶段）之间独立的假设。在实际问题中，这种属性（阶段）独立的假设往往较难实现（常志朋和陈立荣，2017；陈岩等，2017）。比如，在售后服务水平调查中，服务响应时间和消费者满意度两个指标之间存在关联关系，服务响应时间越短则消费者满意度越高；在教师绩效评估中，教师的授课水平和教师的工作年限之间存在关联关系，一般来说，工作年限越长则授课水平越高。在复杂的决策环境中，影响决策问题的诸多因素之间存在相互作用，这就导致了属性（阶段）之间的关联关系。因此，在复杂的多阶段决策问题中，属性（阶段）关联是值得关注的研究方向。

在决策问题中，如果仅考虑当前的绩效和水平进行决策，很难做出科学决策，甚至导致被评估对象的动力不足。很多学者认为，存在多个参考点影响决策者的属性价值评价，这些参考点从不同的角度来测度决策方案的水平和绩效，并对决策结果有重大影响（陈晓红等，2018；李春好等，2017；王晓田和王鹏，2013）。在决策问题中，只考虑单个参考点可能造成决策结果过于片面，而考虑多个参考点能够为决策提供更加全面的支持，从而使决策结果更加公平和科学。

与简单的决策问题不同，多阶段决策问题还会呈现复杂性、风险性和动态性的特点。根据多阶段决策问题的特点，从不同的角度考虑多个参考点对决策结果的影响，并且关注属性（阶段）独立特征和关联特征的研究存在着必要性和实际应用价值。

从文献调研的结果来看，多阶段决策问题还存在以下不足。第一，在多阶段决策环境下，考虑多个角度来定量设置多个参考点的相关研究不多；第二，在信息集结过程中，多数研究都集中在考虑属性（阶段）独立的问题中，只有较少的研究集中在属性（阶段）关联问题上。

根据以上挑战，本章提出考虑独立特征和关联特征的双重云模型多阶段决策方法。首先，针对多阶段评价信息，从现状、底线和目标设置三个参考点，从不同角度测度方案的价值。其次，针对属性（阶段）之间具有独立特征的决策问题，基于极小—极大参照点优化的思想建立属性权重和阶段权重优化模型，采用加权算子集结信息。最后，针对属性（阶段）之间具有关联特征的决策问题，基于极小—极大参照点优化的思想建立模糊测度优化模型，采用模糊测度和 Choquet 积分集结信息。

6.1 基本定义及问题描述

6.1.1 基本定义

根据属性（阶段）之间是否存在关联，将属性权重（阶段权重）的研究问题分为两类：具有独立特征的属性权重（阶段权重）（Li，2011；Xu 和 Chen，2007）和具有关联特征的属性权重（阶段权重）（常志朋和陈立荣，2017；陈岩等，2017）。在第 2 章中，介绍具有独立特征属性权重的性质。对于具有关联特征的属性（阶段），非可加模糊测度和 Choquet 积分经常被用于处理属性（阶段）之间的关联性。

定义 6.1：设 2^C 为属性集合 C 所有子集的集合，2^C 上的测度 μ：$2^C \rightarrow [0，1]$。若满足以下条件，则称 μ 为定义在 C 上的模糊测度（Murofushi 和 Sugeno，1991）。

①$\mu(C)=1$，$\mu(\varnothing)=0$。②假设 $S_1 \subseteq S_2 \subseteq 2^C$，则有 $\mu(S_1) \leqslant \mu(S_2)$。

对于任意一对属性 $\{c_j, c_{j'}\} \subseteq C$，$\mu(c_j, c_{j'})$ 与 $\mu(c_j) + \mu(c_{j'})$ 之间的差异反映了 c_j 与 $c_{j'}$ 之间的关联程度（Bottero 等，2018）。如果 $\mu(c_j, c_{j'}) < \mu(c_j) + \mu(c_{j'})$，那么 c_j 和 $c_{j'}$ 存在相互减弱关联关系（负关联）；如果 $\mu(c_j, c_{j'}) > \mu(c_j) + \mu(c_{j'})$，那么 c_j 和 $c_{j'}$ 存在相互增强关联关系（正关联）；如果 $\mu(c_j, c_{j'}) = \mu(c_j) + \mu(c_{j'})$，那么 c_j 和 $c_{j'}$ 之间相互独立。

模糊测度 μ 的另一种表达是 Möbius 变换。

定义 6.2：模糊测度 μ 的 Möbius 变换定义为（Bottero 等，2018）：

$$g(S_1) = \sum_{S_2 \subseteq S_1} (-1)^{|S_1| - |S_2|} \mu(S_2) \tag{6-1}$$

在实际应用中，需要决策者给出 $2^{|C|} - 2$ 个模糊测度进行运算。当属性数量较多时，计算的工作量会呈现指数增长。实际上，两个属性之间的关联关系是最常见的，只考虑两个属性的关联关系足以应付大部分问题（Grabisch，1997）。因此，本章考虑 2-可加模糊测度的 Möbius 变换进行计算，即当 $|S_1| > 2$ 时 $g(S_1) = 0$（为了简便表达，分别采用 C_j 和 $C_{j,j'}$ 来表达集合 $\{c_j\}$ 和集合 $\{c_j, c_{j'}\}$）。2-可加模糊测度的 Möbius 变换需满足有界性和单调性，即：

①$g(\varnothing) = 0$。②$\sum_{C_j \subseteq C} g(C_j) + \sum_{C_{j, j'} \subseteq C} g(C_{j, j'}) = 1$。③$g(C_j) \geqslant 0$，$\forall c_j \in C$，$g(C_j) + \sum_{C_{j, j'} \subseteq C} g(C_{j, j'}) \geqslant 0$，$\forall c_j \subseteq C$ 且 $\forall c_{j'} \subseteq C \setminus \{c_j\}$，$C_{j, j'} \neq \varnothing$。

在属性关联的决策问题中，Choquet 模糊积分常被用来集结方案的评估值。

定义 6.3：设 μ 为定义在 C 上的模糊测度，$v_{ij} \in [0, 1]$ 为方案 a_i 在属性 c_j 上的评估值（Bottero 等，2018）。a_i 相对于模糊测度 μ 的离散 Choquet 积分定义为：

$$C_i^\mu = \sum_{j=1}^J \mu(c_{(j)}, \cdots, c_{(J)})(v_{i(j)} - v_{i(j-1)}) \tag{6-2}$$

其中，$v_{i(1)} \leqslant \cdots \leqslant v_{i(J)}$，$v_{i(0)} = 0$，表示将评估值从小到大进行排序。

考虑 2-可加模糊测度的 Möbius 变换，式（6-2）可转换为（Angilella

等，2016）：

$$C_i^\mu = \sum_{j=1}^J g(C_j) v_{ij} + \sum_{C_{j,\ j'} \subseteq C} g(C_{j,\ j'}) \min\{v_{ij},\ v_{ij'}\} \tag{6-3}$$

值得注意的是，如果属性之间没有关联关系，Choquet 积分则退化为加权求和算子。在属性关联的问题中，属性和属性集的重要程度通过 Shapley 值来计算（Angilella 等，2016）。

$$\varphi(C_j) = g(C_j) + \frac{1}{2} \sum_{c_{j'} \subseteq C/\{c_j\}} g(C_{j,\ j'}) \tag{6-4}$$

$$\varphi(C_{j,j'}) = g(C_{j,j'}) \tag{6-5}$$

6.1.2 问题描述

假设在多阶段决策问题中，存在 M 个阶段和 N 个自然状态，状态的概率为 $P = (p_1,\ p_2,\ \cdots,\ p_N)$，且 $p_n \in [0,\ 1]$，$\sum_{n=1}^N p_n = 1$。决策方案集合为 $A = \{a_1,\ a_2,\ \cdots,\ a_I\}$，决策属性集合为 $C = \{c_1,\ c_2,\ \cdots,\ c_J\}$，决策阶段集合为 $T = \{t_1,\ t_2,\ \cdots,\ t_M\}$。设第 t_m 阶段第 n 个状态下的评估信息为 $X(mn) = (x_{ij}(mn))_{I \times J}$，其中 $x_{ij}(mn) = (Ex_{ij}(mn),\ En_{ij}(mn),\ He_{ij}(mn))$ 表示第 t_m 阶段第 n 个状态下方案 a_i 在属性 c_j 下的属性值，以云模型形式来表示。在考虑独立特征的问题中，设属性权重为 $WC = (wc_1,\ wc_2,\ \cdots,\ wc_J)$，其中 wc_j 表示属性 c_j 的重要程度，满足 $wc_j \in (0,\ 1)$，$\sum_{j=1}^J wc_j = 1$。设阶段权重为 $WT = (wt_1,\ wt_2,\ \cdots,\ wt_M)$，其中 wt_m 表示第 t_m 阶段的重要程度，满足 $wt_m \in (0,\ 1)$，$\sum_{m=1}^M wt_m = 1$。在考虑关联特征的问题中，设 $\mu 1: 2^C \rightarrow [0,\ 1]$ 为属性集的模糊测度；设 $\mu 2: 2^T \rightarrow [0,\ 1]$ 为阶段集合的模糊测度。

本章旨在考虑独立特征和关联特征，解决具有双重云模型信息的多阶段决策问题，依据信息表现为方案属性值，偏好信息表现为参考点。难点在于：如何根据多阶段决策信息，设置差异化的三个参考点；如何考虑独立特征和关联特征，解决具有多参考点的多阶段决策问题。

6.2 主要方法与结果

6.2.1 多阶段决策问题中的三参考点设置方法

在多阶段决策问题中，决策方案的表现会随着时间的推移发生动态变化。因此，决策方案的现状、发展趋势和决策目标也会随着阶段的变化发生波动。在这样复杂的决策环境中，只考虑单个参考点，很难全面评估决策问题的状况。在很多复杂决策问题中，决策信息总是受到底线参考点、现状参考点和目标参考点的影响（Wang 和 Johnson，2012）。这三个参考点的设置通常受到决策信息、决策任务要求和决策者偏好的影响。

考虑到多阶段决策问题的复杂性，设置三参考点的思路如图 6-1 所示。其中，X 轴代表决策阶段，Y 轴表示方案属性值，Z 轴表示状态。为了便于表达，在图 6-1 中展示了三个阶段、三个状态和一个方案。

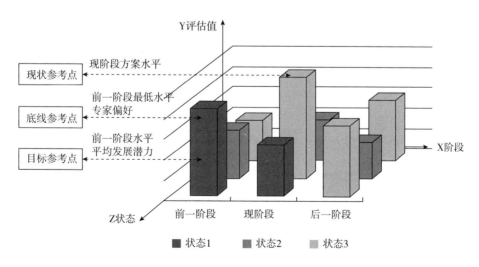

图 6-1 多阶段决策问题中设置三参考点的思路

现状是指当前的水平，现状参考点应该根据当前阶段的多个状态和多个方案的决策信息进行设置。在实际运用中，平均值经常用来表示当前阶段所有方案的平均水平。考虑到这个特点，现状参考点将根据方案的平均值进行设置。

底线是指必须遵守的最低条件或限制，底线参考点的设置应考虑决策方案的最低水平和决策者的偏好。底线参考点是关于方案的最低要求，因此大部分方案的发展水平都可能超过底线参考点。如果某方案的水平比底线参考点还低，说明该方案的发展很差。

目标本身具有激励作用，目标参考点可以将人们的需求转化为动力，并使人们的行为朝着某个方向发展。因此，目标参考点是根据历史水平制定的更高水平。在本章中，目标参考点由前一阶段的潜力和平均发展水平决定。如果某方案比目标参考点更好，说明该方案发展得非常好。

为了方便表达，将现状参考点、底线参考点和目标参考点分别用 $x_j^{(1)}(mn) = (Ex_j^{(1)}(mn), En_j^{(1)}(mn), He_j^{(1)}(mn))$；$x_j^{(2)}(mn) = (Ex_j^{(2)}(mn), En_j^{(2)}(mn), He_j^{(2)}(mn))$；$x_j^{(3)}(mn) = (Ex_j^{(3)}(mn), En_j^{(3)}(mn), He_j^{(3)}(mn))$ 表示。

第一，现状参考点是指一个阶段的当前情况。现状参考点由方案的平均值设置，表示多个状态下多个方案的平均水平。通过与现状参考点进行比较，决策者可以获得方案在当前阶段的实际收益或损失。

定义 6.4：在第 n 个状态下、第 t_m 阶段、属性 c_j 下的现状参考点定义为：

$$x_j^{(1)}(mn) = \frac{1}{I} \sum_{i=1}^{I} \sum_{n=1}^{N} p(n) x_{ij}(mn) \tag{6-6}$$

在多状态下的现状参考点均是同一个参考点，因此 $x_j^{(1)}(mn)$ 可以记为 $x_j^{(1)}(m) = (Ex_j^{(1)}(m), En_j^{(1)}(m), He_j^{(1)}(m))$。如果某方案的属性值高于现状参考点，说明该方案优于现阶段平均水平。如果某方案的属性值低于现状参考点，说明该方案劣于现阶段平均水平。

第二，底线参考点是指对方案的最低要求。底线参考点可以根据具体任务要求和决策者经验给出。在本章中，前一阶段最差 σ 个方案的平均水平被设定为现阶段的底线参考点。

定义 6.5：在第 n 个状态下、第 t_m 阶段、属性 c_j 下的底线参考点定义为：

$$x_j^{(2)}(mn) = \frac{1}{\sigma} \sum_{(i)=1}^{\sigma} x_{(i)j}(m-1,n) \tag{6-7}$$

其中，$x_{(i)j}(m-1,n)$ 表示前一阶段中第 i 小的方案属性值（将前一阶段的方案属性值按从小到大的顺序进行排列，有 $x_{(i)j}(m-1,n) \leqslant x_{(i+1)j}(m-1,n)$。$\sigma(\sigma \in \{1,2,\cdots,I\})$ 为调节系数，表示取最小方案属性值的数量，该数值由决策者决定。因此，底线参考点表示前一阶段最差的 σ 个方案属性值的平均水平。如果某方案的属性值高于底线参考点，说明该方案达到了最低水平；如果某方案的属性值低于底线参考点，说明该方案没有达到最低水平。

第三，目标参考点是指被评估对象想达到的水平。目标参考点可以根据决策者的经验给出，但是不能脱离实际情况随意设置。在本章中，前一阶段的潜力水平被设定为当前阶段的目标参考点。目标参考点的实现程度反映了方案的努力程度和潜力。

定义 6.6：方案在第 n 个状态下、第 t_m 阶段、属性 c_j 下的目标参考点定义为：

$$x_j^{(3)}(mn) = \frac{1}{I^2} \times \left(\sum_{i=1}^{I} \frac{\max\limits_j (x_{ij}(m-1,n))}{x_{ij}(m-1,n)} \right) \times \sum_{i=1}^{I} x_{ij}(m-1,n) \tag{6-8}$$

其中，$\frac{1}{I} \left(\sum\limits_{i=1}^{I} \frac{\max\limits_j(x_{ij}(m-1,n))}{x_{ij}(m-1,n)} \right)$ 表示前一阶段最优方案与其他方案的差异程度，称为平均发展潜力，$\frac{1}{I} \sum\limits_{i=1}^{I} x_{ij}(m-1,n)$ 表示前一阶段的平均发展水平，那么 $x_j^{(3)}(mn)$ 可以解释为前一阶段的平均潜力水平。如果某方案的属性值优于目标参考点，说明此方案非常努力并达到了目标。如果某方案的属性值劣于目标参考点，说明此方案未达到目标，还需要继续努力。

根据第 4 章的云模型距离公式（4-6），计算属性值与三个参考点之间的距离 $d_{ij}^{(1)}(mn)$、$d_{ij}^{(2)}(mn)$、$d_{ij}^{(3)}(mn)$。根据概率信息 $P=(p_1, p_2, \cdots, p_N)$，采用第 4 章的前景理论式（4-1）、式（4-2）和式（4-16），计算第 m 阶段在属性 c_j 下的方案价值分别为 $v_{ij}^{(1)}(m)$、$v_{ij}^{(2)}(m)$、$v_{ij}^{(3)}(m)$。由于每个属性的单位不同，为了便于计算，将前景价值进行标准化。为了简便表达，标准化后的前景价值的数学符号保持不变，即 $v_{ij}^{(1)}(m)$，$v_{ij}^{(2)}(m)$，$v_{ij}^{(3)}(m) \in [0, 1]$。

那么，三参考点下的综合前景价值可以计算得到

$$v_{ij}(m) = \rho_1 v_{ij}^{(1)}(m) + \rho_2 v_{ij}^{(2)}(m) + \rho_3 v_{ij}^{(3)}(m) \qquad (6\text{-}9)$$

其中，偏好系数 ρ_1、ρ_2、ρ_3（$\rho_1, \rho_2, \rho_3 \in (0, 1)$，$\rho_1+\rho_2+\rho_3=1$）分别表示决策者对三个参考点的重视程度，根据实际情况和偏好由决策者决定。

在考虑三参考点的决策过程中，通过方案属性值与现状参考点之间的比较，能够测度方案现阶段的实际水平；通过方案属性值与底线参考点之间的比较，能够测度方案是否达到最低要求；通过方案属性值与目标参考点之间的比较，能够测度方案是否达到目标。

6.2.2 考虑独立特征的属性权重和阶段权重优化模型

属性权重和阶段权重在决策问题中起着关键作用。在具有独立特征的决策问题中，权重的求解方法是决策领域的热门话题，大致分为三类（Dong 等，2018）：主观方法、客观方法和综合方法。在动态和复杂的决策环境中，权重的设置仍然是一个难题。如果权重未知或权重信息不完全（Li，2011；Xu 和 Chen，2007），那么必须根据先验信息和决策数据获得准确的权重。

考虑到属性（阶段）之间的独立特征，加权算子 WA 被用于集结每个属性和每个阶段下的方案价值。因此，第 t_m 阶段下方案的前景价值可以计算得到

$$v_i(m) = \sum_{j=1}^{J} wc_j v_{ij}(m) \qquad (6\text{-}10)$$

所有阶段下方案的前景价值（综合排序值）可以计算得到

$$v_i = \sum_{m=1}^{M} wt_m v_i(m) \tag{6-11}$$

在实际决策过程中，决策者总是希望决策方案能够尽量接近理想方案。当有多个方案时，决策者很难让所有的方案都接近理想方案。最小—最大参照点优化方法的提出（Yang，2000），解决了这个多目标优化问题。基于最小—最大参照点优化的思想，设计了两阶段优化模型来求解属性权重和阶段权重。首先，考虑属性权重的先验信息，建立第一阶段模型计算每个阶段下每个方案的最优值。其次，根据第一阶段的结果，考虑到属性权重和阶段权重的先验信息，建立第二阶段模型，将最优值和实际值之间的最大距离最小化。

图 6-2 展示了最小—最大参照点优化模型的主要思想。在图 6-2 中，中间点是原点，v_i 与原点之间的距离表示方案 a_i 的实际值。v_i^* 与原点之间的距离表示方案 a_i 的最优值，最优值和实际值之间的距离表示为 ε_i，如图 6-2 中的直线箭头所示。最小—最大参照点优化过程可以通过 ε_i 的变化来反映。通过第一阶段优化模型获取方案 a_i 的最优值 v_i^*，然后通过第二阶段优化模型最小化实际值 v_i 与最优值 v_i^* 之间的最大距离 ε_i。这样，实际值 v_i 与最优值 v_i^* 之间的最大距离 ε_i 逐步被最小化，使得所有方案的实际值 v_i 能够逐步靠近最优值 v_i^*，这种变化对每一个方案都是公平的。

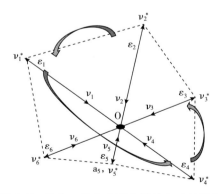

图 6-2　最小—最大参照点优化方法的思想

根据决策问题的先验信息 H_1，建立第一阶段的模型（6-12）用于求解每个方案的最优值。

$$\max f_1(wc_j) = \sum_{j=1}^{J} wc_j v_{ij}(m)$$

$$\text{s. t.} \begin{cases} \sum_{j=1}^{J} wc_j = 1 \\ wc_j \in (0, 1) \\ wc_j \in H_1 \end{cases} \tag{6-12}$$

其中，目标函数是将每个阶段的方案前景价值最大化，即得到每个方案的最优值，表示为 $v_i^+(m)$。约束条件如下：属性权重之和等于 1；属性权重处在（0，1）的范围内；属性权重满足先验信息集合 H_1。

模型（6-12）是线性规划模型，由约束条件可知，如果属性权重的先验信息集合 H_1 与其他条件不矛盾，则可行域是非空且有界的，模型（6-12）一定存在最优解。

根据模型（6-12）的结果、属性权重和阶段权重的先验信息集合，建立第二阶段的模型（6-13）求解属性权重和阶段权重，使得方案的实际值与最优值之间的距离尽可能小。那么，方案实际值能够尽可能地接近最优值。

$$\min f_2(wc_j, wt_m) = \max(\varepsilon_i)$$

$$\text{s. t.} \begin{cases} \varepsilon_i = \sum_{m=1}^{M} wt_m \times \left(v_i^+(m) - \sum_{j=1}^{J} wc_j v_{ij}(m) \right), \ i = 1, 2, \cdots, I \\ \sum_{j=1}^{J} wc_j = 1 \\ wc_j \in (0, 1), \ j = 1, 2, \cdots, J \\ wc_j \in H_1, \ j = 1, 2, \cdots, J \\ \sum_{m=1}^{M} wt_m = 1 \\ wt_m \in (0, 1), \ m = 1, 2, \cdots, M \\ wt_m \in H_2, \ m = 1, 2, \cdots, M \end{cases}$$

$$\tag{6-13}$$

其中，目标函数表示将方案实际值与最优值之间的最大距离 $\max(\varepsilon_i)$ 进行最小化。约束条件分别为：ε_i 为方案实际值与最优值之间的距离；属性权重之和等于 1；属性权重处在（0，1）的范围内；属性权重满足先验信息集合 H_1；阶段权重之和等于 1；阶段权重处在（0，1）的范围内；阶段权重满足先验信息集合 H_2。

模型（6-13）是非线性规划模型，如果属性权重的先验信息集合 H_1、阶段权重的先验信息集合 H_2 与其他条件不矛盾，则可行域是非空且有界的，模型（6-13）一定存在最优解（Winston 和 Goldberg，2004）。

通过计算模型（6-13）得到属性权重和阶段权重，那么方案的最终排序值可以根据式（6-10）和式（6-11）计算得到。根据综合排序值的大小来选择方案，v_i 的值越大，方案越好。

6.2.3 考虑关联特征的属性权重和阶段权重优化模型

实际上，属性（阶段）之间也可能存在关联关系，传统的集结算子（OWA，WAA）不能用来处理这类问题。因此，学者们考虑采用非可加模糊测度和 Choquet 积分，解决这类具有关联特征的决策问题。在实际应用中，只考虑两个属性之间关联关系的问题最为常见。因此，本章考虑采用 2-可加模糊测度。

根据定义 6.1 和定义 6.2 可知，

$$g(C_j) = \mu(C_j) \tag{6-14}$$

$$g(C_{j,j'}) = \mu(C_{j,j'}) - \mu(C_j) - \mu(C_{j'}) \tag{6-15}$$

那么，在第 t_m 阶段下方案 a_i 的价值可以根据式（6-3）求解得到，即

$$C_i^\mu(m) = \sum_{j=1}^{J} \mu(C_j) v_{ij}(m) + \sum_{\substack{j=1 \\ j' \neq j}}^{J} (\mu(C_{j,j'}) - \mu(C_j) -$$
$$\mu(C_{j'})) \min\{v_{ij}(m), v_{ij'}(m)\} \tag{6-16}$$

其中，$\mu(C_j)$、$\mu(C_{j'})$、$\mu(C_{j,j'})$ 分别为属性集 $\{c_j\}$、$\{c_{j'}\}$、$\{c_j, c_{j'}\}$ 的模糊测度。

考虑到阶段之间的关联关系，在所有阶段下方案 a_i 的价值可以求解得到，即

$$C_i^{\mu} = \sum_{m=1}^{M} \mu(T_m) C_i^{\mu}(m) + \sum_{\substack{m=1 \\ m' \neq m}}^{M} (\mu(T_{m,m'}) - \mu(T_m) -$$

$$\mu(T_{m'})) \min\{C_i^{\mu}(m), C_i^{\mu}(m')\} \qquad (6\text{-}17)$$

其中，$\mu(T_m)$、$\mu(T_{m'})$、$\mu(T_{m,m'})$ 分别为阶段集 $\{t_m\}$、$\{t_{m'}\}$、$\{t_m, t_{m'}\}$ 的模糊测度。

在具有属性（阶段）关联特征的决策问题中，$C_i^{\mu}(m)$ 和 C_i^{μ} 相当于方案价值，用于辅助决策。

通过对实际问题的分析，决策者可以给出属性集合和阶段集合的模糊测度。由于信息的不完全性，只能得出部分属性（阶段）之间的关联关系，很难给出模糊测度的准确数值。在模型（6-12）和模型（6-13）的基础上，建立模型（6-18）和模型（6-21）来求解模糊测度。首先，根据模型（6-12）的思想建立模型（6-18）来求解方案 a_i 在 t_m 阶段 Cho-quet 积分 $C_i^{\mu}(m)$ 的最优值 $C_i^{\mu+}(m)$。

$$\max f_3(\mu(C_j), \mu(C_{j,j'})) = C_i^{\mu}(m)$$

$$\text{s.t.} \begin{cases} C_i^{\mu}(m) = \sum_{j=1}^{J} \mu(C_j) v_{ij}(m) + \sum_{\substack{j=1 \\ j' \neq j}}^{J} (\mu(C_{j,j'}) - \mu(C_j) - \\ \qquad \mu(C_{j'})) \min\{v_{ij}(m), v_{ij'}(m)\} \\[2mm] \sum_{j=1}^{J} \mu(C_j) + \sum_{\substack{j=1 \\ j' \neq j}}^{J} \mu(C_{j,j'}) = 1 \\[2mm] \mu(C_j), \mu(C_{j'}) \leqslant \mu(C_{j,j'}) \\[1mm] \mu(C_j), \mu(C_{j,j'}) \in [0, 1] \\[2mm] \sum_{j=1}^{J} \mu(C_j) + \sum_{\substack{j=1 \\ j' \neq j}}^{J} (\mu(C_{j,j'}) - \mu(C_j) - \mu(C_{j'})) = 1 \\[2mm] \mu(C_j) + \sum_{\substack{j=1 \\ j' \neq j}}^{J} (\mu(C_{j,j'}) - \mu(C_j) - \mu(C_{j'})) \geqslant 0 \\[2mm] \mu(C_j), \mu(C_{j,j'}) \in H_3 \end{cases} \qquad (6\text{-}18)$$

其中, 目标函数表示将方案 a_i 在 t_m 阶段 Choquet 积分 $C_i^\mu(m)$ 最大化, 得到最优值为 $C_i^{\mu+}(m)$。约束条件分别为: 根据式 (6-3) 计算 Choquet 积分 $C_i^\mu(m)$; 第二个到第五个约束条件分别表示属性集合的模糊积分、Möbius 变换满足定义、单调性及有界性要求; 第六个约束条件表示属性集合的模糊测度满足先验信息集合 H_3。

模型 (6-18) 是单目标非线性规划模型, 如果可行域非空且有界 (Winston 和 Goldberg, 2004), 那么模型 (6-18) 一定存在最优解。在模型 (6-18) 中, 前六个约束条件都是根据模糊测度及 Choquet 积分的定义得出来的。因此, 前六个约束条件对于模型 (6-18) 来说是可行的, 形成的可行域非空且有界。模型 (6-18) 的可行域是否非空且有界取决于第七个约束条件: 当第七个约束条件的先验信息与前六个约束条件相互矛盾时, 则模型 (6-18) 的可行域为空集, 那么模型 (6-18) 无可行解, 此时可以适当调整先验信息集合 H_3, 使可行域为非空集合; 当第七个约束条件的先验信息与前六个约束条件不矛盾时, 则模型 (6-18) 的可行域为非空集合且有界, 那么模型 (6-18) 存在最优解。

在 t_m 阶段, 方案实际值和最优值之间的距离可以计算得到:

$$\varepsilon_i'(m) = C_i^{\mu+}(m) - C_i^\mu(m) \tag{6-19}$$

在所有阶段下, 方案实际值和最优值之间的距离可以计算得到:

$$\varepsilon_i' = \sum_{m=1}^{M} \mu(T_m) \varepsilon_i'(m) + \sum_{\substack{m=1 \\ m' \neq m}}^{M} (\mu(T_{m,m'}) - \mu(T_m) -$$
$$\mu(T_{m'})) \min\{\varepsilon_i'(m), \varepsilon_i'(m')\} \tag{6-20}$$

在考虑关联特征的情况下, 根据模型 (6-13) 的思想, 为了降低方案实际值和最优值之间的距离, 通过建立模型 (6-21) 来求解属性集合和阶段集合的模糊测度。

$$\min f_4(\mu(C_j), \mu(C_{j,j'}), \mu(T_m), \mu(T_{m,m'})) = \max(\varepsilon_i')$$

$$\left\{ \begin{array}{l}
\varepsilon'_i = \sum_{m=1}^{M} \mu(T_m) \varepsilon'_i(m) + \sum_{\substack{m=1 \\ m' \neq m}}^{M} (\mu(T_{m,m'}) - \mu(T_m) - \\
\qquad \mu(T_{m'})) \min\{\varepsilon'_i(m), \ \varepsilon'_i(m')\} \\[2mm]
\varepsilon'_i(m) = C_i^{\mu+}(m) - C_i^{\mu}(m) \\[2mm]
C_i^{\mu}(m) = \sum_{j=1}^{J} \mu(C_j) v_{ij}(m) + \sum_{\substack{j=1 \\ j' \neq j}}^{J} (\mu(C_{j,j'}) - \mu(C_j) - \\
\qquad \mu(C_{j'})) \min\{v_{ij}(m), \ v_{ij'}(m)\} \\[2mm]
\sum_{j=1}^{J} \mu(C_j) + \sum_{\substack{j=1 \\ j' \neq j}}^{J} \mu(C_{j,j'}) = 1 \\[2mm]
\mu(C_j), \ \mu(C_{j'}) \leqslant \mu(C_{j,j'}) \\[2mm]
\mu(C_j), \ \mu(C_{j,j'}) \in [0, 1] \\[2mm]
\sum_{j=1}^{J} \mu(C_j) + \sum_{\substack{j=1 \\ j' \neq j}}^{J} (\mu(C_{j,j'}) - \mu(C_j) - \mu(C_{j'})) = 1 \\[2mm]
\mu(C_j) + \sum_{\substack{j=1 \\ j' \neq j}}^{J} (\mu(C_{j,j'}) - \mu(C_j) - \mu(C_{j'})) \geqslant 0 \\[2mm]
\mu(C_j), \ \mu(C_{j,j'}) \in H_3 \\[2mm]
\sum_{m=1}^{M} \mu(T_m) + \sum_{\substack{m=1 \\ m' \neq m}}^{M} \mu(T_{m,m'}) = 1 \\[2mm]
\mu(T_m), \ \mu(T_{m'}) \leqslant \mu(T_{m,m'}) \\[2mm]
\mu(T_m), \ \mu(T_{m,m'}) \in [0, 1] \\[2mm]
\sum_{m=1}^{M} \mu(T_m) + \sum_{\substack{m=1 \\ m' \neq m}}^{M} (\mu(T_{m,m'}) - \mu(T_m) - \mu(T_{m'})) = 1 \\[2mm]
\mu(T_m) + \sum_{\substack{m=1 \\ m' \neq m}}^{M} (\mu(T_{m,m'}) - \mu(T_m) - \mu(T_{m'})) \geqslant 0 \\[2mm]
\mu(T_m), \ \mu(T_{m,m'}) \in H_4
\end{array} \right.$$

s. t. （6-21）

模型（6-21）的目标函数是最小化实际值和最优值之间的最大距离，使每个方案的实际值尽可能接近最优值。约束条件如下：第一个约束条件 ε_i' 表示在所有阶段下方案实际值和最优值之间的总距离；第二个约束条件表示求解 $\varepsilon_i'(m)$；第三个约束条件表示根据式（6-3）计算方案实际值的 Choquet 积分为 $C_i^\mu(m)$；第四个约束条件到第八个约束条件表示属性集合的模糊积分及其 Möbius 变换满足定义、单调性及有界性要求；第九个约束条件表示属性集合的模糊测度满足先验信息集合 H_3；第十个约束条件到第十四个约束条件表示阶段集合的模糊积分及其 Möbius 变换满足定义、单调性及有界性要求；第十五个约束条件表示阶段集合的模糊测度满足先验信息集合 H_4。

模型（6-21）是单目标非线性规划模型，如果可行域非空且有界（Winston 和 Goldberg，2004），那么模型（6-21）一定存在最优解。在模型（6-21）中，第九个约束条件和第十五个约束条件是模糊测度的先验信息集合。由于其他约束条件都是根据模糊测度及 Choquet 积分的定义得出来的条件。因此，其他约束条件对于模型（6-21）来说是可行的。模型（6-21）是否有最优解取决于第九个约束条件和第十五个约束条件。只要先验信息集合 H_3 和 H_4 与其他条件不矛盾，那么模型（6-21）一定存在最优解。在计算最优解过程中，如果模型（6-21）无解，适当调整先验信息集合 H_3 和 H_4，可以使模型（6-21）有解。

根据本章的方法进行多阶段决策的步骤如下：

步骤 1： 设置三参考点。根据式（6-6）至式（6-8）设置多阶段决策过程中的现状参考点、底线参考点和目标参考点。

步骤 2： 计算前景价值。根据第 4 章的云模型距离公式（4-6）计算属性值与三个参考点之间的距离 $d_{ij}^{(1)}(mn)$、$d_{ij}^{(2)}(mn)$、$d_{ij}^{(3)}(mn)$，根据问题给出的概率信息 $P = (p_1, p_2, \cdots, p_N)$，采用第 4 章的改进前景理论式（4-1）、式（4-2）和式（4-16）计算得到第 m 阶段在属性 c_j 下的方案价值分别为 $v_{ij}^{(1)}(m)$、$v_{ij}^{(2)}(m)$、$v_{ij}^{(3)}(m)$。由于每个属性的单位不同，为了便于计算，将前景价值进行标准化。为了简便表达，标准化后的前景价值的数学符号保持不变，即 $v_{ij}^{(1)}(m)$，$v_{ij}^{(2)}(m)$，$v_{ij}^{(3)}(m) \in [0, 1]$。根据决策者对三个参考点的偏好程度设置偏好系数 ρ_1、ρ_2、ρ_3，根据式（6-9）计算综合前景价值 $v_{ij}(m)$。

步骤 3：计算独立特征下的属性权重和阶段权重。根据属性权重的先验信息集合 H_1，建立模型（6-12）求解方案在每个阶段的最优值 $v_i^+(m)$。根据模型（6-12）的结果，基于属性权重的先验信息集合 H_1 和阶段权重的先验信息集合 H_2，建立模型（6-13）求解属性权重和阶段权重。根据式（6-10）和式（6-11）计算方案的最终排序值，并对方案进行排序和择优，$\max(v_i)$ 为最优方案。

步骤 4：计算关联特征下的属性集合和阶段集合的模糊测度。根据属性集合模糊测度的先验信息集合 H_3，建立模型（6-18）计算每个阶段下的方案 Choquet 积分的最优值 $C_i^{\mu+}(m)$。根据模型（6-18）的计算结果、属性集合模糊测度和阶段集合模糊测度的先验信息集合 H_3、H_4，建立模型（6-21）计算属性集合和阶段集合的模糊测度。根据式（6-16）和式（6-17）计算方案排序值 C_i^μ，根据 C_i^μ 对方案进行排序并择优，$\max(C_i^\mu)$ 为最优方案。

本章提出考虑独立特征和关联特征的双重云模型多阶段决策方法，其中依据信息为方案属性值，偏好信息为参考点。首先，考虑现状、底线和目标的特点，提出了设置三个参考点的方法。其次，考虑属性（阶段）之间的独立特征，基于最小—最大参照点优化的思想，建立独立特征下的权重优化模型求解属性权重和阶段权重，从而使方案实际值与最优值的距离最小化。再次，考虑属性（阶段）之间的关联特征，根据模糊测度、Choquet 积分和最小—最大参照点优化的思想，建立关联特征下的模糊测度优化模型求解属性集合和阶段集合的模糊测度，从而使方案实际 Choquet 积分与最优值的距离最小化。最后，分别计算独立特征和关联特征下的方案最终排序值，对方案进行排序和择优。

6.3 算例研究

6.3.1 考虑独立特征和关联特征的双重云模型多阶段决策过程及分析

例 6.1： 为了更好地实施质量风险管理，WP 制药公司对 15 个在研制药项目进行质量风险评估。15 个在研制药项目组成方案集合 $A = \{a_1,a_2, \cdots, a_1\}$（I=15），四个属性组成属性集合 $C = \{c_1, c_2, \cdots, c_J\}$（J=4）。其中，$c_1$ 表示原材料的管理水平，c_2 表示质量管理水平，c_3 表示设备的管理水平，c_4 表示经济效益。制药项目具有长时期和高风险的特点，根据专家的估算未来药品市场可能有三个状态，第一个状态表示市场稳定发展，第二个状态表示市场快速扩张，第三个状态表示市场萎缩。三个状态的概率分别为 $P = \{p_1 = 0.65, p_2 = 0.25, p_3 = 0.1\}$。

根据改进的黄金分割转化法（Wang J Q 等，2014）和逆向正态云生成器（李德毅和杜鹢，2014）获得来自四个阶段（M=4）的评估信息，构成决策信息矩阵 $X(mn) = (x_{ij}(mn))_{I \times J}$，如表 6-1 至表 6-4 所示。其中，$p^{(1)} \sim p^{(3)}$ 表示三个状态，$c_1 \sim c_4$ 表示属性，$a_1 \sim a_{15}$ 表示方案。

在获取评估信息时，对于属性 c_1 和标准 c_3，通过语言集 $L = \{L_{-4} =$ 极差，$L_{-3} =$ 非常差，$L_{-2} =$ 较差，$L_{-1} =$ 差，$L_0 =$ 中等，$L_1 =$ 好，$L_2 =$ 较好，$L_3 =$ 非常好，$L_4 =$ 极好$\}$ 进行评估。对于属性 c_2 和属性 c_4，采用实际数据生成的云模型来表示（李德毅和杜鹢，2014）。其中语言集合 L 的定量论域为 [0，10]，参数 a=1.4，通过改进的黄金分割转化法（Wang J Q 等，2014）将语言集转化为云模型分别为 $L_{-4} = (0, 3.01, 0.107)$，$L_{-3} = (1.93, 2.75, 0.193)$，$L_{-2} = (3.31, 2.27, 0.353)$，$L_{-1} = (4.3, 1.932, 0.466)$，$L_0 = (5, 1.667, 0.554)$，$L_1 = (5.7, 1.932, 0.466)$，$L_2 = (6.69, 2.27, 0.353)$，

表6-1 第一阶段的决策信息

方案	$p^{(1)}$				$p^{(2)}$				$p^{(3)}$			
	c_1	c_2	c_3	c_4	c_1	c_2	c_3	c_4	c_1	c_2	c_3	c_4
a_1	L_1	(0.938, 0.005, 0.016)	L_0	(86.333, 1.61, 4.892)	L_0	(0.933, 0.005, 0.015)	L_1	(76.067, 1.124, 3.415)	L_0	(0.89, 0.008, 0.023)	L_0	(65.2, 0.997, 3.029)
a_2	L_2	(0.946, 0.005, 0.016)	L_1	(85.6, 1.475, 4.481)	L_2	(0.941, 0.005, 0.015)	L_0	(74.267, 1.053, 3.2)	L_0	(0.92, 0.007, 0.022)	L_1	(65.4, 0.959, 2.912)
a_3	L_3	(0.94, 0.006, 0.017)	L_1	(80.933, 1.318, 4.005)	L_2	(0.939, 0.005, 0.015)	L_1	(70.067, 1.142, 3.471)	L_0	(0.903, 0.007, 0.022)	L_0	(62.133, 1.076, 3.268)
a_4	L_2	(0.924, 0.006, 0.017)	L_2	(81, 1.273, 3.867)	L_2	(0.92, 0.005, 0.014)	L_2	(71.533, 0.914, 2.778)	L_0	(0.893, 0.007, 0.022)	L_1	(63.133, 1.076, 3.268)
a_5	L_1	(0.935, 0.005, 0.016)	L_1	(80.8, 1.279, 3.887)	L_1	(0.93, 0.005, 0.014)	L_2	(70.6, 0.914, 2.776)	L_0	(0.903, 0.008, 0.023)	L_0	(61.067, 1.073, 3.26)
a_6	L_2	(0.924, 0.006, 0.018)	L_0	(83.2, 1.045, 3.175)	L_1	(0.919, 0.005, 0.016)	L_1	(70.333, 0.468, 1.421)	L_1	(0.882, 0.008, 0.023)	L_1	(60.467, 1.377, 4.185)
a_7	L_1	(0.931, 0.006, 0.018)	L_1	(84.6, 1.18, 3.587)	L_0	(0.926, 0.006, 0.017)	L_2	(71.333, 0.468, 1.421)	L_{-1}	(0.893, 0.007, 0.021)	L_{-1}	(60.067, 1.355, 4.116)
a_8	L_2	(0.902, 0.006, 0.019)	L_2	(84.467, 1.187, 3.606)	L_0	(0.912, 0.006, 0.017)	L_2	(71.467, 0.565, 1.717)	L_{-1}	(0.883, 0.007, 0.021)	L_0	(61.2, 1.491, 4.53)
a_9	L_1	(0.931, 0.006, 0.017)	L_1	(83.267, 1.698, 5.159)	L_0	(0.913, 0.005, 0.014)	L_2	(69.667, 1.226, 3.725)	L_{-1}	(0.891, 0.007, 0.021)	L_{-1}	(61.467, 1.607, 4.881)
a_{10}	L_2	(0.940, 0.005, 0.017)	L_2	(85.933, 1.648, 5.007)	L_0	(0.921, 0.004, 0.013)	L_2	(73.4, 1.238, 3.762)	L_0	(0.904, 0.006, 0.019)	L_1	(68, 1.568, 4.763)
a_{11}	L_0	(0.91, 0.005, 0.016)	L_1	(82.533, 1.563, 4.748)	L_0	(0.9, 0.004, 0.011)	L_2	(71.267, 1.219, 3.704)	L_1	(0.884, 0.006, 0.019)	L_{-1}	(66.667, 1.507, 4.579)

续表

方案	$p^{(1)}$				$p^{(2)}$				$p^{(3)}$			
	c_1	c_2	c_3	c_4	c_1	c_2	c_3	c_4	c_1	c_2	c_3	c_4
a_{12}	L_{-1}	(0.912, 0.005, 0.016)	L_3	(81.733, 1.561, 4.742)	L_0	(0.911, 0.004, 0.011)	L_2	(70.4, 1.215, 3.693)	L_0	(0.877, 0.006, 0.020)	L_0	(65.667, 1.507, 4.579)
a_{13}	L_1	(0.952, 0.005, 0.016)	L_1	(84.067, 1.459, 4.433)	L_1	(0.921, 0.004, 0.011)	L_1	(73.6, 1.233, 3.745)	L_0	(0.909, 0.007, 0.020)	L_{-1}	(68.6, 1.508, 4.581)
a_{14}	L_2	(0.931, 0.006, 0.017)	L_3	(82.8, 1.399, 4.251)	L_2	(0.92, 0.004, 0.012)	L_2	(71.6, 1.233, 3.745)	L_1	(0.9, 0.007, 0.020)	L_0	(64.6, 1.508, 4.581)
a_{15}	L_2	(0.942, 0.006, 0.018)	L_2	(83.8, 1.399, 4.251)	L_2	(0.921, 0.004, 0.013)	L_2	(72.467, 1.227, 3.729)	L_1	(0.902, 0.007, 0.021)	L_1	(65.533, 1.489, 4.525)

表6-2　第二阶段的决策信息

方案	$p^{(1)}$				$p^{(2)}$				$p^{(3)}$			
	c_1	c_2	c_3	c_4	c_1	c_2	c_3	c_4	c_1	c_2	c_3	c_4
a_1	L_1	(0.952, 0.006, 0.019)	L_1	(83.933, 1.44, 4.375)	L_0	(0.931, 0.005, 0.014)	L_2	(72.267, 1.225, 3.722)	L_{-2}	(0.905, 0.007, 0.021)	L_0	(65.467, 1.47, 4.468)
a_2	L_1	(0.946, 0.007, 0.021)	L_2	(86.067, 1.726, 5.245)	L_0	(0.925, 0.005, 0.017)	L_2	(74.733, 1.355, 4.116)	L_{-1}	(0.912, 0.007, 0.020)	L_0	(64.867, 1.412, 4.291)
a_3	L_2	(0.920, 0.007, 0.022)	L_1	(83.333, 1.904, 5.785)	L_0	(0.926, 0.006, 0.018)	L_2	(71.2, 1.374, 4.175)	L_{-1}	(0.901, 0.006, 0.019)	L_0	(62.467, 1.372, 4.169)
a_4	L_1	(0.938, 0.007, 0.023)	L_1	(83.533, 2.029, 6.165)	L_1	(0.925, 0.006, 0.018)	L_0	(72.6, 1.562, 4.747)	L_{-1}	(0.902, 0.006, 0.019)	L_{-1}	(63.867, 1.151, 3.497)

续表

方案	$p^{(1)}$				$p^{(2)}$				$p^{(3)}$			
	c_1	c_2	c_3	c_4	c_1	c_2	c_3	c_4	c_1	c_2	c_3	c_4
a_5	L_1	(0.922, 0.008, 0.023)	L_1	(80.267, 1.979, 6.013)	L_0	(0.918, 0.006, 0.02)	L_1	(70.4, 1.549, 4.706)	L_1	(0.881, 0.006, 0.018)	L_{-1}	(60.6, 1.069, 3.247)
a_6	L_1	(0.942, 0.008, 0.023)	L_1	(84.733, 1.863, 5.659)	L_0	(0.928, 0.006, 0.02)	L_0	(72.067, 1.52, 4.618)	L_0	(0.9, 0.006, 0.018)	L_{-2}	(62.333, 1, 3.039)
a_7	L_1	(0.932, 0.007, 0.023)	L_3	(83, 1.865, 5.665)	L_1	(0.919, 0.006, 0.019)	L_1	(70.933, 1.492, 4.534)	L_0	(0.898, 0.007, 0.021)	L_0	(60.8, 1.11, 3.372)
a_8	L_2	(0.951, 0.008, 0.023)	L_2	(88.667, 1.852, 5.627)	L_1	(0.938, 0.006, 0.019)	L_2	(76.4, 1.32, 4.011)	L_{-1}	(0.917, 0.007, 0.022)	L_1	(64.533, 1.133, 3.441)
a_9	L_2	(0.93, 0.007, 0.023)	L_2	(80.4, 1.606, 4.881)	L_2	(0.918, 0.006, 0.019)	L_2	(69.333, 1.087, 3.303)	L_0	(0.877, 0.007, 0.022)	L_1	(61.933, 1.027, 3.119)
a_{10}	L_2	(0.918, 0.008, 0.024)	L_3	(80.533, 1.637, 4.973)	L_0	(0.907, 0.007, 0.02)	L_2	(69.467, 1.095, 3.327)	L_{-1}	(0.878, 0.007, 0.021)	L_0	(61.067, 1.027, 3.119)
a_{11}	L_1	(0.937, 0.008, 0.024)	L_1	(82.533, 1.637, 4.973)	L_0	(0.926, 0.007, 0.02)	L_2	(71.2, 1.078, 3.275)	L_1	(0.899, 0.007, 0.021)	L_1	(62, 1.023, 3.109)
a_{12}	L_2	(0.937, 0.008, 0.024)	L_1	(82.267, 1.609, 4.889)	L_0	(0.927, 0.007, 0.02)	L_2	(70.133, 1.063, 3.229)	L_0	(0.897, 0.006, 0.02)	L_0	(61.067, 1.047, 3.18)
a_{13}	L_1	(0.947, 0.008, 0.025)	L_2	(82.333, 1.614, 4.905)	L_1	(0.927, 0.007, 0.02)	L_0	(71.067, 1.033, 3.139)	L_1	(0.895, 0.006, 0.019)	L_{-1}	(62.333, 1.094, 3.323)
a_{14}	L_2	(0.929, 0.008, 0.023)	L_1	(80.6, 1.707, 5.188)	L_1	(0.909, 0.006, 0.019)	L_0	(68.867, 1.022, 3.106)	L_0	(0.882, 0.006, 0.019)	L_{-2}	(60.533, 1.076, 3.268)
a_{15}	L_1	(0.928, 0.007, 0.023)	L_2	(81.533, 1.687, 5.126)	L_1	(0.929, 0.006, 0.019)	L_2	(70.733, 1.006, 3.056)	L_0	(0.902, 0.006, 0.019)	L_{-1}	(62.333, 1.035, 3.144)

表6-3 第三阶段的决策信息

方案	$p^{(1)}$				$p^{(2)}$				$p^{(3)}$			
	c_1	c_2	c_3	c_4	c_1	c_2	c_3	c_4	c_1	c_2	c_3	c_4
a_1	L_2	(0.967, 0.007, 0.022)	L_2	(82.333, 1.610, 4.892)	L_1	(0.949, 0.005, 0.018)	L_1	(71.067, 1.124, 3.415)	L_0	(0.902, 0.006, 0.018)	L_2	(62.2, 0.997, 3.029)
a_2	L_2	(0.927, 0.007, 0.021)	L_1	(80.6, 1.475, 4.481)	L_0	(0.919, 0.007, 0.019)	L_1	(70.267, 1.053, 3.2)	L_1	(0.873, 0.006, 0.019)	L_1	(60.4, 0.959, 2.912)
a_3	L_2	(0.936, 0.007, 0.021)	L_2	(80.933, 1.318, 4.005)	L_0	(0.930, 0.006, 0.02)	L_1	(71.067, 1.142, 3.471)	L_1	(0.895, 0.007, 0.021)	L_2	(62.133, 1.076, 3.268)
a_4	L_2	(0.937, 0.007, 0.02)	L_1	(81, 1.273, 3.867)	L_1	(0.930, 0.006, 0.019)	L_{-1}	(72.533, 0.914, 2.778)	L_0	(0.894, 0.007, 0.020)	L_0	(62.133, 1.076, 3.268)
a_5	L_3	(0.956, 0.006, 0.018)	L_1	(83.8, 1.279, 3.887)	L_0	(0.939, 0.006, 0.018)	L_{-1}	(73.6, 0.914, 2.776)	L_{-1}	(0.903, 0.007, 0.021)	L_0	(62.067, 1.073, 3.26)
a_6	L_2	(0.946, 0.006, 0.017)	L_1	(80.933, 1.281, 3.891)	L_1	(0.92, 0.006, 0.017)	L_0	(70.667, 0.905, 2.75)	L_0	(0.894, 0.007, 0.021)	L_{-1}	(60.067, 1.073, 3.26)
a_7	L_2	(0.926, 0.006, 0.018)	L_3	(79.4, 1.437, 4.365)	L_1	(0.905, 0.007, 0.017)	L_1	(68.8, 0.939, 2.854)	L_0	(0.875, 0.006, 0.017)	L_1	(66.867, 0.952, 2.892)
a_8	L_2	(0.946, 0.006, 0.018)	L_1	(81.333, 1.455, 4.421)	L_0	(0.93, 0.006, 0.017)	L_0	(72.2, 1.025, 3.113)	L_{-1}	(0.9, 0.005, 0.016)	L_0	(68.867, 0.952, 2.892)
a_9	L_2	(0.927, 0.006, 0.018)	L_3	(79, 1.541, 4.681)	L_1	(0.911, 0.007, 0.018)	L_3	(70.133, 1.009, 3.065)	L_{-1}	(0.872, 0.005, 0.017)	L_1	(61.8, 0.961, 2.921)
a_{10}	L_2	(0.908, 0.005, 0.016)	L_1	(78.933, 1.525, 4.632)	L_1	(0.892, 0.006, 0.015)	L_2	(68.467, 1.114, 3.384)	L_0	(0.854, 0.005, 0.016)	L_0	(60.733, 0.963, 2.929)
a_{11}	L_1	(0.928, 0.005, 0.016)	L_1	(82.867, 1.517, 4.61)	L_1	(0.923, 0.007, 0.016)	L_3	(72.6, 1.095, 3.326)	L_{-1}	(0.905, 0.005, 0.016)	L_2	(68.733, 0.963, 2.927)

续表

方案	$p^{(1)}$				$p^{(2)}$				$p^{(3)}$			
	c_1	c_2	c_3	c_4	c_1	c_2	c_3	c_4	c_1	c_2	c_3	c_4
a_{12}	L_2	(0.948, 0.005, 0.017)	L_2	(81.933, 1.515, 4.604)	L_1	(0.933, 0.005, 0.015)	L_1	(70.733, 1.111, 3.377)	L_0	(0.905, 0.005, 0.016)	L_1	(62.733, 0.963, 2.927)
a_{13}	L_1	(0.929, 0.005, 0.016)	L_1	(81.733, 1.52, 4.618)	L_2	(0.912, 0.006, 0.016)	L_2	(70.867, 1.151, 3.497)	L_0	(0.886, 0.005, 0.016)	L_{-1}	(63.733, 0.963, 2.927)
a_{14}	L_3	(0.950, 0.005, 0.017)	L_2	(81.533, 1.437, 4.366)	L_1	(0.932, 0.005, 0.015)	L_1	(70.2, 1.135, 3.447)	L_{-1}	(0.908, 0.004, 0.013)	L_{-1}	(62.667, 0.965, 2.931)
a_{15}	L_2	(0.94, 0.006, 0.017)	L_1	(80.467, 1.417, 4.306)	L_0	(0.931, 0.005, 0.015)	L_3	(69.667, 1.18, 3.584)	L_0	(0.918, 0.004, 0.013)	L_1	(61.933, 1.027, 3.119)

表 6-4 第四阶段的决策信息

方案	$p^{(1)}$				$p^{(2)}$				$p^{(3)}$			
	c_1	c_2	c_3	c_4	c_1	c_2	c_3	c_4	c_1	c_2	c_3	c_4
a_1	L_3	(0.965, 0.011, 0.01)	L_1	(86.067, 1.08, 3.28)	L_1	(0.96, 0.025, 0.011)	L_2	(73.867, 0.471, 1.43)	L_{-1}	(0.915, 0.035, 0.012)	L_{-1}	(64.867, 0.995, 3.022)
a_2	L_2	(0.965, 0.012, 0.01)	L_1	(87.8, 1.078, 3.275)	L_0	(0.955, 0.026, 0.013)	L_2	(75.667, 0.437, 1.327)	L_{-1}	(0.925, 0.03, 0.021)	L_0	(65.467, 0.809, 2.458)
a_3	L_2	(0.921, 0.045, 0.009)	L_2	(86.6, 1.101, 3.345)	L_{-1}	(0.92, 0.034, 0.014)	L_1	(71.667, 0.437, 1.327)	L_{-2}	(0.887, 0.036, 0.018)	L_0	(63.667, 0.754, 2.289)
a_4	L_3	(0.95, 0.012, 0.009)	L_3	(85.467, 1.108, 3.365)	L_1	(0.945, 0.021, 0.014)	L_3	(72.467, 0.485, 1.474)	L_{-1}	(0.925, 0.03, 0.015)	L_1	(62.6, 1.392, 4.23)

续表

方案	$p^{(1)}$				$p^{(2)}$				$p^{(3)}$			
	c_1	c_2	c_3	c_4	c_1	c_2	c_3	c_4	c_1	c_2	c_3	c_4
a_5	L_2	(0.92, 0.033, 0.011)	L_1	(86.267, 1.067, 3.24)	L_1	(0.91, 0.022, 0.014)	L_2	(72.4, 0.484, 1.472)	L_0	(0.895, 0.032, 0.019)	L_0	(61.6, 1.392, 4.23)
a_6	L_2	(0.91, 0.025, 0.011)	L_3	(80.933, 1.281, 3.891)	L_2	(0.91, 0.042, 0.012)	L_2	(70.667, 0.905, 2.75)	L_1	(0.855, 0.045, 0.015)	L_0	(60.067, 1.073, 3.26)
a_7	L_2	(0.93, 0.011, 0.01)	L_2	(81.4, 1.437, 4.365)	L_1	(0.92, 0.035, 0.011)	L_0	(71.8, 0.939, 2.854)	L_0	(0.895, 0.038, 0.016)	L_{-1}	(62.867, 0.952, 2.892)
a_8	L_3	(0.94, 0.025, 0.01)	L_2	(82.333, 1.455, 4.421)	L_0	(0.935, 0.025, 0.015)	L_2	(72.2, 1.025, 3.113)	L_0	(0.91, 0.035, 0.018)	L_0	(63.867, 0.952, 2.892)
a_9	L_2	(0.92, 0.026, 0.01)	L_2	(82, 1.541, 4.681)	L_1	(0.915, 0.024, 0.012)	L_1	(72.133, 1.009, 3.065)	L_{-1}	(0.85, 0.035, 0.015)	L_0	(62.8, 0.961, 2.921)
a_{10}	L_1	(0.94, 0.025, 0.01)	L_1	(84.933, 1.525, 4.632)	L_1	(0.93, 0.023, 0.011)	L_1	(73.467, 1.114, 3.384)	L_{-1}	(0.89, 0.055, 0.021)	L_{-1}	(63.733, 0.963, 2.927)
a_{11}	L_2	(0.96, 0.02, 0.01)	L_2	(83.867, 1.517, 4.61)	L_0	(0.935, 0.012, 0.012)	L_3	(72.6, 1.095, 3.326)	L_1	(0.875, 0.034, 0.015)	L_1	(64.733, 0.963, 2.927)
a_{12}	L_3	(0.93, 0.025, 0.012)	L_2	(85.933, 1.515, 4.604)	L_2	(0.925, 0.015, 0.014)	L_2	(74.733, 1.111, 3.377)	L_1	(0.885, 0.025, 0.018)	L_0	(68.733, 0.963, 2.927)
a_{13}	L_2	(0.95, 0.02, 0.01)	L_3	(82.733, 1.52, 4.618)	L_1	(0.93, 0.032, 0.01)	L_3	(72.867, 1.151, 3.497)	L_0	(0.905, 0.045, 0.015)	L_1	(66.733, 0.963, 2.927)
a_{14}	L_3	(0.95, 0.015, 0.012)	L_3	(83.533, 1.437, 4.366)	L_2	(0.925, 0.012, 0.01)	L_2	(73.2, 1.135, 3.447)	L_1	(0.89, 0.025, 0.018)	L_0	(62.667, 0.965, 2.931)
a_{15}	L_2	(0.958, 0.012, 0.01)	L_2	(85.467, 1.417, 4.306)	L_1	(0.925, 0.025, 0.011)	L_2	(73.667, 1.18, 3.584)	L_1	(0.885, 0.031, 0.016)	L_{-1}	(62.933, 1.027, 3.119)

$L_3 = (8.07, 2.75, 0.193)$，$L_4 = (10, 3.01, 0.107)$。转化后得到云模型形式的决策信息评估矩阵（略）。

根据多阶段决策问题的背景及决策者的经验和知识，在独立特征下得到属性权重的先验信息集合为 $H_1 = \left\{ \sum_{j=1}^{J} wc_j = 1; \ wc_j \geq 0.15; \ wc_1 + wc_3 \leq 0.45 \right\}$，阶段权重的先验信息集合为 $H_2 = \left\{ \sum_{m=1}^{M} wt_m = 1; \ wt_1 \geq 0.1; \ wt_2 \geq 0.15; \ wt_1 + wt_2 \leq 0.45; \ wt_4 \geq wt_1 \right\}$。

根据多阶段决策问题的背景及决策者的经验和知识，在关联特征下得到属性集合模糊测度的先验信息集合为 $H_3 = \{ \mu(C_j), \ \mu(C_{j,j'}) \in [0, 1] \}$，阶段集合模糊测度的先验信息集合为 $H_4 = \{ \mu(T_m), \ \mu(T_{m,m'}) \in [0, 1] \}$。

根据本章提出的方法进行决策的过程如下：

步骤 1：设置三参考点。

在多阶段决策过程中，根据式（6-6）计算现状参考点。以属性 c_1 下各阶段的现状参考点为例，计算得到 $x_1^{(1)}(1) = (6.128, 3.394, 0.714)$，$x_1^{(1)}(2) = (5.802, 3.23, 0.751)$，$x_1^{(1)}(3) = (6.24, 3.403, 0.697)$，$x_1^{(1)}(4) = (6.5, 3.553, 0.643)$。现状参考点的云模型图如图 6-3 所示，X 轴表示云滴值，Y 轴表示云滴的确定度，图中的点表示现状参考点中的云滴。其中，S1、S2、S3 和 S4 分别表示 $x_1^{(1)}(1)$、$x_1^{(1)}(2)$、$x_1^{(1)}(3)$ 和 $x_1^{(1)}(4)$。

由图 6-3 可知，云模型的期望排序为 $Ex_1^{(1)}(4) > Ex_1^{(1)}(3) > Ex_1^{(1)}(1) > Ex_1^{(1)}(2)$。根据本章的定义（6-4）可知，现状参考点表示所有方案的平均水平。因此，第 t_2 阶段的方案平均水平最差，第 t_4 阶段的方案平均水平最好。从第 t_2 阶段开始，随着时间的推移，方案的表现越来越好。

在多阶段决策过程中，根据式（6-7）计算底线参考点。根据决策者的经验，设置调节系数 $\sigma = 3$，表示根据最差的三个方案的平均值设置底线参考点。以属性 c_1 在所有阶段第一个状态中的底线参考点为例，计算得到 $x_1^{(2)}(11) = (5.233, 1.859, 0.497)$，$x_1^{(2)}(21) = (5.467, 1.896, 0.497)$，

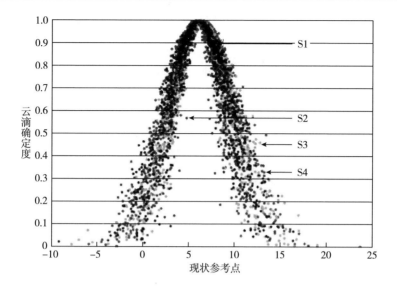

图 6-3　属性 c_1 下各阶段的现状参考点云模型图

$x_1^{(2)}(31) = (5.7, 1.932, 0.466)$，$x_1^{(2)}(41) = (6.03, 2.051, 0.432)$。底线参考点的云模型图如图 6-4 所示，X 轴表示云滴值，Y 轴表示云滴的确定度，图中的点表示各底线参考点中的云滴。其中，M1、M2、M3 和 M4 分别表示 $x_1^{(2)}(11)$、$x_1^{(2)}(21)$、$x_1^{(2)}(31)$ 和 $x_1^{(2)}(41)$。从图 6-4 及与现状参考点的数据对比发现，底线参考点比现状参考点小。底线参考点期望排序为 $Ex_1^{(2)}(41) > Ex_1^{(2)}(31) > Ex_1^{(2)}(21) > Ex_1^{(2)}(11)$，这说明随着时间的推移，底线参考点逐步增大。

在多阶段决策过程中，根据式（6-8）计算目标参考点。以属性 c_1 在所有阶段第一个状态中的目标参考点为例，计算得到 $x_1^{(3)}(11) = (6.851, 4.184, 0.821)$，$x_1^{(3)}(21) = (8.24, 4.39, 0.839)$，$x_1^{(3)}(31) = (6.731, 3.894, 0.761)$，$x_1^{(3)}(41) = (8.136, 4.315, 0.703)$。目标参考点的云模型图如图 6-5 所示，X 轴表示云滴值，Y 轴表示云滴的确定度，图中的点表示各目标参考点中的云滴。其中，G1、G2、G3 和 G4 分别表示 $x_1^{(3)}(11)$、$x_1^{(3)}(21)$、$x_1^{(3)}(31)$ 和 $x_1^{(3)}(41)$。通过对图 6-3、图 6-4 和图 6-5 对比，发

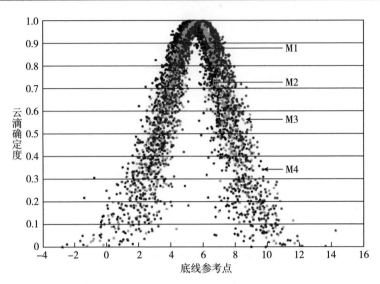

图 6-4　属性 c_1 在所有阶段第一个状态中的底线参考点云模型图

现目标参考点比现状参考点、底线参考点都大，说明目标参考点是较高水平的参考点。目标参考点期望排序为 $Ex_1^{(3)}(21)>Ex_1^{(3)}(41)>Ex_1^{(3)}(11)>Ex_1^{(3)}(31)$，这说明随着时间的推移，目标参考点发生波动性变化。

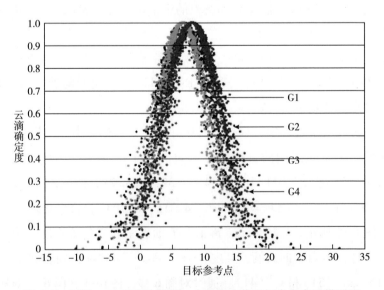

图 6-5　属性 c_1 在所有阶段第一个状态中的目标参考点云模型图

步骤 2：计算前景价值。

分别计算属性值与三个参考点之间的距离 $d_{ij}^{(1)}(mn)$、$d_{ij}^{(2)}(mn)$、$d_{ij}^{(3)}(mn)$，第 t_m 阶段在属性 c_j 下的方案前景价值 $v_{ij}^{(1)}(m)$、$v_{ij}^{(2)}(m)$、$v_{ij}^{(3)}(m)$，经过标准化后得到 $v_{ij}^{(1)}(m)$，$v_{ij}^{(2)}(m)$，$v_{ij}^{(3)}(m) \in [0,1]$。根据决策者对三个参考点的偏好程度设置偏好系数为 $\rho_1 = \rho_2 = \rho_3 = 1/3$，根据式（6-9）计算综合前景价值 $v_{ij}(m)$。

以属性 c_1 在第一阶段的前景价值为例，如图 6-6 所示。X 轴表示方案，Y 轴表示前景价值，图中圆点表示底线参考点下的方案前景价值，方块表示现状参考点下的方案前景价值，三角形表示目标参考点下的方案前景价值。从图 6-6 可以观察到以下两点：①不同参考点下的方案前景价值存在比较明显的差异：在底线参考点下的方案前景价值都大于 0，在现状参考点下的方案前景价值有的大于 0，有的小于 0，在目标参考点下的方案前景价值都小于 0。②三参考点下的方案前景价值变化趋势比较相似，三条折线的起伏变化比较相似但也略有差异，现状参考点和目标参考点的起伏变化比底线参考点的起伏变化更大。这些结果显示，三个参考点能够从不同的角度来评价方案的优劣。

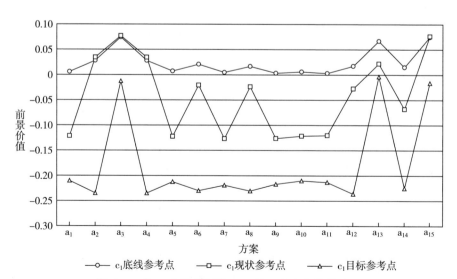

图 6-6 第一阶段在属性 c_1 下的三参考点前景价值

步骤3：计算独立特征下的属性权重和阶段权重。

根据属性权重的先验信息集合为 $H_1 = \left\{ \sum\limits_{j=1}^{J} wc_j = 1; wc_j \geqslant 0.15; \right.$

$\left. wc_1 + wc_3 \leqslant 0.45 \right\}$，建立模型(6-12)求解得到方案在每个阶段的最优值为 $v_i^+(m)$（略）。

根据阶段权重的先验信息集合为 $H_2 = \left\{ \sum\limits_{m=1}^{M} wt_m = 1; wt_1 \geqslant 0.1; wt_2 \geqslant \right.$

$0.15; wt_1 + wt_2 \leqslant 0.45; wt_4 \geqslant wt_1 \right\}$，结合模型（6-12）的结果建立模型（6-13）求解得到属性权重为 $wc_1 = 0.3$、$wc_2 = wc_3 = 0.15$、$wc_4 = 0.4$，阶段权重为 $wt_1 = 0.1$、$wt_2 = 0.25$、$wt_3 = 0.325$、$wt_4 = 0.325$。根据式（6-10）和式（6-11）计算得到方案的最终排序值如图6-7所示。其中，X轴表示方案，Y轴表示排序值。通过对比发现，方案的排序为 $a_{15} > a_8 > a_1 > a_{12} > a_{14} > a_2 > a_{11} > a_{13} > a_3 > a_9 > a_4 > a_7 > a_5 > a_{10} > a_6$，最优方案为 a_{15}，最劣方案为 a_6。

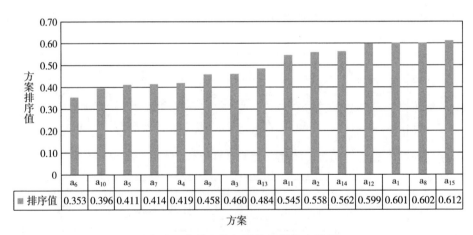

图6-7　在独立特征下的方案排序结果

步骤4：计算关联特征下的属性集合和阶段集合的模糊测度。

根据属性集合模糊测度的先验信息集合 H_3，建立模型（6-18）计算每个阶段下每个方案 Choquet 积分的最优值 $C_i^{\mu^+}(m)$ （略）。

根据模型（6-18）的计算结果、属性集合和阶段集合模糊测度的先验信息集合（H_3，H_4），建立模型（6-21）计算属性集合和阶段集合的模糊测度，得到属性集合的模糊测度分别为：$\mu(C_1) = \mu(C_2) = \mu(C_3) = \mu(C_4) = \mu(C_{2,3}) = \mu(C_{2,4}) = \mu(C_{3,4}) = 0$、$\mu(C_{1,2}) = 0.2318$、$\mu(C_{1,3}) = 0.1037$、$\mu(C_{1,4}) = 0.6645$；阶段集合的模糊测度分别为：$\mu(T_1) = \mu(T_2) = \mu(T_3) = \mu(T_4) = \mu(T_{1,4}) = \mu(T_{2,3}) = \mu(T_{3,4}) = 0$、$\mu(T_{1,2}) = 0.5660$、$\mu(T_{1,3}) = 0.1195$、$\mu(T_{2,4}) = 0.3145$。

根据式（6-16）和式（6-17），计算关联特征下的方案排序值 C_i^μ，如图 6-8 所示。其中，X 轴表示方案，Y 轴表示关联特征下的最终排序值 C_i^μ。经过比较发现，方案的排序为 $a_{15} > a_{14} > a_{13} > a_{12} > a_4 > a_6 > a_7 > a_5 > a_9 > a_8 > a_1 > a_{10} > a_2 > a_{11} > a_3$，最优方案为方案 a_{15}，最劣方案为 a_3。

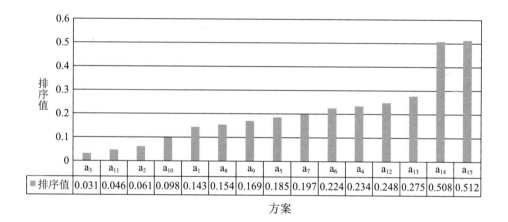

方案	a_3	a_{11}	a_2	a_{10}	a_1	a_8	a_9	a_5	a_7	a_6	a_4	a_{12}	a_{13}	a_{14}	a_{15}
排序值	0.031	0.046	0.061	0.098	0.143	0.154	0.169	0.185	0.197	0.224	0.234	0.248	0.275	0.508	0.512

图 6-8　在关联特征下的方案排序结果

6.3.2　敏感性分析和方法比较

6.3.2.1　不同参考点的方法比较

为了比较不同参考点对方案结果的影响，在属性独立和阶段独立的情况下，只设置一个参考点来观察方案排序结果的变化：只考虑现状参考点，即偏好系数 $\rho_1 = 1$；只考虑底线参考点，即偏好系数 $\rho_2 = 1$；只考虑目标参考点，即偏好系数 $\rho_3 = 1$。只考虑一个参考点和考虑三个参考点的排序结果如图 6-9 所示，其中 X 轴表示方案，Y 轴表示最终排序值，方框表示现状参考点下的最终排序值，菱形表示底线参考点下的最终排序值，三角形表示目标参考点下的最终排序值，圆形表示三参考点下的最终排序值。

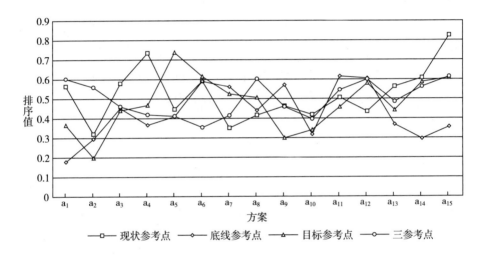

图 6-9 不同参考点下的方案排序结果

由图 6-9 可知，不同参考点下的方案排序结果不同。在现状参考点下，最优方案为方案 a_{15}，最劣方案为 a_2。在底线参考点下，最优方案为方案 a_{11}，最劣方案为 a_1。在目标参考点下，最优方案为方案 a_5，最劣方案为 a_2。在三参考点下，最优方案为方案 a_{15}，最劣方案为 a_6。该结果表明，不同参考点对方案的排序结果产生不同的影响。因此，采用三参考点进行决策能够避免单一参考点造成的决策结果片面性，三参考点决策比单参考点决策更具有一般性。

6.3.2.2　独立特征和关联特征的比较分析

在独立特征和关联特征下的方案排序结果如图 6-10 所示。其中，X轴表示方案，Y 轴表示排序值，三角形表示独立特征下的方案排序结果，圆形表示关联特征下的方案排序结果。

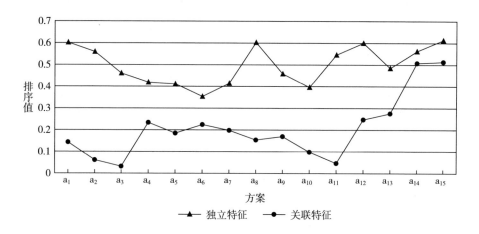

图 6-10　在独立特征和关联特征下的方案排序值

由图 6-10 可知，两种特征下的最优方案均为方案 a_{15}，但是其他方案的排序并不相同。因此，这两种特征下的方案排序并不完全一致。这表明属性（阶段）之间的关系对决策结果具有较大的影响。在独立特征下，属性（阶段）之间是彼此独立的，不存在相互作用。在关联特征下，属性（阶段）之间存在关联关系，这种关联关系会影响属性（阶段）的重要程度，从而对方案排序结果产生一定的影响。

在不同特征下的属性权重不相同。在独立特征下的属性权重为 $wc_1 = 0.3$、$wc_2 = wc_3 = 0.15$，$wc_4 = 0.4$，排序为 $wc_4 > wc_1 > wc_2 = wc_3$；在关联特征下，属性权重采用 Shapley 值来表示，根据式（6-4）和式（6-5）计算得到 $\varphi(C_1) = 0.5$、$\varphi(C_2) = 0.1159$、$\varphi(C_3) = 0.0518$、$\varphi(C_4) = 0.3323$，$\varphi(C_{1,2}) = 0.2318$、$\varphi(C_{1,3}) = 0.1037$、$\varphi(C_{1,4}) = 0.6645$，排序为 $\varphi(C_{1,4}) > \varphi(C_1) > \varphi(C_4) > \varphi(C_{1,2}) > \varphi(C_2) > \varphi(C_{1,3}) > \varphi(C_3)$。在关联特征下，有三对

属性存在着关联关系，c_1 与 c_2、c_1 与 c_3、c_1 与 c_4 之间是相互增强关联关系。

在不同特征下的阶段权重不相同。在独立特征下，阶段权重为 $wt_1 = 0.1$、$wt_2 = 0.25$、$wt_3 = 0.325$、$wt_4 = 0.325$，排序为 $wt_3 = wt_4 > wt_2 > wt_1$；在关联特征下，阶段权重采用 Shapley 值来表示，根据式（6-4）和式（6-5）计算得到 $\varphi(T_1) = 0.3428$、$\varphi(T_2) = 0.4402$、$\varphi(T_3) = 0.0598$、$\varphi(T_4) = 0.1572$，$\varphi(T_{1,2}) = 0.5660$、$\varphi(T_{1,3}) = 0.1195$、$\varphi(T_{2,4}) = 0.3145$，排序为 $\varphi(T_{1,2}) > \varphi(T_2) > \varphi(T_1) > \varphi(T_{2,4}) > \varphi(T_4) > \varphi(T_{1,3}) > \varphi(T_3) >$。在关联特征下，有三对阶段存在着关联关系，$t_1$ 与 t_2、t_1 与 t_3、t_2 与 t_4 之间是相互增强关联关系。

根据以上分析可知，不同的参考点对决策结果有不同的影响，独立特征和关联特征也会通过影响属性之间的关系，进而对决策结果造成一定的影响。在复杂的决策问题中，属性或阶段之间独立性的假设可以使问题变得更加简单；而在很多实际问题中，属性或阶段之间的关联关系也是不容忽视的。因此，本章分别讨论了独立特征和关联特征下的多阶段决策方法，为不同的决策问题提供参考；提出的三参考点决策方法比单参考点决策方法更加具有一般性，能够避免单参考点方法的片面性。

6.4　本章小结

本章针对独立特征和关联特征分别提出相应的双重云模型多阶段决策模型。首先，针对多阶段云模型决策信息，提出底线参考点、现状参考点和目标参考点的设置方法。其次，针对属性（阶段）独立和属性（阶段）关联两种特征提出了相应的多阶段决策模型。针对独立特征下的多阶段决策问题，为了使方案实际值能够逐渐接近最优值，基于最小—最大参照点优化的思想建立优化模型并求解属性权重和阶段权重，采用加权算子集结决策信息。针对关联特征下的多阶段决策问题，基于最小—最大参照点优化的思想建立优化模型并求解属性集合和阶段集合的模糊测度，采用模糊测度和 Choquet 积分集结决策信息。数值分析和方法比较的结果说明了本章方法的可行性和有效性。

在本章方法的设计上，首先，考虑了三个参考点，从不同的角度研究决策者的认知价值，这样比单一参考点的结果更具有一般性。其次，考虑了最小—最大参照点优化的思想，建立优化模型获取权重信息和模糊测度，能够使方案实际值逐步靠近最优值。最后，针对独立特征和关联特征，提出了不同的权重优化模型和集结方法，为实际决策问题提供了两种解决方法。在处理现实问题时，决策者可根据实际问题决定采取哪种方法，为实际提供更普适的方法。

第7章　多阶段云模型决策方法在外卖平台风险评估中的应用

7.1　外卖平台风险管理的实施背景

近年来，公众对外卖平台关注度越来越高。根据中国互联网络信息中心发布的《中国互联网络发展状况统计报告》，截至 2022 年 12 月，我国外卖用户规模达 5.2 亿人，在网民中的普及率达 48.8%。由此可见，公众对外卖行业参与程度越来越高，对外卖平台风险的关注程度也不断升高。外卖食品风险、配送员交通事故、商家虚假信息和环境污染等外卖平台风险问题引发公众的广泛担忧。

外卖安全风险问题是中国外卖行业面临的主要挑战之一，呈现出波及范围广、发生频率高、危害程度大等特点。近年来，关于外卖风险的负面新闻层出不穷，如 2023 年 10 月，美团因滥用市场支配地位的行为被国家市场监督管理总局罚款 34.42 亿元。《齐鲁壹点》报道，2022 年 9 月青岛市组织的"你点我检"外卖食品抽检 263 批次，合格率为 97.67%。2023 年"上海发布"公众号公布 7 月 24~30 日上海市快递外卖行业交通事故、违法情况近 2 万次，美团、饿了么占 80%。廉价料理包、配送员偷吃、盒马生鲜标签门、幸福西饼虚假宣传等外卖安全事故不断曝光。外卖安全事故频发的事实表明，外卖风险不仅对人们身体健康造成危害，还对经济社会发展造成巨大威胁。为预防突发性外卖安全风险，外卖平台往往采取智能监控和食品安全封签等措施，但并不能有效遏制风险发生。外卖平台风险引发公众越来越多的关注，成为政府和外卖平台风险管控的疑难杂症。有效的外卖平台风险评估及管控机制，是促进外卖平台健康发展、防止安全风险的重要手段之一。

　　近年来，国家和地方政府出台了多项政策，致力于改善外卖安全风险问题。2019~2023 年，国家发布有关外卖平台的政策如图 7-1 所示。其中，左栏是发布时间，右栏表示政策内容。如 2019 年，《2019 网络市场监管专项行动（网剑行动）方案》指出，加强餐食配送过程管理，逐步推动外卖餐食封签，确保食品配送过程不受污染。2021 年，《外卖餐品信息描述规范》明确了外卖餐品的原料、口味、制作方法等八项信息的描述要求。2021 年，《绿色餐饮经营与管理》规定了绿色餐饮经营与管理的基本要求。2021 年，《关于落实网络餐饮平台责任切实维护外卖送餐员权益的指导意见》提出保障外卖送餐员的合法权益。2022 年，《关于促进服务业领域困难行业恢复发展的若干政策》提出引导外卖等互联网平台企业进一

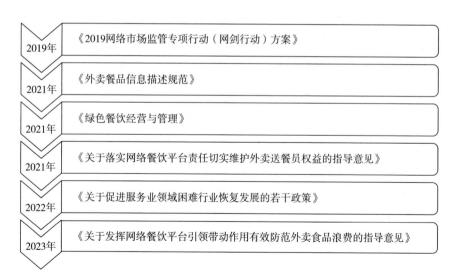

图 7-1　近五年中国外卖平台相关政策

步下调餐饮业商户服务费标准，降低相关餐饮企业经营成本。2023 年，《关于发挥网络餐饮平台引领带动作用有效防范外卖食品浪费的指导意见》指出平台企业要引领带动商户和消费者形成厉行节约、反对浪费的良好社会风尚。这些政策从外卖配送、绿色餐饮、餐品描述规范、外卖商家成本、防止浪费等多个方面促进外卖行业健康发展。

外卖平台为商家、骑手和消费者提供了交易和反馈的平台，对外卖风险控制起到关键作用。在国内外卖市场，美团、饿了么、盒马、叮咚等公司占据相当大的市场份额。根据美团公司公布的 2022 年财务报告显示，美团全年即时配送订单量达 177 亿单，同比增长 14%。其中餐饮外卖单日订单量峰值突破 6000 万单，用户年均交易笔数达 40.8 笔。根据阿里巴巴集团公布的 2023 财年第三季度业绩，季度内饿了么即时零售订单显著劲增，带动平台平均订单金额稳步上升。

外卖平台的运用过程采用多业务场景交织的商务模式。在互联网技术和外卖配送发展双加持下，外卖平台采取"线上订购、线下消费"的商务模式（Online to Offline，O2O）（见图 7-2），是一个从线上到线下多业务场景动态交织的过程。外卖平台负责组织和调配资源完成商品配送服务，还要承担对商家、配送员和顾客等利益主体的监管义务。外卖平台管理的本质是将商家、配送员和顾客等资源统筹起来形成链式结构，以全局掌控者姿态实现对多利益主体的统一管理。与传统到店消费模式不同，在 O2O 商务模式下，通过平台网络设施、支付技术和管理等手段，顾客和商家完成线上订购活动，并在线下完成实际服务活动。因此，外卖平台管理的数据资源、涉及的利益主体数量、配送过程贯穿的业务场景等，都远比传统到店消费模式更复杂。

在 O2O 商务模式中，存在外卖平台、政府、行业协会、商家、顾客和配送员等多个利益群体，涉及从线上到线下的多个复杂的业务情景。由于发展时间较短和监管能力不足，外卖平台面临多种管理难题，比如协调主体范围广，本地商家、客户和配送员都要协调；配送过程动态环节多，管理标准差异大。特别是业务场景动态性、管理缺乏规范和经验、线上线下

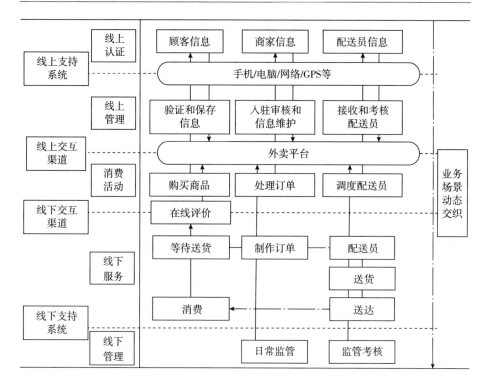

图 7-2　外卖平台 O2O 商务模式

信息不对称等问题，甚至部分商家出于盈利目的进行"刻意隐瞒"，外卖平台的"不作为"，都加大了风险管理的难度。因此，外卖平台风险由多因素共同作用引发，风险来源众多，风险产生级别、种类、层次和属性各不相同，风险作用机理难以控制，构成一个复杂的外卖平台风险网络。

外卖平台风险评估过程存在公众差异化感知风险。近年来，公众对外卖平台关注度越来越高，公众对外卖行业参与程度越来越高，对外卖平台风险的关注程度也不断升高。外卖食品风险、配送员交通事故、商家虚假信息和环境污染等外卖平台风险问题引发公众的广泛担忧，从而对公众风险感知和管控目标产生影响。由于互联网技术的不断发展，公众对外卖平台风险的感知和管控目标可以在一定程度上被观测和测量。外卖平台运营过程中涉及多方公众，包含投资者、媒体、地方政府监管部门、行业组织、客户、潜在客户和外卖平台自身等；还涉及多个线上、线下交织的业务场景，包含原材料采购、贮存、材料加工、包装、配送等。外卖平台风险管理涉及公众数量众多，种类具有多样性，不同种类的公众感知风险的过程受到外卖多个业务场景的影响（见图7-3）。公众感知风险的途径、种类和管控目标都具有差异化的特点，安全风险及影响因素之间的关系也错综复杂。挖掘公众对外卖平台风险的心理诉求和管控诉求成为外卖平台风险管理的重点。一方面，外卖平台往往需要了解公众担忧的安全风险是什么，掌握公众对外卖安全风险的心理预期和对风险管理的要求；另一方面，外卖平台会综合考虑公众感知结果制定风险管控目标，并采取有针对性的风险管控措施。

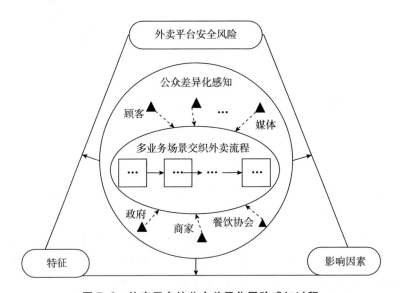

图7-3 外卖平台的公众差异化风险感知过程

因此，外卖平台管理过程中必将涌现众多风险。有效的风险评估和风险管理能够排查风险指标，有助于外卖平台更好地管理外卖业务。然而，外卖业务的风险评估绝非易事。首先，这种外卖业务没有现成的评估指标体系和评估方法。其次，外卖业务管理过程存在很大的不确定性和动态性，评价数据的表达具有语义复杂性和随机性。

7.2　外卖平台风险及多阶段风险评估方法的研究现状

风险是指未来活动对人类价值的影响，通常指的是负面或不良影响（Aven，2016），主要采用风险活动的后果、影响和可能性三个指标来进行描述（Aven，2014）。但是，在对实际问题进行风险分析时，这三个指标往往是未知的。因此，风险评估过程不可避免地需要使用一些不确定的理论和方法来评估风险：Hao 等（2017）提出一种基于 PDHFS 熵的可视化方法进行风险评估；Zhao 等（2016）开发一种模糊综合评估方法进行风险评估；Okoro 等（2017）提出一种多标准风险评估方法，使用专家评估对组件风险等级进行判断；Zhao 等（2016）提出考虑 D-S 证据理论的新方法进行风险路径评估。

风险评估是一个长期和动态持续的过程，动态评估方法通常用于风险评估。Yu 等（2016）提出基于多阶段深度置信网络的极端学习机集成学习方法，用于提高信用风险评估的准确性。Lee 和 Lin（2018）构建一个三阶段实时优化模型，从火灾损失频率不确定性的动态角度分析火灾风险。Sousa 等（2016）扩展了基于静态历史数据设置的现行信用评分模型，提出了一种新的信用风险评估动态建模框架。Wang H 等（2016）提出了一种新的动态定量风险评估方法来分析化学过程的操作性能。Barua 等（2016）针对动态系统风险评估问题，该方法以图形方式表示变量之间的依赖关系，并通过动态贝叶斯网络捕获变量随时间的推移。Yan X P 等（2017）根据拥堵风险的动态使用成本效益比来反映风险状况的变化。

目前，对中国外卖平台风险的研究主要涉及外卖平台风险影响因素（韩玺等，2021；王浩等，2021）、外卖平台风险评估方法（叶丽萍，2021）、外卖平台风险管控措施问题（解鹏，2017；陈招希，2022）等方面，关于外卖平台风险评估的研究还比较少。张宏邦等（2020）分析中国食品供应链中存在的安全风险，为食品安全风险治理提供决策支持。靳鹏飞和闫秀霞（2021）从供应链视角识别外卖食品安全的影响因素，并针对关键影响因素提出改善策略。刘勇和叶丽萍（2021）采用 FMEA 和 TRIZ 识别网络外卖服务的潜在失效模式并提出解决方案。但是，目前关于外卖平台风险评估的方法还比较少。

外卖平台业务是针对在线外卖订单的商品供应链流程，是一个复杂的过程。外卖业务涉及多个业务场景交织、多人的合作、多重的风险性和动态性。由于业务流程的动态性、风险的不确定性和风险发生的未知性，风险评估问题往往呈现随机性和模糊性的特征。由于缺乏可靠的定量数据，外卖平台风险评估往往需要借助专家知识和经验进行综合评估。在现有的研究中，概率、模糊集、灰数、语言集和云模型等不确定数据形式受到众多学者的关注，在描述多种不确定性时发挥着各自的优势。在这些数据形式中，由于语言集最能代表决策者的语言习惯（Wang J Q 等，2014），决策者也最倾向于使用语言集来表达评估信息。但是，语言集存在着较大的模糊性和随机性，很难形成准确的定量信息。在概率论和模糊理论的基础上，Li 和 Du（2017）提出了云模型理论，实现了定性概念和定量表示之间的转换。采用云模型的数据形式来表示语言集，不仅能够反映语言表达的模糊性，还能够反映出评价信息的随机性。根据改进的黄金分割转化法（Wang J Q 等，2014）将语言集转化为云模型，还能够较为准确地实现风险评估过程的定量分析。因此，本章基于语言集和云模型来描述风险决策过程中的决策信息。

本章的主要贡献概括如下：首先，通过对内涵和特征的深入分析和文献检索确定外卖平台业务中的风险指标列表；其次，考虑到云模型数据形式的特殊性，在前文研究的基础上，提出了基于扩展 TOPSIS 方法的多阶段风险评估方法；最后，根据本章方法对某外卖公司的案例数据进行评估分析，说明方法的有效性。根据评估结果对多业务场景和风险指标的风险水平进行分析，提出有针对性的改进措施和建议。

7.3　外卖平台风险评估指标体系构建

本部分通过文献调查和专家访谈，获得业务相关的 23 个风险指标，从而建立了风险评估指标体系，并采用风险严重性和风险可能性来描述风险水平。

7.3.1　外卖平台中的风险指标分析

风险评估过程的关键步骤是确定风险指标。外卖平台业务的流程如图 7-2 所示，由线上支持业务、线上交互业务、线下交互业务和线下支持业务四个环节构成。线上支持业务环节要做好线上信息的验证和管理工作，包含顾客、商家和配送员信息的输入、验证、审核、维护和管理，以保证信息的真实有效。在线上交互业务环节中，顾客通过外卖平台进行交易并评价、外卖平台处理订单、发送到商家、调度骑手进行服务。在线下交互业务环节，商家提供商品给骑手，骑手将外卖配送到顾客手中，顾客进行消费。在线下支持服务环节，外卖平台、政府、协会和媒体等组织对商家进行日常监管，对骑手进行监管和考核。由图 7-2 可知，与传统销售业务流程比较，外卖平台业务减少了顾客到商家服务的步骤，能够提高接受服务的效率、缩短消费时间，从而节省总成本。在外卖平台业务中，要涉及从线上到线下的多个流程；由于线下交互环节是在商家、运输途中、消费者家中等地方进行的，外卖公司无法全面掌控外卖的制作、运输和服务等流程，因此外卖平台业务存在较大的风险。

外卖业务采用跨组织的运作模式，其不完善的管理措施和不对称信息可能导致风险。外卖业务必须采取风险管理措施，才能实现跨组织的协调管理。为了获得风险指标信息，对市场监管部门、外卖平台、商家、骑手、消费者等专家进行访谈。根据访谈和文献检索结果，考虑科学性和独立性原

基于双重云模型信息的决策方法研究及应用

则，确定了 23 个风险指标。外卖平台中的风险指标及其内涵如表7-1所示。

表7-1 外卖平台业务风险指标

环节	代码	风险指标	含义及描述
线上支持环节	C_1	商家资质风险（贺晓琪，2021）	商家无证经营、套用他人资质、信息不一致
	C_2	店铺实景照片虚假风险（贺晓琪，2021）	店内环境照片也是抄图盗图
	C_3	骑手资质风险（李慧茹，2021）	骑手无健康证、专业水平低等
	C_4	信息安全风险（钱晶晶和周伯煌，2017）	顾客与商家之间信息不对称，顾客的信息安全容易被泄露
	C_5	平台"二选一"风险（时建中和马栋，2020）	平台通过强制下线、取消订单等方式强制商家二选一，干扰市场秩序
线上交互环节	C_6	食材安全和储藏风险（冯海静等，2018）	食材质量低劣、储存时间长导致变质
	C_7	外卖包装风险（冯海静等，2018）	包装低劣、不耐高温
	C_8	外卖运输风险（冯海静等，2018）	运输不专业导致外卖商品变质、破损或者遗失
	C_9	外卖制作过程风险（冯海静等，2018）	制作过程不卫生、不专业导致外卖商品不合格
	C_{10}	算法价格歧视风险（吴志艳和罗继锋，2022）	对同一产品，不同顾客收取不同价格
	C_{11}	虚假宣传风险（赵健，2023）	商家排名虚假、食物信息虚假、配送时间虚假
	C_{12}	卫生风险（赵健，2023）	后厨、操作人员卫生风险
	C_{13}	订单抽成过高风险（侯泽敏等，2023）	这可能导致商品品质降低或者商家加价出售
	C_{14}	调度算法不合理风险（熊浩和鄢慧丽，2024）	外卖调度算法不合理导致配送时间压缩、强制分配订单
线下交互环节	C_{15}	配送失误风险（李慧茹，2021）	订单超时或者商品与订单不符
	C_{16}	突发事件配送风险（余飞跃，2022）	由于恶劣天气、订单量不稳定、突发应急事件导致运力不足或者配送过程不安全
	C_{17}	配送交通事故风险（李慧茹，2021）	外卖配送发生交通事故
	C_{18}	配送设备风险（李慧茹，2021）	外卖餐具污染，配送设备消毒不到位

续表

环节	代码	风险指标	含义及描述
线下支持环节	C_{19}	商家刷单风险（贺晓琪，2021）	服务水平低的商家通过刷单获得好评，面临法律风险
	C_{20}	送餐人员培训不到位风险（李慧茹，2021）	这会导致送餐人员无法提供专业服务
	C_{21}	维权通道不畅通风险（贺晓琪，2021）	这可能导致消费者无法进行维权
	C_{22}	监管不到位风险（李慧茹，2021）	平台或者政府监管不到位导致商品或服务不合格
	C_{23}	骑手考核机制不合理风险（侯泽敏等，2023）	接单率、投诉率、超时率过于严苛，缺发弹性

外卖平台属于虚拟的平台经济，采用互联网平台对劳动过程进行控制。外卖平台的风险可能发生在每个业务环节，因此要对四个环节中的所有风险指标进行综合分析。在线上支持环节，商家、骑手和顾客会提供相关资料，进入外卖平台。外卖平台负责对他们的信息进行保存、验证、审核和评估等日常管理。一旦不合格的商家和骑手进入平台，会对后三个环节造成巨大危害。在线上交互环节，商家和骑手在外卖平台上接单和工作，拥有一定的工作自主性；顾客在外卖平台上进行消费，外卖平台可以对商家、骑手和顾客的交易行为进行线上监控和管理。在线下交互环节，外卖业务的交易流程转移到线下。商家通过外卖平台接单、制作并包装，骑手通过到店、取餐和送达完成订单，消费者通过外卖平台实时查看骑手的位置，在订单完成后对商家和骑手的服务进行评价或者售后管理。在这个过程中，外卖平台无法对三者的行为实施有效的线下实时监管，如果监管不力可能导致该环节发生风险。在线下支持环节，政府和外卖平台定期到商家经营现场核查经营环境、健康证等；外卖平台和顾客根据外卖服务表现对骑手和商家进行评价和考核；商家日常维护店铺和信息。因此，外卖平台应对四个环节中的所有风险指标进行综合评估和分析，找出风险水平高的风险指标和环节进行重点管理。

7.3.2 外卖平台风险水平的描述及测度

风险指标的严重性和可能性一直用于描述风险水平（Aven，2016）。在实际评估过程中，决策者最习惯使用自然语言（如好、中、差等）来表达自己的偏好。因此，语言集被广泛应用于复杂评估问题中，如自适应共识问题、项目评估、应急决策支持方法等。为了使评估过程更加方便，本章使用语言集来表达风险指标的严重性和可能性。

根据风险事故的后果，风险指标的严重程度分为从"轻微"到"破坏"五个等级，表示为 $L^s = \{L^s_o | o = -g, \cdots, 0, \cdots, g\}$（$g=2$），如表 7-2 所示。外卖风险事故一般有食品安全事故和交通事故等。根据美团外卖食安事故处理规范，将食品安全事故等级划分为一级食品安全事故、二级食品安全事故、三级食品安全事故、四级食品安全事故。四级食品安全事故是指发生单起食品质量突发事件投诉，人数在 1~2 人；三级食品安全事故是指发生单起食品质量突发事件投诉，人数在 3 人以上或在同一天内针对同一商家发生两起及以上食品质量突发事件投诉。二级食品安全事故是指一次出现由于食品安全问题引发的发病人数在 10~50 人，无死亡事件。一级食品安全事故是指一次出现由于食品安全问题引发的发病人数在 50 人以上；发生群体性食用食品发病事故，并有人员死亡的；引发发病的食品扩散未得到控制，死亡人数在继续增加的；其他可能造成严重社会影响的食品安全事故。根据食品安全事故等级和交通事故等级划分标准，将外卖平台风险事故划分成"轻微、一般、中等、严重和破坏"五个等级。另外，如果风险事故的后果是违反国家法律、风险严重性为"破坏"级别 L^s_2，外卖平台应采取一定的措施避免此类事故的发生。

表 7-2　外卖平台风险严重性的评估等级及描述

等级	语言集	风险严重性的描述
轻微	L^s_{-2}	风险事故产生财产损失，未造成食品安全事故和交通事故
一般	L^s_{-1}	风险事故造成四级食品安全事故或轻微交通事故

续表

等级	语言集	风险严重性的描述
中等	L_0^s	风险事故造成三级食品安全事故或一般交通事故
严重	L_1^s	风险事故造成二级食品安全事故或重大交通事故
破坏	L_2^s	风险事故造成一级食品安全事故或特大交通事故

　　根据风险事故的发生频率，将风险指标发生的可能性分成从"很少发生"到"经常发生"五个等级，表示为 $L^p = \{L_o^p \mid o = -g, \cdots, 0, \cdots, g\}$（$g=2$），如表 7-3 所示。风险指标的可能性描述了相应风险事故的概率，通过风险事故的发生频率来衡量。结合风险指标的严重程度，破坏级外卖风险事故的发生频率通常最低，轻微外卖风险事故的发生频率通常最高。

表 7-3　风险可能性的评估等级及描述

等级	语言集	风险可能性的描述
很少发生	L_{-2}^p	发生的频率是每五年一次
不太可能发生	L_{-1}^p	发生的频率是每年一次
可能发生	L_0^p	发生的频率是每季度一次
易于发生	L_1^p	发生的频率是每月一次
经常发生	L_2^p	几乎每天都会发生

　　定义 7.1：每个风险指标的风险水平是风险严重性与风险可能性的乘积，定义为：

风险水平 = 风险严重性×风险可能性　　　　　　　　　（7-1）

　　风险水平是进行风险评估和风险管理的基础。外卖业务是一个动态持续的过程，涉及外卖平台、商家、骑手、顾客和政府等不同组织。因此，外卖业务的风险评估不仅需要对多个阶段进行评估，还需要具有专业知识和经验的多人参与评估。为此，本章提出多阶段云模型风险评估方法用于外卖平台风险评估。

7.4 外卖平台的多阶段风险评估方法

有效的风险管理有助于规避风险并做出正确的决策。风险评估是一个持续和动态的收集、更新和分析信息的过程。由于涉及多个复杂的组织、不同背景的评估者和动态变化的环境，外卖平台中的风险具有一定的复杂性。

7.4.1 外卖平台多阶段风险评估问题描述

外卖平台多阶段风险评估问题描述如下。假设在多阶段外卖平台风险评估问题中，存在 M 个阶段，阶段权重集合为 $WT = (wt_1, wt_2, \cdots, wt_M)$，其中，$wt_m$ 表示阶段的重要程度，满足 $wt_m \in (0, 1)$，$\sum_{m=1}^{M} wt_m = 1$。设评估方案集合为 $A = \{a_1, a_2, \cdots, a_I\}$（被评估外卖平台），风险指标集合为 $C = \{c_1, c_2, \cdots, c_j\}$，风险指标的权重集合为 $WC = (wc_1, wc_2, \cdots, wc_J)$，其中 wc_j 表示阶段的重要程度，满足 $wc_j \in (0, 1)$，$\sum_{j=1}^{J} wc_j = 1$。第 m 阶段下的风险严重性评估矩阵为 $R^s(m) = (r_{ij}^s(m))_{I \times J}$，第 m 阶段下的风险可能性评估矩阵为 $R^p(m) = (r_{ij}^p(m))_{I \times J}$。

在评估过程中，风险严重性和风险可能性中均会出现依据信息和偏好信息，采用表 7-2 和表 7-3 所示的语言集合来表示，因此不再区分依据信息和偏好信息。通过改进的黄金分割转化法（Wang J Q 等，2014）将语言集合转化为云模型。

为了简便表达，转换后数据的符号不变。根据式（7-1）和第 2 章提到的云模型运算规则，可以求解得到风险水平的矩阵，表示为 $R(m) = (r_{ij}(m))_{I \times J}$。其中，$r_{ij}(m) = (Ex_{ij}(m), En_{ij}(m), He_{ij}(m))$ 表示第 m 阶段方案 a_i 在风险指标 c_j 下的风险水平。

7.4.2　外卖平台的多阶段风险评估方法

在第 2 章中，提出拓展的 TOPSIS 法求解基于云模型形式的属性价值，算例分析也说明了方法的可行性。在 TOPSIS 法中，每个被评估对象与理想方案之间的接近程度，作为评估该对象的标准。理想方案既包含正理想方案，也包含负理想方案，可以为决策问题提供有力的参考。TOPSIS 方法比直接判断具有良好的数学基础，可以在一定程度上减少客观误差和主观偏差。因此，本章使用扩展的 TOPSIS 方法，计算方案与理想方案的接近度来测度方法属性值。

由于风险水平是成本性指标，风险水平越低越好。因此，与第 2 章方法不同，在本章的 TOPSIS 法中，正理想方案为风险水平最低的方案，负理想方案为风险水平最高的方案。设 $r_j(m)^+$ 和 $r_j(m)^-$ 分别为第 m 阶段在风险指标 c_j 下正理想方案和负理想方案，根据第 2 章提出的式（2-11）可以得到风险水平的正、负理想方案的计算方法。

定义 7.2：设 $r_{ij}(m) = (Ex_{ij}(m), En_{ij}(m), He_{ij}(m))$ 为第 m 阶段方案 a_i 相对于属性 c_j 的风险水平，那么属性 c_j 的正理想方案和负理想方案被定义为：

$$\begin{cases} r_j(m)^+ = \underset{i}{\text{argmin}}(s(r_{ij}(m))) \\ r_j(m)^- = \underset{i}{\text{argmax}}(s(r_{ij}(m))) \end{cases} \tag{7-2}$$

其中，$s(r_{ij}(m))$ 表示云模型的得分，根据第 2 章的式（2-9）求解得到。那么，根据第 2 章的云模型相似度计算式（2-10），可以计算得到相对于属性 c_j 方案 a_i 与正、负理想方案之间的相似度，表示为 $Sim_{ij}^+(m)$、$Sim_{ij}^-(m)$。

定义 7.3：设风险指标的权重集合为 $WC = (wc_1, wc_2, \cdots, wc_J)$，根据方案 a_i 与正、负理想方案之间的相似度 $Sim_{ij}^+(m)$、$Sim_{ij}^-(m)$，方案 a_i 与正、负理想方案的相似度定义为：

$$Sim_i^+(m) = \sum_{j=1}^{J} wc_j Sim_{ij}^+(m) \tag{7-3}$$

$$Sim_i^-(m) = \sum_{j=1}^{J} wc_j Sim_{ij}^-(m) \qquad (7\text{-}4)$$

其中，根据第 2 章式（2-10）可知，$Sim_i^+(m)$ 的值越大，表明方案 a_i 与正理想方案的相似度越高；$Sim_i^-(m)$ 的值越大，表明方案 a_i 与负理想方案的相似度越高。

定义 7.4： 第 m 阶段方案 a_i 的贴近度定义为：

$$v_i(m) = \frac{Sim_i^-(m)}{Sim_i^+(m) + Sim_i^-(m)} \qquad (7\text{-}5)$$

其中，$v_i(m)$ 的值越大，表明方案 a_i 越靠近负理想方案，风险水平越高；$v_i(m)$ 的值越小，表明方案 a_i 越靠近正理想方案，风险水平越低。因此，$v_i(m)$ 的值作为方案排序的依据，该值越小，方案的风险水平越小，方案就越好。

在所有阶段下，方案 a_i 的综合排序值可以计算得到：

$$v_i = \sum_{m=1}^{M} wt_m v_i(m) \qquad (7\text{-}6)$$

在决策过程中，如果风险指标和阶段的权重都是已知的，那么方案排序值可以通过式（7-3）至式（7-6）计算得到。

在发展过程中，事物总是从微小的数量变化逐渐发展到重大的质变。在可观察的时间段内，事物的变化往往处于量变阶段。在短时间内，事物的发展相对较稳定。因此，相邻阶段之间的变化往往是相对稳定，应设置在一定范围内，如图 7-4 所示。其中，X 轴表示阶段，Y 轴表示方案属

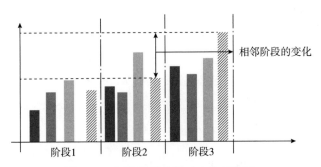

图 7-4　相邻阶段的相对变化示意图

性值。相邻阶段之间的差异往往处在一定的范围内。根据这个原理，本章考虑将相邻阶段方案值的变化率设为一定的范围。

在权重优化过程中，方案之间距离最大化原则常用于设定目标函数。通过这种方式可以扩大不同方案之间的差异，从而使方案能够更容易区分彼此。根据以上分析，为了更好地区分不同的方案，基于方案之间距离最大化原则建立优化模型（7-7），求解阶段权重。

$$\max f(wt_m) = \sum_{i1=1}^{I-1} \sum_{i2>i1}^{I} \left(\sum_{m=1}^{M} wt_m v_{i1}(m) - \sum_{m=1}^{M} wt_m v_{i2}(m) \right)^2$$

$$\text{s. t.} \begin{cases} \text{Orness}(wt_m) = \omega = \dfrac{1}{M-1} \sum_{m=1}^{M} (M-m) wt_m \\ \dfrac{|v_i(m) wt_m - v_i(m-1) wt_{m-1}|}{v_i(m-1) wt_{m-1}} \leq q \\ \sum_{m=1}^{M} wt_m = 1 \\ wt_m \in H \end{cases} \tag{7-7}$$

在模型（7-7）中，目标函数表示所有方案之间的距离最大化。约束条件如下：第一个约束条件表示阶段权重满足 Orness 测度，ω 一般根据决策者对近、远期数据的偏好给出，ω 越接近 0 表明对近期数据越看重，ω 越接近 1 表明对远期数据越看重（Yager，1988）。相邻阶段方案排序值的变化率在 $[-q, q]$ 的范围内，q 越大说明允许的变化率越大；阶段权重之和等于 1；阶段权重满足先验信息集合 H。

在模型（7-7）中，q 表示相邻阶段方案值变化率的最大值，由决策者根据实际问题决定。如果 q 设置得不合理，模型（7-7）将不会得到可行解。定理 7.1 说明 q 的范围，有助于在实际应用中设置 q 值。

定理 7.1：如果 $q \geq \max\limits_{i,m} \left(\min \left(\dfrac{|v_i(m) wt_m - v_i(m-1) wt_{m-1}|}{v_i(m-1) wt_{m-1}} \right) \right)$，模型（7-7）一定存在最优解。

证明：模型（7-7）是一个单目标非线性规划模型，根据最优解存在定理（Winston 和 Goldberg，2004），如果可行域非空且有界，那么模型（7-7）一定存在最优解。

模型（7-7）目标函数为 $\sum\limits_{i1=1}^{I-1} \sum\limits_{i2>i1}^{I} \left(\sum\limits_{m=1}^{M} wt_m v_{i1}(m) - \sum\limits_{m=1}^{M} wt_m v_{i2}(m) \right)^2$，其中，$v_{i1}(m) - v_{i2}(m)$ 可以看作是一个常数，变量为 wt_m。在模型（7-7）中，根据第一个约束条件，有 $\omega(M-1) = \sum\limits_{m=1}^{M} (M-m) wt_m$。一般来说 $wt_m \in [0, 1]$，可以得到 $\sum\limits_{m=1}^{M} (M-m) wt_m \leqslant M(M-1)/2$，即 $\omega(M-1) \leqslant M(M-1)/2$。当 $M=1$ 时，考虑 Orness 测度则变得没有意义；当 $M \geqslant 2$ 时，则可以得到 $\omega \leqslant 1$。如果只考虑第一个、第三个、第四个约束条件，模型（7-7）的可行域是非空且有界的，那么模型（7-7）就存在最优解。

当增加了第二个约束条件，模型（7-7）的可行域则会发生变化。设 $\dfrac{|v_i(m) wt_m - v_i(m-1) wt_{m-1}|}{v_i(m-1) wt_{m-1}} \in [\underline{q}, \overline{q}]$，表示在先验信息条件下相邻阶段方案值变化率的范围。如果 $\overline{q} \geqslant \underline{q}$，那么模型（7-7）的可行域是非空且有界的，模型（7-7）存在最优解；如果 $\overline{q} < \underline{q}$，那么模型（7-7）的可行域则是空集，模型（7-7）不存在最优解。因此，$\underline{q}$ 和 $\overline{q}$ 的值可以通过建立优化模型（7-8）求解得到。

$\max / \min (q_{im})$

$$\text{s.t.} \begin{cases} q_{im} = \dfrac{|v_i(m) wt_m - v_i(m-1) wt_{m-1}|}{v_i(m-1) wt_{m-1}} \\[2mm] \text{Orness}(wt_m) = \omega = \dfrac{1}{M-1} \sum\limits_{m=1}^{M} (M-m) wt_m \\[2mm] \sum\limits_{m=1}^{M} wt_m = 1 \\[2mm] wt_m \in H \end{cases} \qquad (7-8)$$

通过求解模型（7-8），可以获得 $q_{im} \in [\underline{q_{im}}, \overline{q_{im}}]$。其中，$\underline{q_{im}} =$

$$\min\left(\frac{\mid v_i(m)\,wt_m - v_i(m-1)\,wt_{m-1}\mid}{v_i(m-1)\,wt_{m-1}}\right),\quad \overline{q_{im}} = \max\left(\frac{\mid v_i(m)\,wt_m - v_i(m-1)\,wt_{m-1}\mid}{v_i(m-1)\,wt_{m-1}}\right)。$$

那么，就可以得到 $\underline{q} = \max\limits_{i,m} \underline{q_{im}}$、$\overline{q} = \max\limits_{i,m} \overline{q_{im}}$。在实际决策过程中，如果设置 $\overline{q} < \underline{q}$，将导致模型（7-7）无最优解。这时，决策者应该适度调整变化率 $\overline{q}$，使得 $\overline{q} \geqslant \underline{q}$。

根据本章提出的方法，进行多阶段风险评估的步骤总结如下：

步骤1：输入并处理数据。根据表 7-2 和表 7-3，输入风险严重性评估矩阵 $R^s(m) = (r^s_{ij}(m))_{I \times J}$ 和风险可能性评估矩阵 $R^p(m) = (r^p_{ij}(m))_{I \times J}$，采用语言集的形式来表达。根据改进的黄金分割转化法（Wang J Q 等，2014），将这两类评估矩阵被转化为云模型矩阵。根据云模型的运算法则和式（7-1），得到风险水平的评估矩阵 $R(m) = (r_{ij}(m))_{I \times J}$。另外，采用专家评价法和 Delphi 法获得风险指标的权重信息 $WC = (wc_1, wc_2, \cdots, wc_J)$。

步骤2：计算方案与正、负理想方案的相似度。根据第 2 章式（2-9）计算所有方案属性值的得分，然后根据式（7-2）计算得到正、负理想方案 $r_j(m)^+$ 和 $r_j(m)^-$。在每个风险指标下，根据第 2 章式（2-10）计算每个方案与正、负理想方案的相似度。

步骤3：计算贴近度。根据式（7-3）和式（7-4）计算每个方案与正、负理想方案的相似度，根据式（7-5）计算每个方案与理想方案的贴近度。

步骤4：计算阶段权重。根据问题背景和专家的经验，设置阶段权重的先验信息集合 H。根据决策者对近、远期数据的偏好设置 Orness 测度 ω。在先验信息条件下，建立模型（7-8）求解相邻阶段变化率的范围 $[\underline{q}, \overline{q}]$，并根据决策者的经验设置 $\overline{q}$ 值。根据以上结果，建立模型（7-8）求解阶段权重。

步骤5：计算综合排序值。根据式（7-6）求解综合排序值 v_i，该值越大，表明风险水平越高，方案越差。因此，最优方案通过 $\min\limits_i v_i$ 来获得。

本章的方法是对前面章节方法的综合运用，主要用到第 2 章、第 3 章、

第 5 章、第 6 章节的内容。由于外卖平台风险评估只涉及一个自然状态，不考虑目标参考点的影响，因此第 4 章的方法没有在本章应用中得到体现。本章节与前文的关系为：

第一，根据第 2 章的方法可知，在独立特征下权重信息往往表现出非完全形式，主要体现为五种结构（Li，2011；Xu 和 Chen，2007）：弱序、严格序、倍序、区间序、差序。

第二，阶段权重的先验信息集合 H 主要根据两种方式来获取，一是根据第 3 章提出的方法获取阶段权重的范围，二是根据外卖平台风险评估问题的背景和专家评估，获取关于阶段权重的先验信息。

第三，根据第 5 章的方法可知，Orness 测度值往往用于描述决策者对近期数据和远期数据的偏好程度（Yager，1988）。因此，在本章中考虑外卖平台风险评估问题的实际应用过程和决策者的偏好，设置阶段权重的 Orness 测度 $\omega \in [0, 1]$。

第四，根据第 6 章的方法，本章主要涉及属性（阶段）之间具有独立特征的决策问题。

本章提出多阶段云模型方法，用于评估外卖平台的风险水平。首先，通过文献调查和专家访谈，获得 23 个风险指标组成风险指标评估体系，并采用风险严重性和风险可能性来测度风险水平；其次，面对云模型形式的属性值，提出拓展的 TOPSIS 法来计算方案与理想方案之间的相似度和贴近度；最后，基于方案之间的距离最大化原则，建立阶段权重优化模型。下文将使用本章提出的方法对案例进行分析并提出相应的风险管理措施。

7.5 外卖平台多阶段风险评估过程及分析

在本节中，本章提出的方法将应用于外卖平台风险评估问题的案例分析中。

7.5.1 外卖平台多阶段风险评估过程

外卖平台业务是动态变化的过程，需要采用动态评估和管理来降低风险水平。因此，搜集某外卖平台 2020~2023 年的风险评估数据，组成 M = 4 个评估阶段。为评估某外卖平台不同地区的风险水平，选择地域相近的 4 个省会城市组成被评估方案集合 A = {a_1，a_2，…，a_I}（I = 4），23 个风险指标组成风险指标集合 C = {c_1，c_2，…，c_J}（J = 23）。通过近年来搜集的外卖平台中存在的不安全行为和设施的不安全状态识别潜在的危害，查阅过去的检验清单、质量检验报告和历史数据，通过反复讨论来评估风险指标的严重性和可能性。通过主观评价、客观分析和多人投票等方式，根据表 7-2 和表 7-3 给出风险指标严重性和可能性的评估信息。通过评估，得到风险严重性和风险可能性的风险评估数据如表 7-4 和表 7-5 所示。a_1、a_2、a_3、a_4 表示方案，$c_1 \sim c_{23}$ 表示风险指标，"Rs" 和 "Rp" 分别表示风险严重性和风险可能性。

表 7-4　2020 年和 2021 年的风险评估数据

风险指标	2020 年								2021 年							
	a_1		a_2		a_3		a_4		a_1		a_2		a_3		a_4	
	Rs	Rp	Rs	Rp	Rs	Rp	Rs	Rp	Rs	Rp	Rs	Rp	Rs	Rp	Rs	Rp
c_1	L_1^s	L_1^p	L_{-1}^s	L_1^p	L_{-1}^s	L_1^p	L_{-1}^s	L_0^p	L_{-1}^s	L_{-1}^p	L_{-1}^s	L_1^p	L_{-1}^s	L_1^p	L_{-1}^s	L_0^p
c_2	L_1^s	L_0^p	L_{-1}^s	L_1^p	L_{-1}^s	L_1^p	L_1^s	L_0^p	L_1^s	L_1^p	L_{-1}^s	L_0^p	L_{-1}^s	L_1^p	L_1^s	L_0^p
c_3	L_0^s	L_1^p	L_0^s	L_2^p	L_0^s	L_1^p	L_1^s	L_1^p	L_0^s	L_1^p	L_0^s	L_1^p	L_1^s	L_0^p	L_0^s	L_1^p
c_4	L_{-1}^s	L_2^p	L_1^s	L_2^p	L_{-1}^s	L_1^p	L_1^s	L_1^p	L_1^s	L_2^p	L_1^s	L_1^p	L_0^s	L_0^p	L_0^s	L_1^p
c_5	L_0^s	L_{-1}^p	L_0^s	L_{-1}^p	L_0^s	L_1^p	L_1^s	L_1^p	L_1^s	L_0^p	L_1^s	L_1^p	L_1^s	L_0^p	L_0^s	L_1^p
c_6	L_2^s	L_1^p	L_0^s	L_1^p	L_0^s	L_1^p	L_0^s	L_1^p	L_1^s	L_1^p	L_1^s	L_0^p	L_0^s	L_-^p	L_1^s	L_1^p
c_7	L_0^s	L_0^p	L_{-1}^s	L_2^p	L_1^s	L_1^p	L_1^{ps}	L_0^p	L_1^s	L_1^p	L_1^s	L_1^p	L_1^s	L_1^p	L_1^s	L_1^p
c_8	L_0^s	L_{-1}^p	L_0^s	L_1^p	L_0^s	L_{-1}^p	L_2^s	L_1^p	L_1^s	L_1^p	L_1^s	L_1^p	L_{-1}^s	L_1^p	L_1^s	L_2^p
c_9	L_0^s	L_2^p	L_{-1}^s	L_1^p	L_{-1}^s	L_-^s	L_0^p	L_{-1}^s	L_2^p	L_1^s	L_{-1}^p	L_{-1}^s	L_{-1}^p		L_0^p

续表

风险指标	2020 年								2021 年							
	a_1		a_2		a_3		a_4		a_1		a_2		a_3		a_4	
	Rs	Rp	Rs	Rp	Rs	Rp	Rs	Rp	Rs	Rp	Rs	Rp	Rs	Rp	Rs	Rp
c_{10}	L^s_{-1}	L^p_1	L^s_{-1}	L^p_1	L^s_{-1}	L^p_1	L^s_0	L^p_0	L^s_0	L^p_1	L^s_{-1}	L^p_0	L^s_{-1}	L^p_0	L^s_{-1}	L^p_0
c_{11}	L^s_{-1}	L^p_1	H^s_{-1}	L^p_1	L^s_{-1}	L^p_0	L^s_{-1}	L^p_1	L^s_{-1}	L^p_1	L^s_{-1}	L^p_0	L^s_1	L^p_1	L^s_{-1}	L^p_1
c_{12}	L^s_1	L^p_2	L^s_0	L^p_1	L^s_0	L^p_1	L^s_{-1}	L^p_1	L^s_0	L^p_2	L^s_0	L^p_1	L^s_{-1}	L^p_1	L^s_{-1}	L^p_1
c_{13}	L^s_0	L^p_0	L^s_{-1}	L^p_1	L^s_{-1}	L^p_0	L^s_0	L^p_1	L^s_0	L^p_0	L^s_0	L^p_0	L^s_1	L^p_2	L^s_0	L^p_1
c_{14}	L^s_1	L^p_0	L^s_1	L^p_1	L^s_1	L^p_1	L^s_1	L^p_2	L^s_1	L^p_0	L^s_0	L^p_0	L^s_1	L^p_1	L^s_1	L^p_1
c_{15}	L^s_{-1}	L^p_2	L^s_{-1}	L^p_1	L^s_{-1}	L^p_1	L^s_{-1}	L^p_1	L^s_{-1}	L^p_2	L^s_{-1}	L^p_1	L^s_{-1}	L^p_1	L^s_{-1}	L^p_1
c_{16}	L^s_1	L^p_1	L^s_{-1}	L^p_1	L^s_1	L^p_0	L^s_1	L^p_0	L^s_1	L^p_1	L^s_1	L^p_1	L^s_1	L^p_0	L^s_1	L^p_1
c_{17}	L^s_2	L^p_1	L^s_2	L^p_2	L^s_2	L^p_1	L^s_1	L^p_2	L^s_1	L^p_2	L^s_1	L^p_2	L^s_1	L^p_1	L^s_1	L^p_2
c_{18}	L^s_0	L^p_0	L^s_{-1}	L^p_{-1}	L^s_0	L^p_1	L^s_{-1}	L^p_{-1}	L^s_0	L^p_{-1}	L^s_{-1}	L^p_{-1}	L^s_{-1}	L^p_2	L^s_{-1}	L^p_{-1}
c_{19}	L^s_{-1}	L^p_{-1}	L^s_{-1}	L^p_1	L^s_{-1}	L^p_{-1}	L^s_{-1}	L^p_2	L^s_{-1}	L^p_1	L^s_{-1}	L^p_1	L^s_{-1}	L^p_1	L^s_{-1}	L^p_2
c_{20}	L^s_{-1}	L^p_{-1}	L^s_0	L^p_{-1}	L^s_{-1}	L^p_0	L^s_0	L^p_1	L^s_{-1}	L^p_1	L^s_0	L^p_1	L^s_0	L^p_0	L^s_{-1}	L^p_0
c_{21}	L^s_{-1}	L^p_1	L^s_0	L^p_1	L^s_{-1}	L^p_1	L^s_0	L^p_1	L^s_{-1}	L^p_1	L^s_1	H^p_1	L^s_1	L^p_1	L^s_0	L^p_0
c_{22}	L^s_1	L^p_0	L^s_2	L^p_{-1}	L^s_1	L^p_0	L^s_1	L^p_0	L^s_1	L^p_1	L^s_1	L^p_1	L^s_1	L^p_1	L^s_2	L^p_0
c_{23}	L^s_0	L^p_0	L^s_1	L^p_{-1}	L^s_0	L^p_1	L^s_0	L^p_0	L^s_0	L^p_1	L^s_0	L^p_0	L^s_0	L^p_1	L^s_0	L^p_1

表 7-5　2022 年和 2023 年的风险评估数据

风险指标	2022 年								2023 年							
	a_1		a_2		a_3		a_4		a_1		a_2		a_3		a_4	
	Rs	Rp	Rs	Rp	Rs	Rp	Rs	Rp	Rs	Rp	Rs	Rp	Rs	Rp	Rs	Rp
c_1	L^s_{-1}	L^p_1	L^s_{-1}	L^p_1	L^s_{-1}	L^p_1	L^s_{-1}	L^p_0	L^s_{-1}	L^p_0	L^s_{-1}	L^p_0	L^s_{-1}	L^p_0	L^s_{-1}	L^p_0
c_2	L^s_1	L^p_1	L^s_1	L^p_0	L^s_{-1}	L^p_0	L^s_{-1}	L^p_0	L^s_1	L^p_1	L^s_1	L^p_1	L^s_{-1}	L^p_{-1}	L^s_{-1}	L^p_{-1}
c_3	L^s_0	L^p_1	L^s_0	L^p_0	L^s_0	L^p_0	L^s_0	L^p_0	L^s_0	L^p_0	L^s_0	L^p_1	L^s_0	L^p_0	L^s_0	L^p_{-1}
c_4	L^s_{-1}	L^p_1	L^s_1	L^p_{-1}	L^s_{-1}	L^p_1	L^s_1	L^p_1	L^s_0	L^p_1	L^s_1	L^p_1	L^s_0	L^p_1	L^s_1	L^p_0
c_5	L^s_{-1}	L^p_{-1}	L^s_0	L^p_{-1}	L^s_{-1}	L^p_{-1}	L^s_0	L^p_0	L^s_0	L^p_0	L^s_0	L^p_1	L^s_0	L^p_1	L^s_0	L^p_1

续表

风险指标	2022 年								2023 年							
	a_1		a_2		a_3		a_4		a_1		a_2		a_3		a_4	
	Rs	Rp	Rs	Rp	Rs	Rp	Rs	Rp	Rs	Rp	Rs	Rp	Rs	Rp	Rs	Rp
c_6	L_1^s	L_1^p	L_0^s	L_1^p	L_0^s	L_2^p	L_0^s	L_1^p	L_1^s	L_0^p	L_0^s	L_0^p	L_{-1}^s	L_1^p	L_{-1}^s	L_0^p
c_7	L_0^s	L_{-1}^p	L_0^s	L_1^p	L_0^s	L_1^p	L_0^s	L_1^p	L_1^s	L_1^p	L_{-1}^s	L_1^p	L_{-1}^s	L_2^p	L_0^s	L_{-1}^p
c_8	L_0^s	L_{-1}^p	L_0^s	L_1^p	L_0^s	L_1^p	L_{-1}^s	L_2^p	L_{-1}^s	L_{-1}^p	L_{-1}^s	L_{-1}^p	L_1^s	L_{-1}^p	L_0^s	L_1^p
c_9	L_0^s	L_2^p	L_{-1}^s	L_1^p	L_1^s	L_1^p	L_1^s	L_1^p	L_0^s	L_1^p	L_{-1}^s	L_1^p	L_1^s	L_1^p	L_{-1}^s	L_0^p
c_{10}	L_{-1}^s	L_0^p	L_{-1}^s	L_1^p	L_{-1}^s	L_1^p	L_1^s	L_1^p	L_0^s	L_1^p	L_1^s	L_0^p	L_1^s	L_0^p	L_1^s	L_0^p
c_{11}	L_{-1}^s	L_1^p	L_{-1}^s	L_{-1}^p	L_{-1}^s	L_1^p	L_1^s	L_1^p	L_0^s	L_0^p	L_1^s	L_0^p	L_{-1}^s	L_1^p	L_{-1}^s	L_1^p
c_{12}	L_{-1}^s	L_1^p	L_0^s	L_1^p	L_1^s	L_1^p	L_1^s	L_1^p	L_1^s	L_1^p	L_1^s	L_0^p	L_{-1}^s	L_0^p	L_{-1}^s	L_1^p
c_{13}	L_{-1}^s	L_1^p	L_1^s	L_1^p	L_1^s	L_1^p	L_1^s	L_1^p	L_0^s	L_1^p	L_1^s	L_1^p	L_{-1}^s	L_1^p	L_{-1}^s	L_1^p
c_{14}	L_1^s	L_1^p	L_1^s	L_1^p	L_1^s	L_0^p	L_1^s	L_1^p	L_1^s	L_1^p	L_2^s	L_0^p	L_0^s	L_0^p	L_0^s	L_1^p
c_{15}	L_{-1}^s	L_1^p	L_{-1}^s	L_1^p	L_{-1}^s	L_1^p	L_{-1}^s	L_1^p	L_{-1}^s	L_1^p	L_{-1}^s	L_1^p	L_{-1}^s	L_1^p	L_{-1}^s	L_1^p
c_{16}	L_0^s	L_2^p	L_0^s	L_1^p	L_0^s	L_2^p	L_{-1}^s	L_1^p	L_1^s	L_1^p	L_{-1}^s	L_1^p	L_{-1}^s	L_1^p	L_{-1}^s	L_1^p
c_{17}	L_2^s	L_1^p	L_1^s	L_2^p	L_1^s	L_1^p	L_1^s	L_1^p	L_1^s	L_1^p	L_1^s	L_2^p	L_2^s	L_1^p	L_1^s	L_1^p
c_{18}	L_{-1}^s	L_1^p	L_{-1}^s	L_1^p	L_1^s	L_0^p	L_1^s	L_{-1}^p	L_0^s	L_0^p	L_1^s	L_1^p	L_1^s	L_1^p	L_1^s	L_{-1}^p
c_{19}	L_{-1}^s	L_1^p	L_{-1}^s	L_1^p	L_{-1}^s	L_{-1}^p	L_1^s	L_{-1}^p	L_{-1}^s	L_1^p	L_{-1}^s	L_1^p	L_{-1}^s	L_{-1}^p	L_1^s	L_1^p
c_{20}	L_{-1}^s	L_0^p	L_1^s	L_1^p	L_1^s	L_1^p	L_1^s	L_1^p	L_1^s	L_0^p	L_1^s	L_1^p	L_0^s	L_1^p	L_{-1}^s	L_1^p
c_{21}	L_{-1}^s	L_{-1}^p	L_{-1}^s	L_1^p	L_1^s	L_1^p	L_1^s	L_1^p	L_{-1}^s	L_1^p	L_1^s	L_1^p	L_1^s	L_1^p	L_1^s	L_0^p
c_{22}	L_0^s	L_1^p	L_0^s	L_1^p	L_1^s	L_1^p	L_{-1}^s	L_1^p	L_0^s	L_1^p	L_1^s	L_1^p	L_1^s	L_1^p	L_{-1}^s	L_1^p
c_{23}	L_0^s	L_1^p	L_0^s	L_1^p	L_1^s	L_{-1}^p	L_0^s	L_1^p	L_0^s	L_1^p	L_{-1}^s	L_1^p	L_0^s	L_1^p	L_0^s	L_0^p

通过对各个环节的分析，评估小组发现：线上交互环节是外卖平台、商家、骑手和消费者进行沟通和交易的重要环节，一旦该环节出现风险，其危害就高于其他环节；线下交互环节不在外卖平台的直接管理范围内，风险的可能性要大于其他环节。因此，评估小组认为这两个环节的权重更大。通过 Delphi 法给出每个环节的权重为 w(线上支持) = 0.2、w(线上交

互)= 0.3、w(线下交互)= 0.3、w(线下支持)= 0.2。通过评估小组分析，得到每个环节下风险指标的权重：

W(线上支持)=（0.2，0.15，0.15，0.25，0.25）；

W(线上交互)=（0.15，0.09，0.09，0.12，0.1，0.1，0.1，0.1，0.15）；

W(线下交互)=（0.15，0.3，0.4，0.15）；

W(线下支持)=（0.15，0.2，0.15，0.25，0.25）。

以线下交互环节为例，c_{17} 的权重高于其他权重。因为 c_{17} 表示在配送交通事故风险，这个风险通常造成人员伤害，因此 c_{16} 的严重性和可能性总是高于其他风险指标。

每个风险指标的最终权重可以通过上述两种权重的乘积来表示，如表 7-6 所示。

根据本章的方法，对外卖平台业务进行多阶段风险评估的过程如下：

步骤 1： 输入并处理数据。

采用专家评价法和 Delphi 法获得风险指标的权重信息如表 7-6 所示。根据改进的黄金分割转化法（Wang J Q 等，2014），将表 7-4 和表 7-5 的风险评估数据被转化为云模型形式如表 7-7 至表 7-10 所示。

表 7-6　风险指标的最终权重

wc_1	wc_2	wc_3	wc_4	w_5	wc_6	wc_7	wc_8	wc_9	wc_{10}	wc_{11}	wc_{12}
0.04	0.03	0.03	0.05	0.05	0.045	0.027	0.027	0.036	0.03	0.03	0.03

wc_{13}	wc_{14}	wc_{15}	wc_{16}	wc_{17}	wc_{18}	wc_{19}	wc_{20}	wc_{21}	wc_{22}	wc_{23}	
0.03	0.045	0.045	0.09	0.12	0.045	0.03	0.04	0.03	0.05	0.05	

表 7-7　2020 年风险指标的风险水平评估表

风险指标	a_1	a_2	a_3	a_4
c_1	(47.7481, 6.2249, 1.5831)	(21.3519, 4.8217, 1.2262)	(21.3519, 4.8217, 1.2262)	(15.4500, 3.4087, 0.8669)

风险 指标	a_1	a_2	a_3	a_4
c_2	(34.5500, 4.1856, 1.0647)	(21.3519, 4.8217, 1.2262)	(15.4500, 3.4087, 0.8669)	(15.4500, 3.4087, 0.8669)
c_3	(34.5500, 4.1856, 1.0647)	(50.0000, 6.4822, 1.6481)	(34.5500, 4.1856, 1.0647)	(47.7481, 6.2249, 1.5831)
c_4	(30.9000, 7.1222, 1.8110)	(30.9000, 7.1222, 1.8110)	(21.3519, 4.8217, 1.2262)	(69.1000, 9.5567, 2.4294)
c_5	(15.4500, 3.4087, 0.8669)	(15.4500, 3.4087, 0.8669)	(34.5500, 4.1856, 1.0647)	(47.7481, 6.2249, 1.5831)
c_6	(69.1000, 9.5567, 2.4294)	(34.5500, 4.1856, 1.0647)	(34.5500, 4.1856, 1.0647)	(34.5500, 4.1856, 1.0647)
c_7	(25.0000, 2.7789, 0.7071)	(30.9000, 7.1222, 1.8110)	(34.5500, 4.1856, 1.0647)	(21.3519, 4.8217, 1.2262)
c_8	(15.4500, 3.4087, 0.8669)	(34.5500, 4.1856, 1.0647)	(34.5500, 4.1856, 1.0647)	(30.9000, 7.1222, 1.8110)
c_9	(50.0000, 6.4822, 1.6481)	(21.3519, 4.8217, 1.2262)	(21.3519, 4.8217, 1.2262)	(15.4500, 3.4087, 0.8669)
c_{10}	(21.3519, 4.8217, 1.2262)	(21.3519, 4.8217, 1.2262)	(21.3519, 4.8217, 1.2262)	(25.0000, 2.7789, 0.7071)
c_{11}	(21.3519, 4.8217, 1.2262)	(21.3519, 4.8217, 1.2262)	(15.4500, 3.4087, 0.8669)	(21.3519, 4.8217, 1.2262)
c_{12}	(69.1000, 9.5567, 2.4294)	(34.5500, 4.1856, 1.0647)	(34.5500, 4.1856, 1.0647)	(21.3519, 4.8217, 1.2262)
c_{13}	(25.0000, 2.7789, 0.7071)	(21.3519, 4.8217, 1.2262)	(15.4500, 3.4087, 0.8669)	(21.3519, 4.8217, 1.2262)
c_{14}	(34.5500, 4.1856, 1.0647)	(47.7481, 6.2249, 1.5831)	(47.7481, 6.2249, 1.5831)	(69.1000, 9.5567, 2.4294)
c_{15}	(30.9000, 7.1222, 1.8110)	(21.3519, 4.8217, 1.2262)	(21.3519, 4.8217, 1.2262)	(21.3519, 4.8217, 1.2262)
c_{16}	(47.7481, 6.2249, 1.5831)	(15.4500, 3.4087, 0.8669)	(34.5500, 4.1856, 1.0647)	(34.5500, 4.1856, 1.0647)
c_{17}	(69.1000, 9.5567, 2.4294)	(100.0000, 14.5805, 3.7052)	(69.1000, 9.5567, 2.4294)	(100.0000, 14.5805, 3.7052)

风险指标	a_1	a_2	a_3	a_4
c_{18}	(25.0000, 2.7789, 0.7071)	(9.5481, 2.7836, 0.7079)	(34.5500, 4.1856, 1.0647)	(9.5481, 2.7836, 0.7079)
c_{19}	(9.5481, 2.7836, 0.7079)	(9.5481, 2.7836, 0.7079)	(9.5481, 2.7836, 0.7079)	(30.9000, 7.1222, 1.8110)
c_{20}	(9.5481, 2.7836, 0.7079)	(15.4500, 3.4087, 0.8669)	(15.4500, 3.4087, 0.8669)	(34.5500, 4.1856, 1.0647)
c_{21}	(9.5481, 2.7836, 0.7079)	(34.5500, 4.1856, 1.0647)	(21.3519, 4.8217, 1.2262)	(34.5500, 4.1856, 1.0647)
c_{22}	(34.5500, 4.1856, 1.0647)	(30.9000, 7.1222, 1.8110)	(34.5500, 4.1856, 1.0647)	(50.0000, 6.4822, 1.6481)
c_{23}	(25.0000, 2.7789, 0.7071)	(21.3519, 4.8217, 1.2262)	(34.5500, 4.1856, 1.0647)	(25.0000, 2.7789, 0.7071)

表 7-8　2021 年风险指标的风险水平评估表

风险指标	a_1	a_2	a_3	a_4
c_1	(9.5481, 2.7836, 0.7079)	(21.3519, 4.8217, 1.2262)	(21.3519, 4.8217, 1.2262)	(15.4500, 3.4087, 0.8669)
c_2	(34.5500, 4.1856, 1.0647)	(15.4500, 3.4087, 0.8669)	(15.4500, 3.4087, 0.8669)	(15.4500, 3.4087, 0.8669)
c_3	(25.0000, 2.7789, 0.7071)	(50.0000, 6.4822, 1.6481)	(34.5500, 4.1856, 1.0647)	(34.5500, 4.1856, 1.0647)
c_4	(50.0000, 6.4822, 1.6481)	(69.1000, 9.5567, 2.4294)	(25.0000, 2.7789, 0.7071)	(47.7481, 6.2249, 1.5831)
c_5	(47.7481, 6.2249, 1.5831)	(34.5500, 4.1856, 1.0647)	(34.5500, 4.1856, 1.0647)	(34.5500, 4.1856, 1.0647)
c_6	(34.5500, 4.1856, 1.0647)	(34.5500, 4.1856, 1.0647)	(34.5500, 4.1856, 1.0647)	(34.5500, 4.1856, 1.0647)
c_7	(25.0000, 2.7789, 0.7071)	(21.3519, 4.8217, 1.2262)	(34.5500, 4.1856, 1.0647)	(21.3519, 4.8217, 1.2262)
c_8	(9.5481, 2.7836, 0.7079)	(21.3519, 4.8217, 1.2262)	(21.3519, 4.8217, 1.2262)	(30.9000, 7.1222, 1.8110)

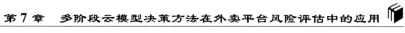

续表

风险指标	a_1	a_2	a_3	a_4
c_9	(30.9000, 7.1222, 1.8110)	(21.3519, 4.8217, 1.2262)	(21.3519, 4.8217, 1.2262)	(15.4500, 3.4087, 0.8669)
c_{10}	(34.5500, 4.1856, 1.0647)	(15.4500, 3.4087, 0.8669)	(15.4500, 3.4087, 0.8669)	(15.4500, 3.4087, 0.8669)
c_{11}	(21.3519, 4.8217, 1.2262)	(15.4500, 3.4087, 0.8669)	(34.5500, 4.1856, 1.0647)	(21.3519, 4.8217, 1.2262)
c_{12}	(50.0000, 6.4822, 1.6481)	(34.5500, 4.1856, 1.0647)	(21.3519, 4.8217, 1.2262)	(21.3519, 4.8217, 1.2262)
c_{13}	(34.5500, 4.1856, 1.0647)	(34.5500, 4.1856, 1.0647)	(30.9000, 7.1222, 1.8110)	(21.3519, 4.8217, 1.2262)
c_{14}	(34.5500, 4.1856, 1.0647)	(34.5500, 4.1856, 1.0647)	(34.5500, 4.1856, 1.0647)	(47.7481, 6.2249, 1.5831)
c_{15}	(30.9000, 7.1222, 1.8110)	(21.3519, 4.8217, 1.2262)	(30.9000, 7.1222, 1.8110)	(21.3519, 4.8217, 1.2262)
c_{16}	(50.0000, 6.4822, 1.6481)	(15.4500, 3.4087, 0.8669)	(34.5500, 4.1856, 1.0647)	(34.5500, 4.1856, 1.0647)
c_{17}	(69.1000, 9.5567, 2.4294)	(100.0000, 14.5805, 3.7052)	(69.1000, 9.5567, 2.4294)	(69.1000, 9.5567, 2.4294)
c_{18}	(15.4500, 3.4087, 0.8669)	(9.5481, 2.7836, 0.7079)	(30.9000, 7.1222, 1.8110)	(9.5481, 2.7836, 0.7079)
c_{19}	(9.5481, 2.7836, 0.7079)	(9.5481, 2.7836, 0.7079)	(9.5481, 2.7836, 0.7079)	(30.9000, 7.1222, 1.8110)
c_{20}	(15.4500, 3.4087, 0.8669)	(15.4500, 3.4087, 0.8669)	(15.4500, 3.4087, 0.8669)	(21.3519, 4.8217, 1.2262)
c_{21}	(9.5481, 2.7836, 0.7079)	(34.5500, 4.1856, 1.0647)	(15.4500, 3.4087, 0.8669)	(34.5500, 4.1856, 1.0647)
c_{22}	(47.7481, 6.2249, 1.5831)	(47.7481, 6.2249, 1.5831)	(47.7481, 6.2249, 1.5831)	(50.0000, 6.4822, 1.6481)
c_{23}	(25.0000, 2.7789, 0.7071)	(25.0000, 2.7789, 0.7071)	(34.5500, 4.1856, 1.0647)	(34.5500, 4.1856, 1.0647)

表7-9　2022年风险指标的风险水平评估表

风险指标	a_1	a_2	a_3	a_4
c_1	(21.3519, 4.8217, 1.2262)	(21.3519, 4.8217, 1.2262)	(21.3519, 4.8217, 1.2262)	(15.4500, 3.4087, 0.8669)
c_2	(47.7481, 6.2249, 1.5831)	(15.4500, 3.4087, 0.8669)	(15.4500, 3.4087, 0.8669)	(15.4500, 3.4087, 0.8669)
c_3	(34.5500, 4.1856, 1.0647)	(34.5500, 4.1856, 1.0647)	(25.0000, 2.7789, 0.7071)	(25.0000, 2.7789, 0.7071)
c_4	(21.3519, 4.8217, 1.2262)	(47.7481, 6.2249, 1.5831)	(21.3519, 4.8217, 1.2262)	(47.7481, 6.2249, 1.5831)
c_5	(9.5481, 2.7836, 0.7079)	(15.4500, 3.4087, 0.8669)	(9.5481, 2.7836, 0.7079)	(25.0000, 2.7789, 0.7071)
c_6	(47.7481, 6.2249, 1.5831)	(34.5500, 4.1856, 1.0647)	(50.0000, 6.4822, 1.6481)	(34.5500, 4.1856, 1.0647)
c_7	(15.4500, 3.4087, 0.8669)	(34.5500, 4.1856, 1.0647)	(34.5500, 4.1856, 1.0647)	(34.5500, 4.1856, 1.0647)
c_8	(9.5481, 2.7836, 0.7079)	(9.5481, 2.7836, 0.7079)	(21.3519, 4.8217, 1.2262)	(34.5500, 4.1856, 1.0647)
c_9	(50.0000, 6.4822, 1.6481)	(21.3519, 4.8217, 1.2262)	(15.4500, 3.4087, 0.8669)	(15.4500, 3.4087, 0.8669)
c_{10}	(15.4500, 3.4087, 0.8669)	(21.3519, 4.8217, 1.2262)	(15.4500, 3.4087, 0.8669)	(15.4500, 3.4087, 0.8669)
c_{11}	(21.3519, 4.8217, 1.2262)	(9.5481, 2.7836, 0.7079)	(21.3519, 4.8217, 1.2262)	(21.3519, 4.8217, 1.2262)
c_{12}	(21.3519, 4.8217, 1.2262)	(34.5500, 4.1856, 1.0647)	(15.4500, 3.4087, 0.8669)	(21.3519, 4.8217, 1.2262)
c_{13}	(21.3519, 4.8217, 1.2262)	(21.3519, 4.8217, 1.2262)	(21.3519, 4.8217, 1.2262)	(21.3519, 4.8217, 1.2262)
c_{14}	(47.7481, 6.2249, 1.5831)	(47.7481, 6.2249, 1.5831)	(34.5500, 4.1856, 1.0647)	(47.7481, 6.2249, 1.5831)
c_{15}	(21.3519, 4.8217, 1.2262)	(21.3519, 4.8217, 1.2262)	(21.3519, 4.8217, 1.2262)	(21.3519, 4.8217, 1.2262)
c_{16}	(50.0000, 6.4822, 1.6481)	(34.5500, 4.1856, 1.0647)	(34.5500, 4.1856, 1.0647)	(50.0000, 6.4822, 1.6481)

续表

风险指标	a_1	a_2	a_3	a_4
c_{17}	(69.1000, 9.5567, 2.4294)	(69.1000, 9.5567, 2.4294)	(69.1000, 9.5567, 2.4294)	(69.1000, 9.5567, 2.4294)
c_{18}	(21.3519, 4.8217, 1.2262)	(9.5481, 2.7836, 0.7079)	(34.5500, 4.1856, 1.0647)	(9.5481, 2.7836, 0.7079)
c_{19}	(21.3519, 4.8217, 1.2262)	(9.5481, 2.7836, 0.7079)	(9.5481, 2.7836, 0.7079)	(21.3519, 4.8217, 1.2262)
c_{20}	(15.4500, 3.4087, 0.8669)	(21.3519, 4.8217, 1.2262)	(34.5500, 4.1856, 1.0647)	(21.3519, 4.8217, 1.2262)
c_{21}	(9.5481, 2.7836, 0.7079)	(9.5481, 2.7836, 0.7079)	(9.5481, 2.7836, 0.7079)	(15.4500, 3.4087, 0.8669)
c_{22}	(34.5500, 4.1856, 1.0647)	(15.4500, 3.4087, 0.8669)	(34.5500, 4.1856, 1.0647)	(34.5500, 4.1856, 1.0647)
c_{23}	(34.5500, 4.1856, 1.0647)	(34.5500, 4.1856, 1.0647)	(21.3519, 4.8217, 1.2262)	(34.5500, 4.1856, 1.0647)

表 7-10　2023 年风险指标的风险水平评估表

风险指标	a_1	a_2	a_3	a_4
c_1	(15.4500, 3.4087, 0.8669)	(15.4500, 3.4087, 0.8669)	(15.4500, 3.4087, 0.8669)	(15.4500, 3.4087, 0.8669)
c_2	(47.7481, 6.2249, 1.5831)	(47.7481, 2.7836, 0.7079)	(9.5481, 2.7836, 0.7079)	(9.5481, 2.7836, 0.7079)
c_3	(25.0000, 2.7789, 0.7071)	(25.0000, 4.1856, 1.0647)	(25.0000, 2.7789, 0.7071)	(15.4500, 3.4087, 0.8669)
c_4	(34.5500, 4.1856, 1.0647)	(34.5500, 6.2249, 1.5831)	(15.4500, 3.4087, 0.8669)	(34.5500, 4.1856, 1.0647)
c_5	(25.0000, 2.7789, 0.7071)	(25.0000, 3.4087, 0.8669)	(9.5481, 2.7836, 0.7079)	(9.5481, 2.7836, 0.7079)
c_6	(34.5500, 4.1856, 1.0647)	(34.5500, 2.7789, 0.7071)	(21.3519, 4.8217, 1.2262)	(15.4500, 3.4087, 0.8669)
c_7	(47.7481, 6.2249, 1.5831)	(47.7481, 4.8217, 1.2262)	(30.9000, 7.1222, 1.8110)	(15.4500, 3.4087, 0.8669)

续表

风险指标	a_1	a_2	a_3	a_4
c_8	(9.5481, 2.7836, 0.7079)	(9.5481, 2.7836, 0.7079)	(21.3519, 4.8217, 1.2262)	(34.5500, 4.1856, 1.0647)
c_9	(50.0000, 6.4822, 1.6481)	(50.0000, 4.8217, 1.2262)	(15.4500, 3.4087, 0.8669)	(15.4500, 3.4087, 0.8669)
c_{10}	(34.5500, 4.1856, 1.0647)	(34.5500, 4.8217, 1.2262)	(15.4500, 3.4087, 0.8669)	(25.0000, 2.7789, 0.7071)
c_{11}	(34.5500, 4.1856, 1.0647)	(34.5500, 2.7789, 0.7071)	(21.3519, 4.8217, 1.2262)	(21.3519, 4.8217, 1.2262)
c_{12}	(21.3519, 4.8217, 1.2262)	(21.3519, 4.1856, 1.0647)	(15.4500, 3.4087, 0.8669)	(21.3519, 4.8217, 1.2262)
c_{13}	(34.5500, 4.1856, 1.0647)	(34.5500, 3.4087, 0.8669)	(21.3519, 4.8217, 1.2262)	(21.3519, 4.8217, 1.2262)
c_{14}	(47.7481, 6.2249, 1.5831)	(47.7481, 6.4822, 1.6481)	(25.0000, 2.7789, 0.7071)	(47.7481, 6.2249, 1.5831)
c_{15}	(21.3519, 4.8217, 1.2262)	(21.3519, 4.8217, 1.2262)	(21.3519, 4.8217, 1.2262)	(21.3519, 4.8217, 1.2262)
c_{16}	(21.3519, 4.8217, 1.2262)	(21.3519, 4.8217, 1.2262)	(15.4500, 3.4087, 0.8669)	(21.3519, 4.8217, 1.2262)
c_{17}	(47.7481, 6.2249, 1.5831)	(47.7481, 14.5805, 3.7052)	(69.1000, 9.5567, 2.4294)	(100.0000, 14.5805, 3.7052)
c_{18}	(25.0000, 2.7789, 0.7071)	(25.0000, 2.7836, 0.7079)	(21.3519, 4.8217, 1.2262)	(9.5481, 2.7836, 0.7079)
c_{19}	(21.3519, 4.8217, 1.2262)	(21.3519, 2.7836, 0.7079)	(9.5481, 2.7836, 0.7079)	(21.3519, 4.8217, 1.2262)
c_{20}	(15.4500, 3.4087, 0.8669)	(15.4500, 4.8217, 1.2262)	(34.5500, 4.1856, 1.0647)	(21.3519, 4.8217, 1.2262)
c_{21}	(9.5481, 2.7836, 0.7079)	(9.5481, 2.7836, 0.7079)	(9.5481, 2.7836, 0.7079)	(15.4500, 3.4087, 0.8669)
c_{22}	(25.0000, 2.7789, 0.7071)	(25.0000, 2.7836, 0.7079)	(15.4500, 3.4087, 0.8669)	(15.4500, 3.4087, 0.8669)
c_{23}	(34.5500, 4.1856, 1.0647)	(34.5500, 4.8217, 1.2262)	(15.4500, 3.4087, 0.8669)	(25.0000, 2.7789, 0.7071)

步骤2：计算与正、负理想方案的相似度。

根据式（2-9）计算所有方案评估值的得分，然后根据式（7-2）计算得到正、负理想方案 $r_j(m)^+$ 和 $r_j(m)^-$（略）。在每个风险指标下，根据式（2-10）计算每个方案与正、负理想方案的相似度。以第一阶段下方案 a_1 与正、负理想方案的相似度数据为例来说明，如图7-5所示。X轴表示风险指标，Y轴表示相似度，圆形标记表示 a_1 与正理想方案的相似度，三角形标记表示 a_1 与负理想方案的相似度。

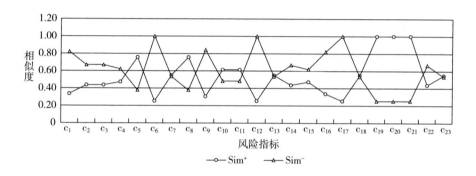

图7-5 方案与正、负理想方案的相似度

在每个风险指标下，如果一个方案更接近正理想方案并且远离负理想方案，则该方案的风险水平更小。在风险指标（c_5、c_8、c_{10}、c_{11}、c_{19}、c_{20}、c_{21}）下，有 $Sim_{1j}^+(1)>Sim_{1j}^-(1)$，这表明在上述风险指标下，方案 a_1 更靠近正理想方案，风险水平较低。在风险指标（c_1、c_2、c_3、c_4、c_6、c_9、c_{12}、c_{14}、c_{15}、c_{16}、c_{17}、c_{22}）下，有 $Sim_{1j}^+(1)<Sim_{1j}^-(1)$，这表明在上述风险指标下，方案 a_1 更靠近负理想方案，风险水平较高。因此，方案 a_1 的管理者应更加关注这些更靠近负理想方案的风险指标，以降低风险水平。

步骤3：计算贴近度。

根据表7-6风险指标的最终权重，每个方案与正、负理想方案的相似度 $Sim_i^+(m)$、$Sim_i^-(m)$，通过式（7-5）计算方案与理想方案的贴近度

$v_i(m)$，结果如图 7-6 所示。X 轴表示阶段，Y 轴表示贴近度，T1~T4 表示阶段，a_1~a_4 表示方案。

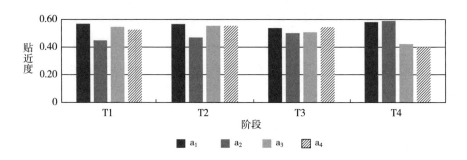

图 7-6　方案与理想方案的贴近度

方案与理想方案的贴近度 $v_i(m)$ 被用于表示方案的风险水平。$v_i(m)$ 的值越大，方案的风险水平就越高。由图 7-7 可知，可以发现两点值得注意。①在不同阶段中，各个方案的风险水平各不相同。在第一阶段，方案的排序为 $v_1(1) > v_3(1) > v_4(1) > v_2(1)$；在第二阶段，方案的排序为 $v_1(2) > v_4(2) > v_3(2) > v_2(2)$；在第三阶段，方案的排序为 $v_4(3) > v_1(3) > v_3(3) > v_2(3)$；在第四阶段，方案的排序为 $v_2(4) > v_1(4) > v_3(4) > v_4(4)$。②随着时间的推移，方案的阶段排序也发生波动变化。随着时间的推移，方案 a_1 和方案 a_2 的风险水平有升高的趋势，方案 a_3 和方案 a_4 的风险水平有降低的趋势。

步骤 4：计算阶段权重。

根据问题背景和专家的经验，设置阶段权重的先验信息集合 $H = \{wt_m \in [0.1, 0.4]\}$。根据决策者对近、远期数据的偏好设置 Orness 测度 $\omega = 0.4$，表明决策者更偏好近期数据。通过建立模型（7-8），求解得到先验信息条件下相邻阶段变化率的范围 $[\underline{q}, \overline{q}] = [0, 1.9438]$。根据偏好和经验知识，决策者设置 $q = 0.9718$，表明相邻阶段的变化率控制在 $[-0.9718, 0.9718]$ 范围内。根据以上结果，建立模型（7-7）求解阶段权重，得到 $wt_1 = 0.2349$、$wt_2 = 0.1287$、$wt_3 = 0.2379$、$wt_4 = 0.3985$。阶段权重的排名

为 $wt_4 > wt_3 > wt_1 > wt_2$，表明第四阶段的权重最大，第二阶段的权重最小。

步骤5：计算综合排序值。

基于模型（7-7）的计算结果，根据式（7-6）求解得到综合排序值为 $v_1 = 0.5664$、$v_2 = 0.5202$、$v_3 = 0.4893$、$v_4 = 0.4837$，方案综合值的排序为 $v_1 > v_2 > v_3 > v_4$。根据本章的分析，综合排序值越小，风险水平越低，方案越优。因此，方案的排序为 $a_4 > a_3 > a_2 > a_1$，方案 a_4 的风险水平最低，方案 a_1 的风险水平最高。

7.5.2　外卖平台风险评估结果分析

本部分旨在分析 Orness 测度的敏感性，以及每个方案、每个环节和每个风险指标的风险水平，为外卖平台业务提供相应的风险管理改进措施。

7.5.2.1　Orness 测度的敏感性分析

为了观察 Orness 测度对结果的影响，进行了灵敏度分析。按照 $\Delta\omega = 0.05$ 的步长将 Orness 测度从 0 增加到 1。在计算过程中发现，当 $\omega \in [0, 0.35]$ 或 $\omega \in [0.7, 1]$ 时，模型（7-7）没有可行解。在 $\omega \in [0.4, 0.65]$ 时，方案的排序值变化如图 7-7 所示。X 轴表示 Orness 测度 ω 的变化，Y 轴表示方案综合排序值，$a_1 \sim a_4$ 表示方案。

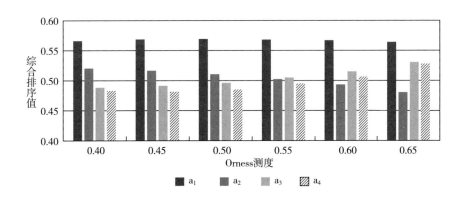

图 7-7　随着 Orness 测度变化的方案排序值

从图 7-8 中可以观察到以下两点：①随着 ω 的变化，方案之间的排序也会发生变化，但是方案 a_1 的风险水平始终是最高的。当 $\omega \in [0.4, 0.5]$ 时，方案综合排序值的排序为 $v_1 > v_2 > v_3 > v_4$，即方案 a_1 的风险水平最高，方案 a_4 的风险水平最低。当 $\omega = 0.55$ 时，方案综合排序值的排序为 $v_1 > v_3 > v_2 > v_4$，与 $\omega \in [0.4, 0.5]$ 的结果相比，中间两个方案的顺序发生变化；当 $\omega \in [0.6, 0.65]$ 时，方案综合排序值的排序为 $v_1 > v_3 > v_4 > v_2$，即方案 a_1 的风险水平最高，方案 a_2 的风险水平最低。②随着 ω 的增加，决策者越来越看重远期数据，方案 a_3 和方案 a_4 的风险水平逐渐增加，方案 a_2 的风险水平逐渐降低。这说明方案 a_3 和方案 a_4 在近期的风险水平低、远期的风险水平高，方案 a_2 在近期风险水平高、远期风险水平低。

Orness 测度反映了决策者对近期和远期数据的偏好，在本章的案例中，决策者更偏好近期数据，因此取 $\omega = 0.4$。结合敏感性分析发现，Orness 测度的变化会导致阶段权重的变化，从而影响决策结果。因此，在实际决策过程中，应该结合问题背景和决策者的偏好进行综合分析，从而设置合理的 Orness 测度值。

7.5.2.2　不同方案的风险水平分析

从 7.5.1 中的评估结果来看，方案 a_1 的风险水平最高，方案 a_4 的风险水平最低。在实际管理过程中，管理者应采取一些风险管理措施来降低方案的高风险水平。结合实际情况来分析这个结果。

方案的风险水平是由该地区的外卖平台管理措施、外卖业务发展水平和政府对外卖平台风险监管制度的完善程度等多个方面的因素共同影响的。①方案 a_4 的外卖平台起步最早，外卖平台业务量大，同时对外卖平台风险管理的措施最为完善。政府会每周发布快递外卖交通违法事件情况，督促快递外卖企业落实交通安全主体责任。政府的消保委督促外卖平台加强对外卖包装收费的管理，规范商家包装收费问题。方案 a_4 所在市政府出台网络餐饮服务食品安全监督管理办法，加强和规范对外卖食品安全的监管。②方案 a_3 的外卖平台发展水平较高，对外卖的需求量也较大。市场监管局会定期约谈本市的美团、饿了么等外卖平台，监督相关外卖平台按照本市出台的《网络餐饮外卖配送监督管理办法》落实外卖平台风险的管理职责，规范外卖商家和骑手的安全行为。③近年来，方案 a_2 的外卖平台因虚假门店照片、线上外卖包装"刺客"、食品安全问题和交通问题频发，引发政府和媒体关注，外卖平台的风险管理措施有待进一步完善。④近几年，方案 a_1 的外卖平台迅速发展，跻身外卖新一线城市，但是随着外卖消费规模的不断扩大，外卖平台风险管理措施未能及时完善，因此引发了诸多风险问题。

　　四个方案的外卖平台风险管理水平各不相同，形成外卖平台风险的原因也各有特点，因此需要从外卖业务环节和风险指标的角度进行深入分析和讨论。

7.5.2.3　不同外卖业务环节的风险水平分析

　　根据时间发生顺序，将外卖平台的业务分成四个环节。根据每个环节风险指标的权重，将各个环节中风险指标的风险水平进行加权计算，可以获得每个环节的风险水平，如图 7-8 所示。其中，X 轴表示方案，Y 轴表示风险水平。

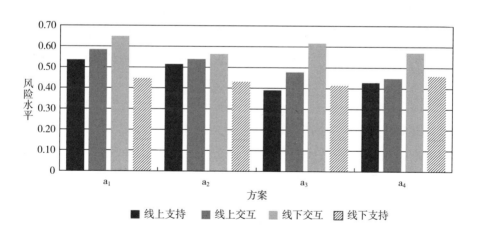

图 7-8　不同业务环节的风险水平对比

　　通过比较每个方案下各个环节的风险水平，发现在方案 a_1 和方案 a_2

下各业务环节的风险水平排序为线下交互环节>线上交互环节>线上支持环节>线下支持环节。在方案 a_3 下各业务环节的风险水平排序为线下交互环节>线上交互环节>线下支持环节>线上支持环节。在方案 a_4 下各业务环节的风险水平排序为线下交互环节>线下支持环节>线上交互环节>线上支持环节。总的来说，线下交互环节的风险水平最高，线上交互环节的风险居第二位，线上支持和线下支持业务环节的风险水平较低。

针对外卖平台各个业务环节的风险水平，从实际情况、风险指标和监管能力等方面对结果进行分析。①在线下交互环节中，外卖平台、商家和消费者的交流流程从线上转移到线下进行交易。由于业务场景的交织变换，外卖平台和政府无法对商家、骑手和顾客的交易行为进行实时监管。外卖交易的环境较为复杂，涉及多个交易场景的变换，外卖人员流动大，外卖商品容易出现丢失、变质等安全风险问题。因此，线下交互环节具有较高的风险水平。在外卖交易完成后，消费者通过外卖平台对商家和骑手的服务进行评价或者售后管理。一旦交易过程中发生风险事故，会给多方参与者立刻造成一定的损失和后果。②线上交互环节的风险指标的数量最多，因此风险水平也较高。在线上交互环节，商家和骑手的业务活动是在外卖平台上进行。因此外卖平台能够对商家、骑手和顾客的交易行为进行实时监控和管理。③线上支持环节是外卖业务开始的第一个环节，外卖平台会对商家、骑手和顾客的相关资料进行审核和管理。线上支持环节一旦出现风险事故，会导致不合格的商家或骑手进行外卖交易流程，对后面三大业务环节造成较大的风险。④在线下支持环节，政府、外卖平台和顾客都会对商家和骑手进行日常监管，商家会根据政策和平台规定管理店铺经营活动。如果没有实施有效的线下监管活动，容易导致该环节出现风险事故。

风险管理人员应该根据每个外卖业务环节的特点来制定相应的外卖平台风险管理措施。针对线上支持环节，外卖平台风险管理者应该根据法规和政策要求核实商家、骑手和顾客的信息，保证信息的真实性，并保护相关参与者的信息安全，加强对骑手的业务培训；在线上交互环节，政府监管部门应该对商家的日常经营活动进行有效监管，降低食品安全问题发生的可能性。外卖平台应该发挥监管职责，对商家的经营活动进行监督和管理，防止商家虚假宣传；从科学和人文关怀的角度设计外卖调度算法，提高骑手服务的安全水平。在线下支持环节，外卖平台应该从宣传国家法规政策的角度做好商家和骑手的培训，保证维权渠道的畅通。

7.5.2.4　外卖平台风险指标的风险水平分析

根据各个风险指标下方案与理想方案的相似度（$Sim_{ij}^+(m)$、$Sim_{ij}^-(m)$）和阶段权重 wt_m，采用公式 $v_{ij} = \sum_{m=1}^{4} wt_m \dfrac{Sim_{ij}^-(m)}{Sim_{ij}^+(m) + Sim_{ij}^-(m)}$ 计算每个风险指标的风险水平。根据该公式可知，该数值越大，风险水平越高。按照风险指标的水平将它们分为五个风险等级，相应的外卖平台风险管理措施及实施期限如表7-11所示。

表7-11　风险水平等级、实施措施及实施期限

风险水平	等级	风险管控措施	实施期限
0.8~1.0	高度风险	采取严格的风险管控措施，评估风险管理的效果，否则暂停业务直到整改完毕	立即
0.6~0.8	显著风险	采取紧急措施降低风险，建立应急预案并展开定期风险水平评估	立即或近期整改
0.4~0.6	一般风险	采取风险管理预防措施，加强业务培训和风险管理沟通	在2年内进行治理
0.2~0.4	稍有风险	采取风险管理预防措施，完善业务流程，定期检查风险状况	有条件和资金时再治理
<0.2	轻微风险	无须采取行动，保存风险记录	无

不同的外卖平台风险指标下的风险水平如图7-9所示。其中，X轴表示风险指标，Y表示风险水平，$a_1 \sim a_4$ 表示四个方案，$c_1 \sim c_{23}$ 表示外卖平台风险指标，按照风险水平的高低对外卖平台风险指标进行排序。

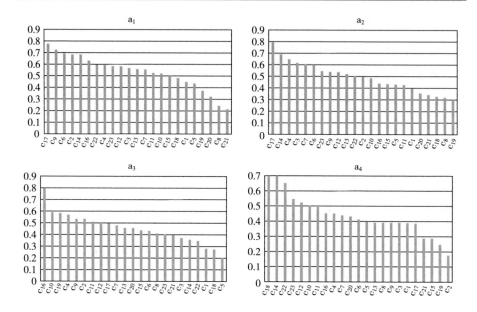

图7-9　方案 a_1、a_2、a_3、a_4 中外卖平台风险指标的风险水平图

由图7-9第一个子图可知，在方案 a_1 中"显著风险"的外卖平台风险指标集合为 $\{c_{17}, c_9, c_6, c_2, c_{14}, c_{16}\}$，"一般风险"的外卖平台风险指标集合为 $\{c_{22}, c_4, c_{23}, c_{12}, c_3, c_{13}, c_7, c_{11}, c_{10}, c_{15}, c_{18}, c_1, c_5\}$，"稍有风险"的外卖平台风险指标集合为 $\{c_{19}, c_{20}, c_8, c_{21}\}$。

由图7-9第二个子图可知，在方案 a_2 中"显著风险"的外卖平台风险指标集合为 $\{c_{17}, c_{14}, c_4, c_3, c_7\}$，"一般风险"的外卖平台风险指标集合为 $\{c_6, c_{23}, c_9, c_{12}, c_{13}, c_{22}, c_2, c_{10}, c_{16}, c_{15}, c_5, c_{11}\}$，"稍有风险"的外卖平台风险指标集合为 $\{c_1, c_{20}, c_{21}, c_{18}, c_8, c_{19}\}$。

由图7-9第三个子图可知，在方案 a_3 中"显著风险"的外卖平台风险指标集合为 $\{c_{16}\}$，"一般风险"的外卖平台风险指标集合为 $\{c_{10}, c_{19}, c_4, c_9, c_2, c_{11}, c_{12}, c_{17}, c_7, c_{13}, c_{20}, c_{15}, c_6, c_8, c_{23}\}$，"稍有风险"的外卖平台风险指标集合为 $\{c_{21}, c_3, c_{14}, c_{22}, c_1, c_{18}, c_5\}$。

由图7-9第四个子图可知，在方案 a_4 中"高度风险"的外卖平台风险指标集合为 $\{c_{18}\}$，"显著风险"的外卖平台风险指标集合为 $\{c_{14}, c_{22}\}$，

"一般风险"的外卖平台风险指标集合为 $\{c_{23}, c_{12}, c_{10}, c_{11}, c_{16}, c_4, c_7, c_{20}, c_6\}$，"稍有风险"的外卖平台风险指标集合为 $\{c_5, c_{13}, c_8, c_9, c_3, c_1, c_{17}, c_{21}, c_{15}, c_{19}\}$，"轻微风险"的外卖平台风险指标集合为 $\{c_2\}$。

根据各方案的风险指标水平可知：①外卖平台风险指标的风险等级一般处在"稍有风险""一般风险""显著风险"之间，极少指标属于"轻微风险"和"高度风险"的风险等级。②大部分外卖平台风险指标属于"一般风险"，少数外卖平台风险指标属于"稍有风险"和"显著风险"。根据风险水平对外卖平台风险指标进行的等级分类，为外卖平台风险控制措施和实施期限的设计提供了依据。

因此，给出各方案在各个外卖平台风险指标下的风险管理措施如表 7-12 所示。

表 7-12　各方案在外卖平台风险指标下的风险控制措施

风险指标	风险控制措施
c_1	有条件和资金时，方案 a_2、a_3 和 a_4 采取风险管理预防措施，完善业务流程，定期检查风险状况；在两年内，方案 a_1 采取风险管理预防措施，加强业务培训和风险管理沟通
c_2	方案 a_1 立即或近期整改，采取紧急措施降低风险，建立应急预案并展开定期风险水平评估；在两年内，方案 a_2 采取风险管理预防措施，加强业务培训和风险管理沟通；有条件和资金时，方案 a_3 和 a_4 采取风险管理预防措施，完善业务流程，定期检查风险状况
c_3	在两年内，方案 a_1、a_3 和 a_4 采取风险管理预防措施，加强业务培训和风险管理沟通；方案 a_2 立即或近期整改，采取紧急措施降低风险，建立应急预案并展开定期风险水平评估
c_4	在两年内，方案 a_1 和 a_3 采取风险管理预防措施，加强业务培训和风险管理沟通；方案 a_2 和 a_4 立即或近期整改，采取紧急措施降低风险，建立应急预案并展开定期风险水平评估
c_5	在两年内，方案 a_1、a_2 和 a_4 采取风险管理预防措施，加强业务培训和风险管理沟通；有条件和资金时，方案 a_3 采取风险管理预防措施，完善业务流程，定期检查风险状况
c_6	方案 a_1 立即或近期整改，采取紧急措施降低风险，建立应急预案并展开定期风险水平评估；在两年内，方案 a_2、a_3 和 a_4 采取风险管理预防措施，加强业务培训和风险管理沟通

续表

风险指标	风险控制措施
c_7	在两年内，方案 a_1 和 a_3 采取风险管理预防措施，加强业务培训和风险管理沟通；方案 a_2 立即或近期整改，采取紧急措施降低风险，建立应急预案并展开定期风险水平评估；有条件和资金时，方案 a_4 采取风险管理预防措施，完善业务流程，定期检查风险状况
c_8	有条件和资金时，方案 a_1 和 a_2 采取风险管理预防措施，完善业务流程，定期检查风险状况；在两年内，方案 a_3 和 a_4 采取风险管理预防措施，加强业务培训和风险管理沟通
c_9	方案 a_1 立即或近期整改，采取紧急措施降低风险，建立应急预案并展开定期风险水平评估；在两年内，方案 a_2 采取风险管理预防措施，加强业务培训和风险管理沟通；有条件和资金时，方案 a_3 和 a_4 采取风险管理预防措施，完善业务流程，定期检查风险状况
c_{10}	在两年内，方案 a_1 和 a_2 采取风险管理预防措施，加强业务培训和风险管理沟通；有条件和资金时，方案 a_3 和 a_4 采取风险管理预防措施，完善业务流程，定期检查风险状况
c_{11}	在两年内，方案 a_1、a_2 和 a_3 采取风险管理预防措施，加强业务培训和风险管理沟通；有条件和资金时，方案 a_4 采取风险管理预防措施，完善业务流程，定期检查风险状况
c_{12}	在两年内，方案 a_1、a_2 和 a_3 采取风险管理预防措施，加强业务培训和风险管理沟通；有条件和资金时，方案 a_4 采取风险管理预防措施，完善业务流程，定期检查风险状况
c_{13}	在两年内，方案 a_1、a_2 和 a_3 采取风险管理预防措施，加强业务培训和风险管理沟通；有条件和资金时，方案 a_4 采取风险管理预防措施，完善业务流程，定期检查风险状况
c_{14}	方案 a_1、a_2 和 a_4 立即或近期整改，采取紧急措施降低风险，建立应急预案并展开定期风险水平评估；在两年内，方案 a_3 采取风险管理预防措施，加强业务培训和风险管理沟通
c_{15}	在两年内，方案 a_1、a_2 和 a_3 采取风险管理预防措施，加强业务培训和风险管理沟通；有条件和资金时，方案 a_4 采取风险管理预防措施，完善业务流程，定期检查风险状况
c_{16}	方案 a_1 立即或近期整改，采取紧急措施降低风险，建立应急预案并展开定期风险水平评估；在两年内，方案 a_2、a_3 和 a_4 采取风险管理预防措施，加强业务培训和风险管理沟通
c_{17}	方案 a_1、a_2 和 a_3 立即或近期整改，采取紧急措施降低风险，建立应急预案并展开定期风险水平评估；方案 a_4 立即采取严格的风险管控措施，评估风险管理的效果，否则暂停业务直到整改完毕
c_{18}	在两年内，方案 a_1 和 a_3 采取风险管理预防措施，加强业务培训和风险管理沟通；有条件和资金时，方案 a_2 采取风险管理预防措施，完善业务流程，定期检查风险状况；方案 a_4 无须采取行动，保存风险记录

风险指标	风险控制措施
c_{19}	有条件和资金时，方案 a_1、a_2 和 a_3 采取风险管理预防措施，完善业务流程，定期检查风险状况；在两年内，方案 a_4 采取风险管理预防措施，加强业务培训和风险管理沟通
c_{20}	有条件和资金时，方案 a_1 和 a_2 采取风险管理预防措施，完善业务流程，定期检查风险状况；在两年内，方案 a_3 和 a_4 采取风险管理预防措施，加强业务培训和风险管理沟通
c_{21}	有条件和资金时，四个方案采取风险管理预防措施，完善业务流程，定期检查风险状况
c_{22}	在两年内，四个方案采取风险管理预防措施，加强业务培训和风险管理沟通
c_{23}	在两年内，四个方案采取风险管理预防措施，加强业务培训和风险管理沟通

在对方案、业务环节和外卖平台风险指标进行结果分析的基础上，结合外卖平台业务的实际情况，提出以下风险管理的建议：

第一，方案的风险水平表明，方案的优劣排序为 $a_4 > a_3 > a_2 > a_1$。方案 a_1 的风险水平最高，方案 a_4 的风险等级最低，因此最好的方案是 a_4。在实际外卖平台风险管理过程中，高风险水平的方案 a_1 和 a_2 必须采取有效的外卖平台风险改进措施，以减少外卖平台风险指标对外卖平台业务过程的影响。例如，外卖平台应关注在方案 a_1 和 a_2 中具有较高风险水平的外卖平台风险指标，并采取必要的预防措施，以降低外卖平台风险指标发生的严重性和可能性。对于较高风险水平的指标，应当制定应急预案，以应对突发风险事故，从而减轻或消除风险事故的损失或影响。同时，外卖平台和政府监管部门应对关键的外卖平台风险指标进行有效的监控和检查。另外，外卖平台可以通过召开经验分享会，促进不同风险水平地区之间的风险管理经验交流，从而降低外卖平台风险的整体水平。

第二，环节的风险水平分析表明，线下交互环节的风险水平最高，线上交互环节的风险居第二位，线上支持和线下支持业务环节的风险水平较低。线下交互环节存在多个业务场景的交织变换，具有业务环境复杂多变、人员流动大和危害即时性等特点。因此，在线上交互环节，一定要使外卖商家保证货品安全可靠，骑手迅速准确地送达外卖货品，外卖设备及时消毒。配送过程中如遇到突发状况，外卖平台能够及时调整外卖调度算法，维护商家、骑手和消费者等多方参与者之间沟通渠道的畅通。线上交互环节包含的外卖平台风险指标数量最多，也是外卖平台业务的第二个环节，比其他环节发挥更重要的作用。一旦此环节出现问题，将导致外卖业务环节出现较大问题。线上交互环节的主要风险来自线上信息和线下信息的不对称，外卖平台在线上环节不断改善系统规则，修复系统漏洞，防止外卖价格歧视、不合理的外卖包装收费、外卖商家虚假宣传、订单抽成过高和算法不合理风险。同时外卖平台和政府监管部门要对外卖商家的操作环境进行监管，预防外卖食品安全问题。线上支持环节是外卖平台业务的第一个环节，一旦出现风险事故，将导致其他三个环节出现风险问题或者无法进行。在线上支持环节，外卖平台应该严格审查并核实外卖业务相关参与者的资料，防止不合格商家或骑手参与外卖业务。外卖平台应当根据国家法规约束平台行为，预防"二选一"风险。在线下支持业务环节，外卖平台应当做好外卖业务后管理，及时做好骑手的培训和管理，防止商家刷单，保证维权渠道畅通。政府和外卖平台共同发挥监管作用，对商家日常经营行为进行定期检查，对骑手送餐安全进行监督。

第三，根据风险水平高低，将外卖平台风险分成五个风险等级，在管理过程中按照风险等级对风险指标进行管理和控制。对于每个方案，应根据其风险水平和风险等级，采取有效措施降低风险水平。具有极高风险水平的风险指标，一旦发生风险事故，将不可避免地造成巨大损失。在条件和资金有限的情况下，应对风险水平较高的风险指标采取优先且强有力的控制措施，随后根据实际情况对风险水平较低的风险指标实施风险控制措施，这样才能有效优化风险管理的资源配置。如方案 a_4 的风险指标 c_{18} 属于"高度风险"。风险指标 $\{c_2, c_3, c_4, c_6, c_7, c_9, c_{14}, c_{16}, c_{17}, c_{22}\}$ 在方案中属于"显著风险"。针对店铺实景照片虚假风险 c_2，外卖平台应严格执行商家资质审查登记制度，在网上审核商家资质信息后，应派相关工作人员上门核验。针对骑手资质风险 c_3，骑手健康证造假问题层出不穷，外卖平台和政府监管部门应该严格核实骑手资料，或者由外卖平台为骑手统一办理健康证。针对信息安全风险 c_4，外卖平台应该根据国家规定合法收集用户个人信息情况，保障用户数据安全。针对食材安全和储藏风险 c_6，市场监管部门应当不定期对外卖商家存放的食材进行检查和处罚。针对外卖包装风险 c_7，外卖平台和消费者协会应该设立外卖包装收费标准，将外卖包装收费的选择权交给顾客，减少过度包装。针对外卖制作过程风险 c_9，外卖平台和政府监管部门应该对商家进行联合监管，一方面行业协会和外卖平台联合制定网络订餐业务规范，另一方面外卖平台加强对外卖商家资质的审核，最后政府市场监督部门可以提倡对商家安装摄像头，定期巡检商家的经营活动。针对调度算法不合理风险 c_{14}，在遵守国家法律法规的前提下，构建多方写作的算法综合治理体系。由外卖平台、政府、商家、骑手和顾客共同参与算法规则的制定，并且充分考虑对骑手的人文关怀和多方利益的均衡。针对突发事件配送风险 c_{16}，外卖平台制定了对骑手友好的宽松配送规则，同时外卖平台应做好顾客的安抚工作，减少因突发事件配送带给多方参与者的损失。针对配送交通事故风险 c_{17}，外卖平台可以加强对骑手的交通安全培训，制定符合交通管理规则的配送算法，政府交通管理部门应加强对骑手的交通安全宣传和检查。针对监管不到位风险 c_{22}，政府应不断完善对外卖平台、商家和骑手等多方参与者的监管体系，制定外卖行业的标准和规范，严格把关相关参与者的准入制度，采用线上和线下相结合的手段，与外卖平台实施联合监管。在权责范围内，外卖商家应该对商家的经营行为、骑手的送餐行为和顾客的消费行为进行线上和线下结合的双重监管。

针对外卖平台风险问题，采用文献调查和专家访谈，收集了 23 个外卖平台风险指标建立风险评估指标体系，采用风险严重性和风险可能性来描述风险水平。根据第 2 章提出的拓展 TOPSIS 法，提出多阶段云模型风险评估方法。针对某外卖平台风险评估算例，采用本章方法进行评估，得到关于方案、环节和风险指标的风险水平。结合实际背景和评估结果分析，指出外卖平台风险管理的薄弱环节，并结合实际情况提出有针对性的风险管理措施。

7.6　本章小结

外卖业务采取线上订购、线下消费的方式，由商家、骑手和顾客共同在外卖平台上进行线上交易，并由骑手将外卖商品从商家运输到顾客手中。在外卖平台业务活动中，不仅涉及外卖平台、政府、商家、骑手和顾客多方参与者，还涉及从线上到线下、从商家到骑手再到顾客的业务流程的交织变换，因此外卖平台业务极容易发生风险事故。本章提出外卖平台的多阶段风险评估方法。首先，通过对外卖平台业务流程和特点的深入访谈和文献分析，根据外卖平台业务的四个环节确定了 23 个风险指标组成风险评估指标体系，并且采用风险指标的严重性和可能性来描述风险水平。其次，为了更好地描述语言集的模糊性和随机性，将语言集的评估数据转化为云模型，提出基于拓展 TOPSIS 法的多阶段风险评估方法。

根据本章的方法和调查数据，对外卖平台进行多阶段风险评估和分析，并根据评估结果提出关于方案、环节和风险指标的管理措施。首先，结合实际情况和风险水平的分析发现，外卖平台的风险管理措施越完善，风险水平越低。其次，根据实际情况和不同环节的风险水平分析发现，线下交互环节和线上交互环节的风险高于其他两个环节，要加强这两个环节中的风险管控工作，使外卖商家保证货品的安全可靠，骑手迅速准确地送达外卖货品，外卖平台不断改善系统规则和算法，外卖平台和政府监管部门等多方参与实施外卖业务的联合监管。最后，根据实际情况和风险指标的风险水平，针对具有"高度风险""显著风险"的几个风险指标提出了有针对性的风险管理措施。

第8章　研究结论与展望

8.1　主要结论

现实生活中的决策问题，如医疗疾病诊断、在线购物推荐、供应商选择、新产品评估、风险评估等问题，往往面临错综复杂的决策环境，决策过程涉及多源不确定决策信息、多人决策、多个风险状态及多轮评估等诸多困难。因此，单一信息形式和简单决策不再适合复杂决策问题的要求。依据信息和偏好信息广泛存在于复杂的决策问题中。由于决策背景、决策信息来源、决策对象等方面的联系，双重信息之间既存在信息形式和质量等方面的差异性，又存在信息内容和决策对象等方面的关联性；由于双重信息之间的相互影响，双重信息之间又存在复杂的关联关系和因果关系。云模型不仅能够实现语言信息的定量转化，还能够同时表达决策信息的模糊性和随机性，被广泛用于多属性群决策领域。因此，研究双重云模型信息的决策方法具有一定的理论价值和实践意义。

在双重云模型信息的复杂决策环境下，考虑从简单到复杂的多种决策情境，按照从单阶段到多阶段、从单参考点到多参考点、从独立特征到关联特征、从理论到实践的研究思路，由浅入深、层层递进地展开研究。本书的主要研究工作总结如下：

第一，研究了考虑偏好信息交互修正的双重云模型信息决策方法。在获取偏好信息的过程中，由于知识、能力和兴趣的差异，有些专家给出的评估信息可能与事实相差甚远（称为弱偏好）。但是这些弱偏好信息只是可用性差，并不是完全无用的信息。为此，本部分通过双重信息的交互印证，提出识别和修正弱偏好的双重云模型决策方法。首先，针对双重云模型决策信息，提出扩展的 TOPSIS 法计算依据信息和偏好信息下的方案属性值。其次，计算个体偏好值和综合属性值之间的距离范围，根据距离范围和决策者主观经验，设置偏离度经验阈值和距离阈值。再次，通过与距离阈值的比较对弱偏好进行识别，并根据双重信息之间的交互比较提出弱偏好修正机制，基于最大化可接受偏好数量的原则建立优化模型，从而实现弱偏好的修正。最后，根据依据信息和修正后的偏好信息进行决策。在本部分方法的设计上，通过双重信息的客观数据特征和决策者的主观经验来设置距离阈值，能够充分利用双重信息的特点和专家经验，为基于双重信息比较的弱偏好识别过程奠定基础；从双重信息交互印证和降低弱偏好数量的角度来修正弱偏好，不仅能够有效降低弱偏好与双重信息之间的距离，还能够降低修正成本。

第二，研究了考虑专家权重和属性权重优化的双重云模型信息决策方法。针对双重云模型决策信息，考虑到依据信息和偏好信息各自具有独有的特征，双重信息之间又存在复杂的关联关系，难以利用单一信息进行决策。为此，本部分分别考虑了单一信息的数据特征和双重信息之间的联系，提出专家权重和属性权重优化的双重云模型信息决策方法。首先，根据偏好信息中专家意见的相似度，设置专家初始权重。其次，根据依据信息中属性值之间的差异性，设置属性权重的初始范围。最后，考虑双重信息决策结果的距离最小化原则建立专家权重和属性权重的修正模型，根据双重信息集结获得最终排序结果。在本部分方法的设计上，既考虑了依据信息和偏好信息各自的特点，又考虑了双重信息决策结果之间的距离最小，能够充分利用双重信息决策的优势。

第三，研究了考虑多参考点优化的双重云模型信息决策方法。在现实问题中，决策者往往是有限理性的，具有参照依赖的特征。作为应用最广泛的参考点之一，目标参考点的定量设置引起了学者的普遍关注。为此，本部分考虑采用多个专家参考点优化来设置目标参考点，解决双重云模型信息决策问题。首先，为了充分利用云模型的三个数字参数，基于相对熵的定义提出云模型距离公式，通过建立多参考点优化模型获得属性值与目标参考点之间的距离范围。其次，基于最小化属性值与其难度等级之间距离的原则，建立优化模型将难度等级划分为不同的距离范围。最后，考虑平均属性值满足给定难度等级的前提下，提出一种极大熵模型来获得专家权重，从而根据专家权重和多个专家参考点设置目标参考点，运用前景理论计算最终排序值，进行方案排序和择优。在本部分方法的设计上，基于相对熵的定义提出云模型距离公式，既能够充分利用云模型的三个数字参数，又能够实现两个云模型的两两比较；考虑属性值与目标参考点之间的距离来划分难度等级，能够体现不同属性值实现目标的难度；根据多个专家参考点和给定的难度等级来设置目标参考点，能够充分利用专家的经验和知识，灵活调整目标参考点的难度，从而实现对方案的激励效果。

第四，研究考虑了概率未知和发展参考点的双重云模型多阶段决策方法。由于受环境动态发展性和风险性的影响，多阶段决策问题中可能存在概率未知的多个自然状态，决策者往往表现出参照依赖的行为特征，方案发展速度引起决策者的关注。为此，本部分在概率未知的情境下，提出基于发展参考点的双重云模型多阶段决策方法。首先，考虑方案在多阶段的平均发展速度，提出设置发展参考点的方法。其次，在概率未知情境下，考虑多状态下的排序一致性最大化原则，建立基于 LINMAP 思想的属性权重优化模型。再次，为了降低决策失误带来的损失，建立相对熵最小化模型求解阶段权重。最后，考虑最大收益值和最小遗憾值，通过折中值对方案进行排序和择优。在本部分方法的设计上，考虑多阶段的平均发展速度设置发展参考点，能够测度方案的发展方向和速度；基于 LINMAP 思想的属性权重优化模型，能够使不同状态下的方案排序趋于一致；基于相对熵最小化的阶段权重优化模型，不仅能够实现不同状态排序结果的充分比较，还能够降低决策失误带来的可能损失。

第五，研究了考虑独立特征和关联特征的双重云模型多阶段决策方法。在复杂决策环境中，独立性和关联性是影响权重的两个特征；在许多实际问题中，往往存在多个参考点，并对决策结果有重大影响，这些问题值得进一步研究。为此，本部分提出三个参考点测度方案价值，并且考虑独立特征和关联特征研究双重云模型多阶段决策方法。首先，从能力、发展和激励的角度，提出底线参考点、现状参考点和目标参考点的设置方法。其次，针对属性（阶段）之间相互独立的决策问题，基于最小—最大参照点优化的思想建立模型求解属性权重和阶段权重，采用加权算子集结决策信息。最后，针对属性（阶段）之间相互关联的决策问题，基于最小—最大参照点优化的思想建立模型求解属性集合和阶段集合的模糊测度，采用 Choquet 积分来集结决策信息。在本部分方法的设计上，三个参考点能够从不同的角度反映方案的前景价值；基于最小—最大参照点优化的思想建立模型，可以使方案实际值逐步接近最优值；针对独立和关联两种特征，提出不同的权重优化模型和集结方法，为实际问题提供了具有普适性的方法。

第六，研究了多阶段云模型在外卖平台风险评估中的应用。在分析国内外卖市场、政策及外卖平台业务特点的基础上，根据专家访谈和文献分析，建立由 23 个风险指标组成的外卖平台风险评估指标体系，并采用风险严重性和风险可能性来度量风险水平；根据外卖平台业务的特点，提出多阶段云模型风险评估方法；以某外卖平台为例，说明多阶段云模型方法在外卖平台风险评估中的应用过程，并根据评估结果对方案、环节和风险指标的风险水平进行分析，提出外卖平台风险管理的改进措施，为提高外卖平台风险管理水平和效率提供理论参考。

8.2 研究展望

本书研究双重云模型信息的决策方法，对决策领域作了初步的研究。虽然这方面的研究取得了一定的成果，但是还有很多未来研究方向值得深入探讨。根据当前决策领域的热点问题和决策理论的发展，未来可能的研究方向主要体现在：

第一，面向复杂大群体的双重信息决策方法。

在很多现实问题中，决策群体成员逐渐增加，决策群体趋于复杂。在面向复杂大群体的双重信息决策问题中，偏好信息的形式和内容存在较大差异，不同专家的评估信息存在分歧和冲突；依据信息的形式较为单一和固定。如在线购物决策中，依据信息主要体现在购物页面的具体介绍，数据相对较为固定；决策成员的背景、地区分布、经验和知识存在很大的差异，导致了偏好信息存在多种多样的形式，而且处在动态变化的过程中。因此，针对静态的依据信息，应设置合理的在线购物参照点来测度方案的效用；针对多源异构的动态偏好信息，应考虑合适的聚类或者分类方法进行快速划分和集结；面向复杂大群体的双重信息决策是下一步值得关注的研究方向之一。

第二，考虑奖、惩机制的参考点设计方法研究。

在风险决策环境中，决策者往往具有参照依赖的特征，参考点的设置对决策问题来说至关重要。在现有的参考点设置问题的研究中，主要是关于参考点设置原则、原理的理论研究，定量研究较少。因此，在具有参考点的决策过程中，引入奖励、惩罚机制来设置参考点，可以让被评估者主动或者积极地改进现有方案和水平，激发被评估者的主观能动性和潜力。因此，为了提高决策效果，在双重云模型信息的决策环境中，如何设计奖励、惩罚机制来设置合理的参考点，从而实现参考点的激励效果并提高方案水平，是值得关注的研究方向之一。

第三，考虑"非合作""非公平"等行为的决策方法研究。

在实际决策问题中，往往假设专家是理性人。近几年，行为决策的思想逐渐得到学者的关注，非理性假设、参照依赖、后悔等行为特征逐步被用到多属性群决策领域中。但是，这些决策问题往往假设决策者是合作的、公平的、没有私人利益驱使的。在实际决策问题中，由于受到个人利益、群体关系等因素的影响，极有可能产生非合作行为，从而导致决策问题中存在战略操作、利益博弈等非公平特征。因此，在双重云模型信息的决策环境中，考虑多个决策情境下专家的利益关系和非合作行为，提高决策结果的可靠性和公平性，是值得关注的研究方向之一。

参考文献

［1］Alipour M，Hafezi R，Amer M，et al. A New Hybrid Fuzzy Cognitive Map-based Scenario Planning Approach for Iran's Oil Production Pathways in the Post-sanction Period ［J］. Energy，2017（135）：851-864.

［2］Ameri A A，Pourghasemi H R，Cerda A. Erodibility Prioritization of Sub-watersheds Using Morphometric Parameters Analysis and Its Mapping：A Comparison Among TOPSIS，VIKOR，SAW，and CF Multi-criteria Decision Making Models ［J］. Science of the Total Environment，2018（613）：1385-1400.

［3］Angilella S，Corrente S，Greco S，et al. Robust Ordinal Regression and Stochastic Multiobjective Acceptability Analysis in Multiple Criteria Hierarchy Process for the Choquet Integral Preference Model ［J］. Omega，2016（63）：154-169.

［4］Arthur D，Manthey B，Röglin H. K-means Has Polynomial Smoothed Complexity ［A］//In proceedings of the 2009 50th Annual IEEE Symposium on Foundations of Computer Science ［C］. Atlanta，Georgia，USA，2009：405-414.

［5］Aven T. Risk Assessment and Risk Management：Review of Recent Advances on Their Foundation ［J］. European Journal of Operational Research，2016，253（1）：1-13.

［6］Aven T. What is Safety Science？［J］. Safety Science，2014（67）：

15-20.

[7] Bao T, Xie X, Long P, et al. MADM Method Based on Prospect Theory and Evidential Reasoning Approach with Unknown Attribute Weights Under Intuitionistic Fuzzy Environment [J]. Expert Systems with Applications, 2017 (88): 305-317.

[8] Barnett G O, Cimino J J, Hupp J A, et al. DXplain: An Evolving Diagnostic Decision-support System [J]. Jama, 1987, 258 (1): 67-74.

[9] Barua S, Gao X, Pasman H, et al. Bayesian Network Based Dynamic Operational Risk Assessment [J]. Journal of Loss Prevention in the Process Industries, 2016 (41): 399-410.

[10] Bottero M, Ferretti V, Figueira J R, et al. On the Choquet Multiple Criteria Preference Aggregation Model: Theoretical and Practical Insights from a Real-world Application [J]. European Journal of Operational Research, 2018, 271 (1): 120-140.

[11] Chu J, Liu X, Wang Y, et al. A Group Decision Making Model Considering Both the Additive Consistency and Group Consensus of Intuitionistic Fuzzy Preference Relations [J]. Computers & Industrial Engineering, 2016 (101): 227-242.

[12] Corrente S, Greco S, Słowiński R. Multiple Criteria Hierarchy Process with Electre and Promethee [J]. Omega, 2013, 41 (5): 820-846.

[13] Cover T M, Thomas J A. Elements of Information Theory [M]. Hoboken, New Jersey: John Wiley & Sons, 2012.

[14] Dai J, Liu X. Approach for Text Classification Based on the Similarity Measurement between Normal Cloud Models [J]. The Scientific World Journal, 2014 (2014): 1-9.

[15] Dong Y, Chen X, Herrera F. Minimizing Adjusted Simple Terms in the Consensus Reaching Process with Hesitant Linguistic Assessments in Group Decision Making [J]. Information Sciences, 2015 (297): 95-117.

［16］ Dong Y, Ding Z, Martínez L, et al. Managing Consensus Based on Leadership in Opinion Dynamics ［J］. Information Sciences, 2017 (397): 187-205.

［17］ Dong Y, Liu Y, Liang H, et al. Strategic Weight Manipulation in Multiple Attribute Decision Making ［J］. Omega, 2018 (75): 154-164.

［18］ Grabisch M. Fuzzy Integral in Multicriteria Decision Making ［J］. Fuzzy sets and Systems, 1995, 69 (3): 279-298.

［19］ Grabisch M. K-order Additive Discrete Fuzzy Measures and Their Representation ［J］. Fuzzy Sets and Systems, 1997, 92 (2): 167-189.

［20］ Hao Z, Xu Z, Zhao H, et al. Probabilistic Dual Hesitant Fuzzy Set and Its Application in Risk Evaluation ［J］. Knowledge - Based Systems, 2017 (127): 16-28.

［21］ Heath C, Larrick R P, Wu G. Goals as Reference Points ［J］. Cognitive Psychology, 1999, 38 (1): 79-109.

［22］ Ho W, Ma X. The State-of-the-art Integrations and Applications of the Analytic Hierarchy Process ［J］. European Journal of Operational Research, 2018, 267 (2): 399-414.

［23］ Huang Y, Li T, Luo C, et al. Dynamic Fusion of Multisource Interval-Valued Data by Fuzzy Granulation ［J］. IEEE Transactions on Fuzzy Systems, 2018, 26 (6): 3403-3417.

［24］ Jiang Y, Liang X, Liang H, et al. Multiple Criteria Decision Making with Interval Stochastic Variables: A Method Based on Interval Stochastic Dominance ［J］. European Journal of Operational Research, 2018, 271 (2): 632-643.

［25］ Kahneman D, Tversky A. Prospect Theory: An Analysis of Decision under Risk ［J］. Econometrica, 1979, 47 (2): 263-292.

［26］ Kim D J, Ferrin D L, Rao H R. A Trust-based Consumer Decision-making Model in Electronic Commerce: The Role of Trust, Perceived Risk, and Their Antecedents ［J］. Decision Support Systems, 2008, 44 (2): 544-564.

［27］ Lee J C, Lin T T. A Three-stage Real Options Model on Fire Risk

Management Decision‐making under the Fire Loss Frequency Uncertainty [J]. Asia Pacific Management Review, 2018, 23 (1): 37-44.

[28] Li D F. Closeness Coefficient Based Nonlinear Programming Method for Interval‐valued Intuitionistic Fuzzy Multiattribute Decision Making with Incomplete Preference Information [J]. Applied Soft Computing, 2011, 11 (4): 3402 - 3418.

[29] Li D, Di K, Li D, et al. Mining Association Rules with Linguistic Cloud Models [J]. Journal of Software, 2000, 11 (2): 143-158.

[30] Li D, Du Y. Artificial Intelligence with Uncertainty [M]. Boca Raton: CRC Press, 2017.

[31] Li D, Han J, Shi X, et al. Knowledge Representation and Discovery Based on Linguistic Atoms [J]. Knowledge - Based Systems, 1998, 10 (7): 431-440.

[32] Li M, Sun H, Singh V P, et al. Agricultural Water Resources Management Using Maximum Entropy and Entropy‐Weight‐Based TOPSIS Methods [J]. Entropy, 2019, 21 (4): 364.

[33] Li W, Zhao J, Xiao B. Multimodal Medical Image Fusion by Cloud Model Theory [J]. Signal, Image and Video Processing, 2018, 12 (3): 437-444.

[34] Li Y, Zhang H, Dong Y. The Interactive Consensus Reaching Process with the Minimum and Uncertain Cost in Group Decision Making [J]. Applied Soft Computing, 2017 (60): 202-212.

[35] Liao H, Mi X, Xu Z, et al. Intuitionistic Fuzzy Analytic Network Process [J]. IEEE Transactions on Fuzzy Systems, 2018a, 26 (5): 2578 - 2590.

[36] Liao H, Wu X, Liang X, et al. A New Hesitant Fuzzy Linguistic OR-ESTE Method for Hybrid Multicriteria Decision Making [J]. IEEE Transactions on Fuzzy Systems, 2018, 26 (6): 3793-3807.

[37] Liao H, Wu X. DNMA: A Double Normalization‐based Multiple Ag-

gregation Method for Multi-expert Multi-criteria Decision Making [J]. Omega, 2020 (94): 102058.

[38] Liu B, Shen Y, Chen Y, et al. A Two-layer Weight Determination Method for Complex Multi-attribute Large-group Decision-making Experts in A Linguistic Environment [J]. Information Fusion, 2015 (23): 156-165.

[39] Liu B, Zhou Q, Ding R X, et al. Large-scale Group Decision Making Model Based on Social Network Analysis: Trust Relationship-based Conflict Detection and Elimination [J]. European Journal of Operational Research, 2019, 275 (2): 737-754.

[40] Liu F, Wu Y, Pedrycz W. A Modified Consensus Model in Group Decision Making with An Allocation of Information Granularity [J]. IEEE Transactions on Fuzzy Systems, 2018, 26 (5): 3182-3187.

[41] Liu H C, Li Z, Song W, et al. Failure Mode and Effect Analysis Using Cloud Model Theory and Promethee Method [J]. IEEE Transactions on Reliability, 2017, 66 (4): 1058-1072.

[42] Liu J, Liao X, Yang J. A Group Decision-making Approach Based on Evidential Reasoning for Multiple Criteria Sorting Problem with Uncertainty [J]. European Journal of Operational Research, 2015, 246 (3): 858-873.

[43] Liu P, Jin F, Zhang X, et al. Research on the Multi-attribute Decision-making Under Risk with Interval Probability Based on Prospect Theory and the Uncertain Linguistic Variables [J]. Knowledge-Based Systems, 2011, 24 (4): 554-561.

[44] Liu P, Teng F. Some Muirhead Mean Operators for Probabilistic Linguistic Term Sets and Their Applications to Multiple Attribute Decision-making [J]. Applied Soft Computing, 2018 (68): 396-431.

[45] Liu P. Multiple Attribute Group Decision Making Method Based on Interval-valued Intuitionistic Fuzzy Power Heronian Aggregation Operators [J]. Computers & Industrial Engineering, 2017 (108): 199-212.

［46］ Liu S, Lin Y. Grey Information: Theory and Practical Applications ［M］. London: Springer Science & Business Media, 2006.

［47］ Liu S, Yang Y, Forrest J. Grey Data Analysis ［M］. Singapore: Springer Singapore, 2017.

［48］ Liu T, Deng Y, Chan F. Evidential Supplier Selection Based on Dematel and Game Theory ［J］. International Journal of Fuzzy Systems, 2018, 20 (4): 1321-1333.

［49］ Liu X, Xu Y, Herrera F. Consensus Model for Large-scale Group Decision Making Based on Fuzzy Preference Relation with Self-confidence: Detecting and Managing Overconfidence Behaviors ［J］. Information Fusion, 2019 (52): 245-256.

［50］ Liu Y Z, Fan Z P, Gao G X. An Extended LINMAP Method for MAGDM under Linguistic Hesitant Fuzzy Environment ［J］. Journal of Intelligent & Fuzzy Systems, 2016, 30 (5): 2689-2703.

［51］ Locke E A, Latham G P. A Theory of Goal Setting & Task Performance ［M］. Englewood Cliffs, NJ: Prentice-Hall, Inc, 1990.

［52］ Locke E A, Latham G P. Building a Practically Useful Theory of Goal Setting and Task Motivation: A 35-year Odyssey ［J］. American Psychologist, 2002, 57 (9): 705-717.

［53］ Loomes G, Sugden R. Regret Theory: An Alternative Theory of Rational Choice under Uncertainty ［J］. The Economic Journal, 1982, 92 (368): 805-824.

［54］ Lourenzutti R, Krohling R A, Reformat M Z. Choquet Based TOPSIS and TODIM for Dynamic and Heterogeneous Decision Making with Criteria Interaction ［J］. Information Sciences, 2017 (408): 41-69.

［55］ Lourenzutti R, Krohling R A. A Generalized TOPSIS Method for Group Decision Making with Heterogeneous Information in a Dynamic Environment ［J］. Information Sciences, 2016 (330): 1-18.

［56］Lu Z, Sun X, Wang Y, et al. Green Supplier Selection in Straw Biomass Industry Based on Cloud Model and Possibility Degree ［J］. Journal of Cleaner Production, 2019（209）: 995-1005.

［57］Ma Z, Zhu J, Ponnambalam K, et al. A Clustering Method for Largescale Group Decision-making with Multi-stage Hesitant Fuzzy Linguistic Terms ［J］. Information Fusion, 2019（50）: 231-250.

［58］March J G, Shapira Z. Variable Risk Preferences and the Focus of Attention ［J］. Psychological Review, 1992, 99（1）: 172-183.

［59］Mata F, Martínez L, Herrera-Viedma E. An Adaptive Consensus Support Model for Group Decision-making Problems in a Multigranular Fuzzy Linguistic Context ［J］. IEEE Transactions on Fuzzy Systems, 2009, 17（2）: 279-290.

［60］Merigó J M, Palacios-Marqués D, Zeng S. Subjective and Objective Information in Linguistic Multi-criteria Group Decision Making ［J］. European Journal of Operational Research, 2016, 248（2）: 522-531.

［61］Morgan M G, Henrion M, Small M. Uncertainty: A Guide to Dealing with Uncertainty in Quantitative Risk and Policy Analysis ［M］. Cambridge: Cambridge University Press, 1992.

［62］Movahedipour M, Zeng J, Yang M, et al. An ISM Approach for the Barrier Analysis in Implementing Sustainable Supply Chain Management: An Empirical Study ［J］. Management Decision, 2017, 55（8）: 1824-1850.

［63］Murofushi T, Sugeno M. A Theory of Fuzzy Measures: Representations, the Choquet Integral, and Null Sets ［J］. Journal of Mathematical Analysis and Applications, 1991, 159（2）: 532-549.

［64］Okoro U, Kolios A, Cui L. Multi-criteria Risk Assessment Approach for Components Risk Ranking-The Case Study of an Offshore Wave Energy Converter ［J］. International Journal of Marine Energy, 2017（17）: 21-39.

［65］Ordóñez L D, Connolly T, Coughlan R. Multiple Reference Points in Satisfaction and Fairness Assessment ［J］. Journal of Behavioral Decision Making,

2000, 13 (3): 329-344.

[66] Peng B, Zhou J, Peng D. Cloud Model Based Approach to Group Decision Making with Uncertain Pure Linguistic Information [J]. Journal of Intelligent & Fuzzy Systems, 2017, 32 (3): 1959-1968.

[67] Peng H G, Wang J Q. A Multicriteria Group Decision-Making Method Based on the Normal Cloud Model with Zadeh's Z-Numbers [J]. IEEE Transactions on Fuzzy Systems, 2018, 26 (6): 3246-3260.

[68] Peng H, Zhang H, Wang J. Cloud Decision Support Model for Selecting Hotels on TripAdvisor. com with Probabilistic Linguistic Information [J]. International Journal of Hospitality Management, 2018 (68): 124-138.

[69] Qin J, Liu X, Pedrycz W. A Multiple Attribute Interval Type-2 Fuzzy Group Decision Making and Its Application to Supplier Selection with Extended LINMAP Method [J]. Soft Computing, 2017a, 21 (12): 3207-3226.

[70] Qin J, Liu X, Pedrycz W. An Extended TODIM Multi-criteria Group Decision Making Method for Green Supplier Selection in Interval Type-2 Fuzzy Environment [J]. European Journal of Operational Research, 2017, 258 (2): 626-638.

[71] Rezaei J. Best-worst Multi-criteria Decision-making Method [J]. Omega, 2015 (53): 49-57.

[72] Simon H A, March J. Administrative Behavior Organization [M]. New York: Free Press, 1976.

[73] Sirbiladze G, Khutsishvili I, Ghvaberidze B. Multistage Decision-making Fuzzy Methodology for Optimal Investments Based on Experts' Evaluations [J]. European Journal of Operational Research, 2014, 232 (1): 169-177.

[74] Song M, Zhu Q, Peng J, et al. Improving the Evaluation of Cross Efficiencies: A Method Based on Shannon Entropy Weight [J]. Computers & Industrial Engineering, 2017 (112): 99-106.

[75] Song W, Zhu J, Zhang S, et al. A Multi-stage Uncertain Risk Deci-

sion-making Method with Reference Point Based on Extended LINMAP Method [J]. Journal of Intelligent & Fuzzy Systems, 2018, 35 (1): 1133-1146.

[76] Sousa M R, Gama J, Brandão E. A New Dynamic Modeling Framework for Credit Risk Assessment [J]. Expert Systems with Applications, 2016 (45): 341-351.

[77] Srinivasan V, Shocker A D. Linear Programming Techniques for Multi-dimensional Analysis of Preferences [J]. Psychometrika, 1973, 38 (3): 337-369.

[78] Tavana M, Di Caprio D, Santos-Arteaga F J. An Extended Stochastic VIKOR Model with Decision Maker's Attitude Towards Risk [J]. Information Sciences, 2018 (432): 301-318.

[79] Tian X, Xu Z, Gu J, et al. How to Select A Promising Enterprise for Venture Capitalists with Prospect Theory under Intuitionistic Fuzzy Circumstance? [J]. Applied Soft Computing, 2018 (67): 756-763.

[80] Titkanloo H N, Keramati A, Fekri R. Data Aggregation in Multi-source Assessment Model Based on Evidence Theory [J]. Applied Soft Computing, 2018 (69): 443-452.

[81] Tversky A, Kahneman D. Advances in Prospect Theory: Cumulative Representation of Uncertainty [J]. Journal of Risk and Uncertainty, 1992, 5 (4): 297-323.

[82] Walczak D, Rutkowska A. Project Rankings for Participatory Budget Based on the Fuzzy TOPSIS Method [J]. European Journal of Operational Research, 2017, 260 (2): 706-714.

[83] Wan S, Wang F, Dong J. Additive Consistent Interval-valued Atanassov Intuitionistic Fuzzy Preference Relation and Likelihood Comparison Algorithm Based Group Decision Making [J]. European Journal of Operational Research, 2017, 263 (2): 571-582.

[84] Wang D, Liu D, Ding H, et al. A Cloud Model-based Approach for

Water Quality Assessment [J]. Environmental Research, 2016 (148): 24-35.

[85] Wang H, Khan F, Ahmed S, et al. Dynamic Quantitative Operational Risk Assessment of Chemical Processes [J]. Chemical Engineering Science, 2016 (142): 62-78.

[86] Wang J Q, Peng L, Zhang H Y, et al. Method of Multi-criteria Group Decision-making Based on Cloud Aggregation Operators with Linguistic Information [J]. Information Sciences, 2014 (274): 177-191.

[87] Wang J, Wang J, Chen Q, et al. An Outranking Approach for Multi-criteria Decision-making with Hesitant Fuzzy Linguistic Term Sets [J]. Information Sciences, 2014 (280): 338-351.

[88] Wang J, Wang P, Wang J, et al. Atanassov's Interval-valued Intuitionistic Linguistic Multicriteria Group Decision-making Method Based on the Trapezium Cloud Model [J]. IEEE Transactions on Fuzzy Systems, 2015, 23 (3): 542-554.

[89] Wang L, Zhang Z X, Wang Y M. A Prospect Theory-based Interval Dynamic Reference Point Method for Emergency Decision Making [J]. Expert Systems with Applications, 2015, 42 (23): 9379-9388.

[90] Wang M, Tang D, Bai Y, et al. A Compound Cloud Model for Harmoniousness Assessment of Water Allocation [J]. Environmental Earth Sciences, 2016, 75 (11): 977.

[91] Wang P, Xu X, Huang S, et al. A Linguistic Large Group Decision Making Method Based on the Cloud Model [J]. IEEE Transactions on Fuzzy Systems, 2018, 26 (6): 3314-3326.

[92] Wang X T, Johnson J G. A Tri-reference Point Theory of Decision Making Under Risk [J]. Journal of Experimental Psychology: General, 2012, 141 (4): 743-756.

[93] Winston W L, Goldberg J B. Operations Research: Applications and Algorithms [M]. Boston, MA, USA: Duxbury Press, 3nd, 2004.

[94] Wu J, Dai L, Chiclana F, et al. A Minimum Adjustment Cost Feedback Mechanism Based Consensus Model for Group Decision Making Under Social Network with Distributed Linguistic Trust [J]. Information Fusion, 2018 (41): 232-242.

[95] Wu J, Sun Q, Fujita H, et al. An Attitudinal Consensus Degree to Control the Feedback Mechanism in Group Decision Making with Different Adjustment Cost [J]. Knowledge-Based Systems, 2019 (164): 265-273.

[96] Wu L, Zuo C, Zhang H. A Cloud Model Based Fruit Fly Optimization Algorithm [J]. Knowledge-Based Systems, 2015 (89): 603-617.

[97] Wu Z, Xu J. Managing Consistency and Consensus in Group Decision Making with Hesitant Fuzzy Linguistic Preference Relations [J]. Omega, 2016 (65): 28-40.

[98] Xu C L, Wang G Y. A Novel Cognitive Transformation Algorithm Based on Gaussian Cloud Model and Its Application in Image Segmentation [J]. Numerical Algorithms, 2017, 76 (4): 1039-1070.

[99] Xu X, Du Z, Chen X, et al. Confidence Consensus-based Model for Large-scale Group Decision Making: A Novel Approach to Managing Non-cooperative Behaviors [J]. Information Sciences, 2019 (477): 410-427.

[100] Xu Y, Chen L, Rodríguez R M, et al. Deriving the Priority Weights from Incomplete Hesitant Fuzzy Preference Relations in Group Decision Making [J]. Knowledge-Based Systems, 2016 (99): 71-78.

[101] Xu Z S, Chen J. An Interactive Method for Fuzzy Multiple Attribute Group Decision Making [J]. Information Sciences, 2007, 177 (1): 248-263.

[102] Xu Z. Group Decision Making Model and Approach Based on Interval Preference Orderings [J]. Computers & Industrial Engineering, 2013, 64 (3): 797-803.

[103] Yager R R, Petry F. An Intelligent Quality-based Approach to Fusing Multi-source Probabilistic Information [J]. Information Fusion, 2016 (31):

127-136.

［104］Yager R R. On Ordered Weighted Averaging Aggregation Operators in Multicriteria Decisionmaking ［J］. IEEE Transactions on Systems, Man, and Cybernetics, 1988, 18 (1): 183-190.

［105］Yan H, Wu D, Huang Y, et al. Water Eutrophication Assessment Based on Rough Set and Multidimensional Cloud Model ［J］. Chemometrics and Intelligent Laboratory Systems, 2017 (164): 103-112.

［106］Yan X P, Wan C P, Zhang D, et al. Safety Management of Waterway Congestions Under Dynamic Risk Conditions-A Case Study of the Yangtze River ［J］. Applied Soft Computing, 2017 (59): 115-128.

［107］Yang J B. Minimax Reference Point Approach and Its Application for Multiobjective Optimisation ［J］. European Journal of Operational Research, 2000, 126 (3): 541-556.

［108］Yang X J, Zeng L, Luo F, et al. Cloud Hierarchical Analysis ［J］. Journal of Information & Computational Science, 2010, 7 (12): 2468-2477.

［109］Yang X, Yan L, Zeng L. How to Handle Uncertainties in AHP: The Cloud Delphi Hierarchical Analysis ［J］. Information Sciences, 2013, 222 (3): 384-404.

［110］Yang Y, Hu J, Liu Y, et al. Doctor Recommendation Based on An Intuitionistic Normal Cloud Model Considering Patient Preferences ［J］. Cognitive Computation, 2020 (12): 460-478.

［111］Yu L, Yang Z, Tang L. A Novel Multistage Deep Belief Network Based Extreme Learning Machine Ensemble Learning Paradigm for Credit Risk Assessment ［J］. Flexible Services and Manufacturing Journal, 2016, 28 (4): 576-592.

［112］Zang W, Ren L, Zhang W, et al. A Cloud Model Based DNA Genetic Algorithm for Numerical Optimization Problems ［J］. Future Generation Computer Systems, 2018 (81): 465-477.

［113］Zhang B , Liang H , Zhang G. Reaching A Consensus with Minimum Adjustment in MAGDM with Hesitant Fuzzy Linguistic Term Sets ［J］. Information Fusion, 2018（42）: 12-23.

［114］Zhang R L, Shan M Y, Liu X H, et al. A Novel Fuzzy Hybrid Quantum Artificial Immune Clustering Algorithm Based on Cloud Model ［J］. Engineering Applications of Artificial Intelligence, 2014, 35（2）: 1-13.

［115］Zhang S, Zhu J, Liu X, et al. Regret Theory-based Group Decision-making with Multidimensional Preference and Incomplete Weight Information ［J］. Information Fusion, 2016（31）: 1-13.

［116］Zhang T, Yan L, Yang Y. Trust Evaluation Method for Clustered Wireless Sensor Networks Based on Cloud Model ［J］. Wireless Networks, 2018, 24（3）: 777-797.

［117］Zhang W, Xu Y, Wang H. A Consensus Reaching Model for 2-tuple Linguistic Multiple Attribute Group Decision Making with Incomplete Weight Information ［J］. International Journal of Systems Science, 2016, 47（2）: 389-405.

［118］Zhao X, Hwang B G, Gao Y. A Fuzzy Synthetic Evaluation Approach for Risk Assessment: A Case of Singapore's Green Projects ［J］. Journal of Cleaner Production, 2016（115）: 203-213.

［119］Zhao Y, Jia R, Jin N, et al. A Novel Method of Fleet Deployment Based on Route Risk Evaluation ［J］. Information Sciences, 2016（372）: 731-744.

［120］Zhou W, Xu Z. Group Consistency and Group Decision Making Under Uncertain Probabilistic Hesitant Fuzzy Preference Environment ［J］. Information Sciences, 2017（414）: 276-288.

［121］Zhu J, Hipel K W. Multiple Stages Grey Target Decision Making Method with Incomplete Weight Based on Multi-granularity Linguistic Label ［J］. Information Sciences, 2012（212）: 15-32.

［122］Zhu J, Ma Z, Wang H, et al. Risk Decision-making Method Using

Interval Numbers and Its Application Based on the Prospect Value with Multiple Reference Points [J]. Information Sciences, 2017 (385): 415-437.

[123] Zhu J, Wang H, Ye C, et al. Project Evaluation Method using Non-formatted Text Information Based on Multi-granular Linguistic Labels [J]. Information Fusion, 2015 (24): 93-107.

[124] 查翔, 倪世宏, 谢川, 等. 云相似度的概念跃升间接计算方法 [J]. 系统工程与电子技术, 2015, 37 (7): 1676-1682.

[125] 常志朋, 陈立荣. 多源异构数据环境下基于模糊积分融合的公租房退出方法 [J]. 运筹与管理, 2017, 26 (7): 193-199.

[126] 陈伟, 杨早立, 周文, 等. 基于时间度的动态直觉模糊多属性妥协决策 [J]. 运筹与管理, 2016, 25 (2): 83-89.

[127] 陈晓红, 贾轩, 李喜华. 考虑多参考点的基于前景随机占优准则的随机多属性决策 [J]. 系统工程理论与实践, 2018, 38 (5): 1217-1226.

[128] 陈孝国, 杜红. 区间三角模糊软集及其动态决策方法 [J]. 系统工程与电子技术, 2015, 37 (5): 1111-1115.

[129] 陈岩, 李庭, 鲍博. 基于 Choquet 积分的指标关联模糊多目标指派问题 [J]. 系统工程理论与实践, 2017, 37 (8): 2162-2170.

[130] 陈招希. 风险韧性治理视角下的网络餐饮外卖食品安全治理 [J]. 现代食品, 2022, 28 (21): 104-107.

[131] 崔丽群, 黄殿平, 宋晓. 基于云模型鱼群算法的多阈值图像分割研究 [J]. 计算机工程与应用, 2017, 53 (6): 204-208.

[132] 代文锋, 仲秋雁, 齐春泽. 基于前景理论和三角模糊 MULTIMOORA 的多阶段决策方法 [J]. 运筹与管理, 2018, 27 (3): 74-81.

[133] 邓聚龙. 灰色系统理论教程 [M]. 武汉: 华中理工大学出版社, 1990.

[134] 丁小东, 庄河, 徐菱, 等. 前景理论对报童决策偏差的适用性 [J]. 控制与决策, 2016, 31 (5): 853-862.

[135] 冯海静, 郎爽, 杨志超, 等. 互联网+外卖食品的安全问题 [J].

食品安全质量检测学报，2018，9（16）：4218-4222.

［136］弓晓敏，于长锐．基于云模型的改进 TODIM 方案评价方法［J］.系统工程与电子技术，2018，40（7）：1539-1547.

［137］龚艳冰，蒋亚东，梁雪春．基于模糊贴近度的正态云模型相似度度量［J］.系统工程，2015，33（9）：133-137.

［138］关昕，郭俊萍，王星．基于改进 DS 理论的双重模糊信息安全评估［J］.计算机工程与应用，2017，53（2）：112-117.

［139］韩玺，范雅萱，陈佳盈．基于计划行为理论的 O2O 平台外卖购买影响因素研究［J］.商业经济，2021（4）：54-56+61.

［140］郝晶晶，朱建军，刘思峰．基于前景理论的多阶段随机多准则决策方法［J］.中国管理科学，2015，23（1）：73-81.

［141］郝晶晶，朱建军，刘小弟．基于交互式修正的双重语言信息联动决策方法［J］.系统工程与电子技术，2014，36（5）：912-917.

［142］郝晶晶，朱建军，刘远．双重信息下多阶段异质群体决策模型及算法［J］.系统工程，2016，34（5）：129-135.

［143］何金平，高全，施玉群．基于云模型的大坝安全多层次综合评价方法［J］.系统工程理论与实践，2016，36（11）：2977-2983.

［144］贺晓琪．外卖食品安全之我见［J］.食品安全导刊，2021（17）：22.

［145］侯泽敏，綦勇，李文龙．考虑消费者配送时间敏感度的外卖平台盈利模式选择［J］.管理评论，2023，35（3）：172-182.

［146］胡明礼，张彩芬，朱建军．基于贝叶斯网络推理的双重不确定信息集结模型［J］.中国管理科学，2014，V22（2）：135-141.

［147］江登英，王亚雄，张徐军．基于双重信息不完全条件下的直觉模糊群组决策方法［J］.统计与决策，2018，34（11）：45-49.

［148］姜艳萍，樊治平．三角模糊数互补判断矩阵排序的一种实用方法［J］.系统工程，2002，20（2）：89-92.

［149］解鹏．风险管理框架下合肥地区外卖食品安全监管研究［D］.合

肥：安徽大学，2017.

[150] 金璐，覃思义. 基于云模型间贴近度的相似度量法 [J]. 计算机应用研究，2014，31（5）：1308-1311.

[151] 靳鹏飞，闫秀霞. 餐饮外卖供应链食品安全影响因素研究 [J]. 市场周刊，2021，34（2）：37-40.

[152] 李春好，李巍，李孟姣，等. 目标导向多参考点属性价值模型及评价方法 [J]. 中国管理科学，2017，25（7）：163-175.

[153] 李德毅，杜鹢. 不确定性人工智能 [M]. 北京：国防工业出版社，2014.

[154] 李德毅，刘常昱. 论正态云模型的普适性 [J]. 中国工程科学，2004，6（8）：28-34.

[155] 李德毅，孟海军. 隶属云和隶属云发生器 [J]. 计算机研究与发展，1995（6）：15-20.

[156] 李德毅. 知识表示中的不确定性 [J]. 中国工程科学，2000，2（10）：73-79.

[157] 李海林，郭崇慧，邱望仁. 正态云模型相似度计算方法 [J]. 电子学报，2011，39（11）：2561-2567.

[158] 李慧茹. 外卖食品安全的应对措施 [J]. 商业文化，2021（4）：132-133.

[159] 李玲玉，郭亚军，易平涛，等. 基于改进分层激励控制线的多阶段信息集结方法 [J]. 东北大学学报（自然科学版），2018，39（1）：148-152.

[160] 李鹏. 基于灰色关联和证据推理的直觉模糊信息决策方法研究 [D]. 南京：南京航空航天大学，2012.

[161] 李少波，陈永前. 基于云模型与证据理论的故障诊断方法 [J]. 组合机床与自动化加工技术，2017（4）：99-102.

[162] 林松，汪军，朱建军，等. 考虑双重预期的云模型决策 [J]. 系统工程与电子技术，2017，39（4）：821-828.

［163］刘健，陈剑，廖文和，等．基于风险偏好差异性假设的动态决策过程研究［J］．管理科学学报，2016，19（4）：1-15.

［164］刘小弟，朱建军，刘思峰．基于对称交互熵的犹豫模糊信息相似度及聚类应用［J］．控制与决策，2014，29（10）：1816-1822.

［165］刘勇，叶丽萍．网络外卖服务潜在失效模式识别及关键创新解获取方法［J］．竞争情报，2021，17（4）：19-29.

［166］吕辉军，王晔，李德毅，等．逆向云在定性评价中的应用［J］．计算机学报，2003，26（8）：1009-1014.

［167］钱晶晶，周伯煌．互联网订餐模式下消费者权益保护问题探析［J］．法制博览，2017（31）：30-31.

［168］钱吴永，董扬兵．基于改进向量相似度的区间数动态多指标决策模型及应用［J］．控制与决策，2019，34（1）：28-33.

［169］申健民，党耀国，周伟杰，等．基于指数函数的灰色动态多属性关联决策模型［J］．控制与决策，2016，31（8）：1441-1445.

［170］时建中，马栋．双重身份视角下平台自治与反垄断监管的界限［J］．竞争政策研究，2020（4）：41-53.

［171］汪军，朱建军，刘小弟．兼顾形状—距离的正态云模型综合相似度测算［J］．系统工程理论与实践，2017a，37（3）：742-751.

［172］汪军，朱建军，王翯华，等．考虑指标期望前景理论的云模型决策方法及应用［J］．系统工程，2017b，35（4）：130-136.

［173］王浩，刘增金，范婷婷，等．网络外卖食品安全消费者举报行为及其影响因素——基于上海市1018份消费者调研数据的实证分析［J］．食品工业，2021，42（2）：236-240.

［174］王洪利，冯玉强．基于云模型具有语言评价信息的多属性群决策研究［J］．控制与决策，2005，20（6）：679-681.

［175］王坚强，杨恶恶．基于蒙特卡罗模拟的直觉正态云多准则群决策方法［J］．系统工程理论与实践，2013，33（11）：2859-2865.

［176］王晓田，王鹏．决策的三参照点理论：从原理到应用［J］．心理

科学进展，2013，21（8）：1331-1346.

[177] 吴志艳，罗继锋．算法价格歧视和顾客感知背叛 [J]．上海对外经贸大学学报，2022，29（5）：108-124.

[178] 肖子涵，耿秀丽，徐士东．基于云模型的不确定性大群体多属性决策方法 [J]．计算机工程与应用，2018，54（11）：259-264.

[179] 谢晖，李松月，孙永河，等．基于云模型求解属性权重的 DE-MATEL 方法研究 [J]．计算机工程与应用，2018，54（7）：257-263.

[180] 熊浩，鄢慧丽．外卖智能派单的订单—骑手多目标匹配模型及其适应性算法研究 [J]．管理工程学报，2024，38（3）：150-160.

[181] 徐选华，孙倩，刘洁，等．基于云模型的大型工程机械企业项目融资决策研究 [J]．科技进步与对策，2016，33（16）：106-110.

[182] 徐选华，吴慧迪．基于改进云模型的语言偏好信息多属性大群体决策方法 [J]．管理工程学报，2018，32（1）：117-125.

[183] 徐泽水，达庆利．区间数的排序方法研究 [J]．系统工程，2001，19（6）：94-96.

[184] 杨朝晖，李德毅．二维云模型及其在预测中的应用 [J]．计算机学报，1998，21（11）：961-969.

[185] 杨恶恶，王坚强，马超群，等．基于云发生算法的犹豫语言多准则决策方法 [J]．控制与决策，2015，30（2）：371-374.

[186] 杨志军，李亚平，闫书丽，等．基于前景理论和灰色关联的群决策评估模型 [J]．数学的实践与认识，2017，47（17）：40-50.

[187] 叶丽萍．基于改进 FMEA 的外卖 O2O 关键潜在失效模式判别及管控方法研究——以美团外卖为例 [D]．广州：华南理工大学，2021.

[188] 易平涛，由海燕，郭亚军，等．基于时序增益激励的多阶段评价信息集结方法 [J]．系统工程，2015，33（12）：126-131.

[189] 余飞跃．新业态从业人员职业伤害归责研究——基于汉德公式分析框架 [J]．社会保障评论，2022，6（3）：81-97.

[190] 袁华，刘文怡，王肖霞．基于直觉模糊云模型的 TOPSIS 多属性

决策方法［J］．计算机工程与科学，2017，39（3）：605-610.

［191］张大斌，周志刚，许职，等．基于差分进化自动聚类的信用风险评价模型研究［J］．中国管理科学，2015，23（4）：39-45.

［192］张光卫，李德毅，李鹏，等．基于云模型的协同过滤推荐算法［J］．软件学报，2007，18（10）：2403-2411.

［193］张宏邦，武道源，马欣然．基于食品供应链的媒介呈现风险与防范［J］．情报杂志，2020，39（10）：115-120+12.

［194］张秦，方志耕，蔡佳佳，等．基于多元异构不确定性案例学习的广义区间灰数熵权聚类模型［J］．控制与决策，2018，33（8）：140-147.

［195］赵健．网络餐饮食品安全监管面临的困境及思考［J］．食品安全导刊，2023（4）：14-17.

［196］郑皎，章恒全，焦俊，等．云模型与VIKOR集成的多属性群决策方法［J］．计算机工程与应用，2017，53（24）：94-99.